EUSTACE MULLINS

FEDERAL REZERV'IN SIRLARI

LONDRA BAĞLANTISI

Kapak, Almanya'nın Frankfurt şehrinin arması olan kırmızı kalkan üzerindeki kartalın siluetini yansıtmaktadır. Bu tasarım, adını Bauer'den Rothschild'e ("Kırmızı Kalkan") değiştiren Mayer Amschel Bauer (1744-1812) tarafından uyarlanmıştır. Rothschild, kartalın pençelerinde tuttuğu beş altın ok eklemiştir; bu, uluslararası Rothschild Hanesi'nin beş bankasını yöneten beş oğlunu simgelemektedir: Frankfurt, Londra, Paris, Viyana ve Napoli.

OMNIA VERITAS®

EUSTACE CLARENCE MULLINS
(1923-2010)

Eustace Mullins (1923–2010), bankacılık sistemi ve finans kurumlarına yönelik eleştirel eserleriyle tanınan Amerikalı bir yazardı. Şair Ezra Pound'dan etkilenen Mullins, 1952 yılında The Secrets of the Federal Reserve adlı kitabını yayınladı; bu kitap, uluslararası finansı eleştiren bazı çevrelerde büyük yankı uyandırdı. Üretken bir yazar olan Mullins, kariyeri boyunca siyasi, ekonomik ve tarihi konulara ilgi duydu.

The Secrets of the Federal Reserve
The London connection

FEDERAL REZERV'IN SIRLARI
LONDRA BAĞLANTISI

1985 & 1992

Omnia Veritas Limited tarafından çevrilmiş ve yayınlanmıştır

OMNIA VERITAS®
www.omnia-veritas.com

Yirminci yüzyılın en seçkin iki akademisyeni ***GEORGE STIMPSON*** *ve* ***EZRA POUND'a*** *adanmıştır. Bu iki akademisyen, genç bir yazara, tek başına başaramayacağı bir alanda yol göstermek için engin bilgilerini cömertçe paylaşmışlardır.*

TEŞEKKÜR

Bu kitabın ilk versiyonlarının ortaya çıkmasını sağlayan, son derece nazik yardımları, işbirliği ve önerileriyle bana destek olan Kongre Kütüphanesi'ndeki eski çalışma arkadaşlarıma teşekkür etmek isterim. Ayrıca, Federal Rezerv Sistemi üzerine bu kapsamlı eserin tamamlanması için otuz yıl süren araştırmalarımda bana paha biçilmez yardımlarda bulunan Chicago'daki Newberry Kütüphanesi, New York Şehir Halk Kütüphanesi, Virginia Üniversitesi Alderman Kütüphanesi ve Virginia, Lexington'daki Washington and Lee Üniversitesi McCormick Kütüphanesi çalışanlarına da teşekkür etmek isterim.

YAZAR HAKKINDA

Eustace Mullins, İkinci Dünya Savaşı sırasında otuz sekiz ay aktif görev yapmış bir ABD Hava Kuvvetleri gazisidir. Virginia doğumlu olan Mullins, Washington and Lee Üniversitesi, New York Üniversitesi, Ohio Üniversitesi, Kuzey Dakota Üniversitesi, Meksika'nın San Miguel de Allende kentindeki Escuelas des Bellas Artes ve Washington, D.C.'deki Çağdaş Sanatlar Enstitüsü'nde eğitim görmüştür.

"Mullins On The Federal Reserve" adıyla yayınlanan orijinal kitap, 1948 yılında şair Ezra Pound tarafından sipariş edilmişti. Ezra Pound, Washington, D.C.'deki St. Elizabeth Hastanesi'nde (bir federal akıl hastanesi) on üç buçuk yıl boyunca siyasi mahkum olarak kalmıştı. Serbest bırakılması, büyük ölçüde Bay Mullins'in çabaları sayesinde gerçekleşmişti.

Kongre Kütüphanesi'ndeki araştırma, Washington'daki Ulusal Basın Kulübü'nün kurucusu George Stimpson tarafından yönetildi ve günlük olarak gözden geçirildi. *The New York Times gazetesi,* 28 Eylül 1952 tarihli sayısında Stimpson'ı "Başkentte son derece saygın bir bilgi kaynağı. Hükümet yetkilileri, Kongre üyeleri ve muhabirler her türlü konuda bilgi almak için ona başvururlar" şeklinde tanımlamıştı.

1952 yılında New York'taki Kasper and Horton tarafından yayınlanan orijinal kitap, 1907-1910 yılları arasında Georgia'nın Jekyll Adası'nda uluslararası bankacıların katıldığı ve 1913 Federal Rezerv Yasası'nın taslağının yazıldığı gizli toplantıları ulusal çapta ortaya çıkaran ilk yayındı.

Aradan geçen yıllarda yazar, Federal Rezerv politikalarını yöneten kişilerin geçmişleri hakkında yeni ve daha şaşırtıcı bilgiler toplamaya devam etti. Yıllar boyunca yüzlerce gazete, dergi ve kitaptan toplanan yeni bilgiler, uluslararası bankacılık kurumları arasındaki bağlantılara dair doğrulayıcı bir içgörü sağlıyor.[1]

Eustace Mullins, bu materyali araştırırken Kongre Kütüphanesi'nde çalışıyordu. Mullins daha sonra Amerikan Petrol Enstitüsü'nde otoyol finansmanı danışmanı, Institutions Magazine dergisinde otel geliştirme danışmanı ve Chicago Motor Club'ın dört yayınının yayın yönetmeni olarak görev yaptı.

[1] Londra Kabul Konseyi, İngiltere Merkez Bankası tarafından döviz işlemlerini yürütmek üzere yetkilendirilmiş on yedi uluslararası bankadan oluşmaktadır.

ÖNSÖZ

1949 yılında, Washington, D.C.'deki St. Elizabeth Hastanesi'nde (bir federal akıl hastanesi) siyasi tutuklu olarak bulunan Ezra Pound'u ziyaret ederken, Dr. Pound bana Federal Rezerv Sistemi'ni hiç duymuş olup olmadığımı sordu. 25 yaşında olduğum için duymadığımı söyledim. Ardından bana üzerinde "Federal Rezerv Notu" yazan on dolarlık bir banknot gösterdi ve bu banknotu basan Federal Rezerv Sistemi hakkında Kongre Kütüphanesi'nde biraz araştırma yapıp yapmayacağımı sordu. Pound, ABD hükümeti tarafından yargılanmadan siyasi mahkum olarak tutulduğu için kütüphaneye kendisi gidemiyordu. ABD'de yayın yapma izni reddedildikten sonra Dr. Pound, ABD halkını İkinci Dünya Savaşı'na girmemeleri için ikna etmek amacıyla İtalya'dan yayın yaptı. Franklin D. Roosevelt, daha sonra hepsi de komünist casuslukla bağlantılı olduğu tespit edilen üç kişisel asistanı Harry Dexter White, Lauchlin Currie ve Alger Hiss'in talepleri üzerine, Pound'un suçlanmasını bizzat emretmişti.

Bir roman üzerinde çalıştığım için para veya bankacılık konusuyla ilgilenmiyordum. Pound, birkaç hafta boyunca haftada on dolar ek gelir sağlamayı teklif etti. İlk araştırmalarım, Federal Rezerv Yasası'nın yazılmasını ve Kongre'nin bu planı yasaya dönüştürmesini gizlice planlamış olan uluslararası bir bankacılık grubuna dair kanıtlar ortaya çıkardı. Bu bulgular, Pound'un uzun süredir şüphelendiği şeyi doğruladı. O, "Bunu bir dedektif hikayesi olarak ele almalısın," dedi. Kongre Kütüphanesi'ndeki araştırmamı, 28 Eylül 1952 tarihli *The New York Times'ta* şöyle tanımlanan, National Press Club'ın kurucusu olan önde gelen akademisyen George Stimpson'ın yönlendirmesiyle yapma şansına sahip oldum: "Washington gazetecileri tarafından 'yürüyen Kongre Kütüphanesi' olarak sevilen Bay Stimpson, Capitol'da çok saygın bir bilgi kaynağıydı. Hükümet yetkilileri, Kongre üyeleri ve muhabirler her konuda bilgi almak için ona başvururlardı."

Kongre Kütüphanesi'nde her gün dört saat araştırma yaptım ve öğleden sonra St. Elizabeth Hastanesi'ne gittim. Pound ve ben önceki günün notlarını gözden geçirdik. Daha sonra George Stimpson, benim materyallerimi incelerken ben de Scholl's

Cafeteria'da onunla akşam yemeği yedim ve Ardından odama dönüp düzeltilmiş notları daktilo ettim. Hem Stimpson hem de Pound, daha önce hiç deneyimim olmayan bir alanda bana rehberlik etmek için birçok öneride bulundular. Pound'un kaynakları azaldığında, Federal Rezerv hakkındaki araştırmamı tamamlamak için Guggenheim Vakfı, Huntington Hartford Vakfı ve diğer vakıflara başvurdum. Vakıf başvurularım Amerika'nın önde gelen üç şairi Ezra Pound, E.E. Cummings ve Elizabeth Bishop tarafından desteklense de, tüm vakıflar bu araştırmaya sponsor olmayı reddetti. Daha sonra o tarihe kadar elde ettiğim bulguları yazıya döktüm ve 1950'de bu el yazmasını New York'ta pazarlamak için çaba göstermeye başladım. On sekiz yayınevi yorum yapmadan reddetti, ancak on dokuzuncu yayınevi olan Devin Adair Publishing Company'nin başkanı Devin Garrity, ofisinde bana dostça bir tavsiye verdi. "Kitabınızı beğendim, ama basamayız," dedi. "New York'taki başka kimse de basamaz. Neden romanın için bir tanıtım metni getirmiyorsun, sanırım sana bir avans verebiliriz. Federal Rezerv kitabının yayınlanmasını unut gitsin. Hiç basılabileceğinden şüpheliyim."

Bu, iki yıllık yoğun çalışmanın ardından gelen yıkıcı bir haberdi. Pound'a durumu bildirdim ve ülkenin diğer bölgelerinde bir yayıncı bulmaya çalıştık. İki yıl süren sonuçsuz başvuruların ardından, kitap 1952'de Pound'un iki öğrencisi olan John Kasper ve David Horton tarafından, kendi özel fonlarını kullanarak, Mullins on the Federal Reserve başlığıyla küçük bir baskı olarak yayınlandı. 1954'te, izinsiz değişiklikler içeren ikinci bir baskı, The Federal Reserve Conspiracy adıyla New Jersey'de yayınlandı. 1955'te Guido Roeder, Almanya'nın Oberammergau kentinde Almanca bir baskı çıkardı. Kitap ele geçirildi ve 10.000 adetlik baskı, Dr. Otto John liderliğindeki hükümet ajanları tarafından yakıldı.

Kitabın yakılması, 21 Nisan 1961'de Bavyera Yüksek Mahkemesi yargıcı Israel Katz tarafından onandı. ABD Hükümeti müdahale etmeyi reddetti, çünkü ABD'nin Almanya Yüksek Komiseri James B. Conant (1933-1953 yılları arasında Harvard Üniversitesi rektörü), ilk kitap yakma emrini onaylamıştı. Bu, İkinci Dünya Savaşı'ndan bu yana Almanya'da yakılan tek kitaptır. 1968'de bu kitabın korsan bir baskısı Kaliforniya'da ortaya çıktı. Sonraki on yıl boyunca benim tarafımdan yapılan sayısız şikayete rağmen, hem FBI hem de ABD Posta Müfettişleri harekete geçmeyi reddetti. 1980'de yeni bir Almanca baskı çıktı. ABD Hükümeti'nin artık Almanya'nın iç işlerine müdahale etmediği anlaşıldığı için, 1955'te yakılan aynı kitap artık Almanya'da herhangi bir engelleme olmaksızın dolaşmaktadır.

H.L. Hunt ile birkaç kitapta birlikte çalışmıştım ve kendisi, uzun süredir ertelediğim Federal Rezerv üzerine araştırmamı sürdürmemi ve bu kitabın daha kapsamlı bir versiyonunu yayınlamamı önerdi. Ezra Pound'un yetkili biyografisini yazmak üzere bir sözleşme imzalamıştım ve Federal Rezerv kitabı ertelenmek zorunda kalmıştı. Araştırmalarıma geri dönebilmemden önce Bay Hunt vefat etti ve bir kez daha kitabın araştırma masraflarını karşılama sorunuyla karşı karşıya kaldım.

İlk kitabımda, Federal Rezerv Yasası'nı planlayan ABD'deki gizemli figürlerin izini sürmüş ve isimlerini vermiştim. Şimdi ise, 1952'de Federal Rezerv Sistemi'nin işleyişinin arkasındaki gizemli figürler olarak ifşa ettiğim bu adamların, kendilerinin de "Londra Bağlantısı" olarak bilinen bilinmeyen figürlerin Amerikan paravanları olan gölgeler olduğunu keşfettim. 1812'de İngiltere'ye karşı verdiğimiz Bağımsızlık Savaşları'ndaki başarılarımıza rağmen, Büyük Britanya'nın ekonomik ve finansal bir kolonisi olarak kaldığımızı gördüm. İlk kez, Federal Rezerv Bankaları'nın orijinal hissedarlarını tespit ettik ve ana şirketlerini Londra Bağlantısı'na kadar izledik.

Bu araştırma, yüzlerce gazete, dergi ve kitaptan alıntılar ve belgelerle, ayrıca kan, evlilik ve iş ilişkilerini gösteren çizelgelerle desteklenmektedir. Mikrofilmdeki binlerce sayılık *The New York Times gazetesi*, sadece orijinal bilgiler için değil, diğer kaynaklardan gelen ifadelerin doğrulanması için de incelenmiştir.

Bir yazarın içinde sadece bir kitap olduğu, yazarlık mesleğinde bilinen bir gerçektir. Bu durum benim için de geçerli gibi görünüyor, çünkü şu anda tek bir konu, yani Federal Rezerv Sisteminin iç yüzü üzerine aralıksız yazdığım beşinci on yılıma girmiş bulunuyorum. Bu kitap, başından itibaren Ezra Pound tarafından sipariş edildi ve yönlendirildi. Onun dört öğrencisi daha önce Nobel Edebiyat Ödülü'nü almıştır: William Butler Yeats son dönem şiirleriyle, James Joyce "Ulysses" ile, Ernest Hemingway "The Sun Also Rises" ile ve T.S. Elliot "The Waste Land" ile. Pound, bu eserlerin ilham kaynağı ve düzenlemesinde önemli bir rol oynadı; bu da bizi, yine Pound'dan ilham alan bu eserin, devam eden bir edebi geleneği temsil ettiğine inanmaya yöneltir.

Bu kitap başlangıçta ekonomi ve para teknikleri üzerine karmaşık bir eser olarak tasarlanmış olsa da, kısa sürede o kadar evrensel ve dramatik bir çekiciliğe sahip bir hikayeye dönüştü ki, Ezra Pound başından itibaren beni bu eseri, hemşerim Edgar Allan Poe'nun icat ettiği bir tür olan dedektif romanı olarak yazmaya teşvik etti. Bu kitabın son kırk yıldır sürekli olarak dolaşımda olmasının, Ezra Pound'u çok eleştirilen siyasi ve parasal açıklamalarından aklamış olmakla kalmayıp, aynı zamanda onu yargılanmadan on üç buçuk yıl boyunca, KGB tarzı bir akıl hastanesinde tutulan bir siyasi mahkum olarak hizmet etmeye zorlayan güçlü komploculara karşı nihai bir silah olduğunu ve olmaya devam edeceğini düşünüyorum. Onun ilk haklı çıkışı, komplocuları temsil eden hükümet ajanlarının kendi savunması için ifade vermesine izin vermemeleriyle gerçekleşti; ikinci haklı çıkışı ise 1958'de, aynı ajanların ona yöneltilen tüm suçlamaları düşürmesiyle ve onun St. Elizabeth Hastanesi'nden bir kez daha özgür bir adam olarak çıkmasıyla gerçekleşti. Üçüncü ve son haklı çıkışı ise bu eserdir; bu eser, Ezra Pound'un, tüm Amerika Birleşik Devletleri halkına karşı gizli ihanet eylemlerini Amerikalı yurttaşlarına cesaretle ifşa ettiği için, Demir Maskeli Adam olarak yıllarca hapis yatmaya mahkum edilen acımasız uluslararası finansörleri ifşa etmesinin her yönünü belgelemektedir.

Ülke çapında verdiğim konferanslarda ve birçok radyo ve televizyon programına katıldığımda, Federal Rezerv Sisteminin federal olmadığını, hiçbir rezervi olmadığını ve bir sistemden ziyade bir suç örgütü olduğunu ortaya koydum. Kasım 1910'da, komplocuların Georgia'nın Jekyll Adası'nda bir araya geldiği günden bugüne kadar, Federal Rezerv bankacılarının entrikaları gizlilikle örtülmüştür. Bugün, bu gizlilik Amerikan halkına üç trilyon dolarlık bir borç yüklemiştir; bu bankacılara ödenen yıllık faiz ödemeleri ise yılda yaklaşık üç yüz milyar dolara ulaşmaktadır; bu rakamlar hayal gücünü aşan ve kendi başlarına nihayetinde ödenemez miktarlardır. Federal Rezerv Sistemi yetkilileri, tıpkı Hindu fakirinin önünde başını sallayan sersemlemiş kobraya ısrarlı bir melodi çalarak durumu çözmek için değil, kobranın kendisine saldırmasını önlemek için yaptığı gibi, halka rutin olarak uyarılar yayınlamaktadır. 'su Donald J. Winn'in, 10 Mart 1983'te Kongre

Üyesi Norman D. Shumway'in sorusuna yanıt olarak yazdığı yatıştırıcı mektup da böyleydi. Bay Winn, "Federal Rezerv Sistemi 1913'te bir Kongre yasasıyla kuruldu ve bir 'özel şirket' değildir" diyor. Bir sonraki sayfada Bay Winn şöyle devam ediyor: "Federal Rezerv Bankalarının hisseleri tamamen Federal Rezerv Sistemine üye ticari bankalar tarafından tutulmaktadır." Hükümetin neden hiçbir Federal Rezerv Bankasında tek bir hisseye bile sahip olmadığını veya tüm hisseleri "özel şirketler" tarafından sahip olunan Federal Rezerv Sisteminin neden bir "özel şirket" olmadığını açıklamıyor.

Yirminci yüzyıl Amerikan tarihi, Federal Rezerv bankacılarının şaşırtıcı başarılarını kaydetmiştir. Birincisi, Birleşik Devletler'in yeni merkez bankasından sağlanan fonlar sayesinde mümkün olan I. Dünya Savaşı'nın patlak vermesi. İkincisi, 1920 Tarım Bunalımı. Üçüncüsü, Ekim 1929'da Wall Street'te yaşanan Kara Cuma Çöküşü ve ardından gelen Büyük Buhran. Dördüncüsü, II. Dünya Savaşı. Beşincisi, 1945'ten günümüze kadar ABD'nin ve vatandaşlarının varlıklarının gayrimenkulden kağıt varlıklara dönüştürülmesi; bu, 1945'te zafer kazanmış ve dünyanın önde gelen gücü olan Amerika'yı 1990'da dünyanın en büyük borçlu ülkesi haline getirmiştir. Bugün bu ülke, 1945'te Almanya ve Japonya'nın içinde bulunduğu durumla hemen hemen aynı vahim durumda, ekonomik harabe içinde, harap ve yoksuldur. Amerikalılar, bizim şu anda karşı karşıya olduğumuzla aynı koşullara maruz kaldıklarında Almanya ve Japonya'nın yaptığı gibi ülkemizi yeniden inşa etmek için harekete geçecek mi, yoksa 1913'te Federal Rezerv Yasası ile kurulan ve bizi tamamen yok etmek için tasarlanan Babil borç para sisteminin kölesi olmaya devam mı edeceğiz? Cevaplamamız gereken tek soru budur ve bunu cevaplamak için fazla zamanımız kalmadı.

Ezra Pound'un rehberliğinde Kongre Kütüphanesi'nde geliştirdiğim bilgilerin derinliği ve önemi nedeniyle, bu çalışma, bu materyali kendileri araştıramayan birçok diğer tarihçi adayı için verimli bir avlanma alanı haline geldi. Son kırk yıl boyunca, bu materyalin başka birçok kitapta, her zaman başka yazarlara atfedilerek, benim adımdan hiç bahsedilmeden yer almasına alıştım. Üstüne üstlük, sadece materyalim değil, kitabımın başlığı bile, adlı, kaba saba ama devasa bir eserde çalınmıştı. Bu kitap, "Tapınağın Sırları - Federal Rezerv". Yoğun bir şekilde tanıtılan bu kitap, şüpheci tepkilerden gülünç tepkilere kadar çeşitli eleştiriler aldı. Forbes Dergisi, okuyucularına derginin eleştirisini okumalarını ve paralarını saklamalarını tavsiye ederek, "okuyucunun hiçbir sır keşfedemeyeceğini" ve "Bu kitabın, şöleni değerinden çok daha fazla olan kitaplardan biri olduğunu" belirtti. Bu tesadüf değildi, zira Federal Rezerv bankacılarını öven bu abartılı kitap, dünyanın en ünlü kitap dışı yayıncısı tarafından yayınlanmıştı.

Yirminci yüzyılın en etkili edebi şahsiyeti olan Ezra Pound'un Washington'daki "Cehennem Çukuru"nda hapsedildiğini öğrendiğimde yaşadığım ilk şaşkınlığın ardından, sık sık misafir olduğum bir Wall Street finansçısına derhal yardım mektubu yazdım. Ona, bir sanat hamisi olarak Pound'un böylesine insanlık dışı bir esaret altında kalmasına izin veremeyeceğini hatırlattım. Cevabı beni daha da şok etti. "Arkadaşın olduğu yerde kalabilir" diye yazmıştı. Bu yatırım bankacısı ve meslektaşları için Ezra Pound'un her zaman "düşman" olacağını anlamam birkaç yılımı aldı.

GİRİŞ

İşte büyük ihanetin basit gerçekleri. Wilson ve House, çok önemli bir şey yaptıklarının farkındaydı. İnsanların niyetlerini tam olarak anlamak imkansızdır ve bu ikili muhtemelen yaptıklarına inanıyordu. İnanmadıkları şey ise temsili hükümetti. Onlar, eylemleri ancak o kadar uzun bir süre sonra ortaya çıkacak ki seçmenler, yağmalamaları telafi etmek için hiçbir zaman etkili bir şey yapamayacak hale gelecek olan, kontrolsüz bir oligarşinin yönetimine inanıyorlardı.

(YAZARIN NOTU: Dr. Pound bu girişi, 1952'de New York'ta Kasper ve Horton tarafından yayınlanan bu kitabın ilk versiyonu için yazmıştır. Federal Hükümet tarafından yargılanmadan siyasi tutuklu olarak tutulduğu için, kendisine karşı ek misillemelere maruz kalmaktan korktuğu için kitabın üzerinde adının görünmesine izin veremedi. Kitabın yazılmasını kendisi sipariş etmiş olmasına rağmen, kitabın kendisine ithaf edilmesine de izin veremedi. Yazar, olayların üzerinden otuz üç yıl geçtikten sonra bu gerekli eksiklikleri gidermekten memnuniyet duymaktadır.)

JEFFERSON'UN ANAYASAYA UYGUNLUĞU

15 Şubat 1791

(Thomas Jefferson'un Yazıları, der. H. E. Bergh, Cilt III, s. 145 ff.)

1791 yılında ulusal bir banka kurulmasına ilişkin yasa tasarısı, diğer hususların yanı sıra, şunları öngörmektedir:

1. Hissedarları bir şirket haline getirmek.

2. Onların, tüzel kişilikleri kapsamında, arazi hibeleri alabilmelerini sağlamak; ve bu bakımdan, mortmain yasalarına aykırıdır.

3. Yabancı abonelerin arazi sahibi olmalarını sağlamak; ve bu bakımdan yabancıların mülk edinme yasalarına aykırıdır.

4. Bir malikin vefatı halinde bu arazileri belirli bir mirasçı grubuna devretmek; ve bu bakımdan, mirasın devri kurallarını değiştirmektedir.

5. Arazileri müsadere veya devlete intikalden korumak; ve bu bakımdan, müsadere ve devlete intikal kanunlarına aykırıdır.

6. Kişisel taşınır malları belirli bir mirasçı grubuna devretmek; ve bu bakımdan, dağıtım kanunlarına aykırıdır.

7. Onlara ulusal otorite altında bankacılık konusunda tek ve münhasır hak vermek; ve bu bakımdan, tekel yasalarına aykırıdır.

8. Onlara, eyalet yasalarının üstünde olan yasama yetkisi vermek; çünkü bu yetki, kurumu eyalet yasama organlarının kontrolünden korumak için bu şekilde yorumlanmalıdır; ve muhtemelen bu şekilde yorumlanacaktır.

Anayasanın temelinin şu temele dayandığını düşünüyorum: Anayasa tarafından Birleşik Devletler'e devredilmeyen ve eyaletlere yasaklanmayan tüm yetkiler, eyaletlere veya halka aittir (12. değişiklik). Kongre'nin yetkileri etrafında bu şekilde özel olarak çizilen sınırların ötesine tek bir adım atmak, artık herhangi bir tanıma tabi olmayan sınırsız bir yetki alanını ele geçirmek anlamına gelir.

Bir bankanın kurulması ve bu tasarıda üstlenilen yetkiler, benim görüşüme göre, Anayasa tarafından Birleşik Devletler'e devredilmemiştir.

BİRİNCİ BÖLÜM

JEKYLL ADASI

"Tek tip iskonto oranı konusu Jekyll Adası'nda tartışıldı ve karara bağlandı." **--Paul M. Warburg**[2]

22 Kasım 1910 gecesi, bir grup gazeteci, New Jersey'deki Hoboken tren istasyonunda kederli bir şekilde duruyordu. Ülkenin önde gelen finansçılarından oluşan bir heyetin gizli bir görev için istasyondan ayrılışını izlemişlerdi. Bu görevin ne olduğunu öğrenmeleri yıllar alacaktı ve o zaman bile, Hoboken'daki o geceden sonra Amerika Birleşik Devletleri tarihinin köklü bir değişim geçirdiğini anlayamayacaklardı.

Heyet, perdeleri kapalı, mühürlü bir tren vagonuyla, bilinmeyen bir varış noktasına doğru yola çıkmıştı. Heyetin başında, Ulusal Para Komisyonu Başkanı Senatör Nelson Aldrich vardı. Başkan Theodore Roosevelt, 1907'deki trajik Panik'in ardından, ülkenin para sisteminin istikrara kavuşturulması yönünde kamuoyunda büyük bir tepki doğması üzerine, 1908'de Ulusal Para Komisyonu'nu kuran yasayı imzalamıştı. Aldrich, Komisyon üyelerini iki yıllık bir Avrupa turuna çıkarmış ve bu tur için yaklaşık üç yüz bin dolarlık kamu parasını harcamıştı. Henüz bu gezinin sonuçlarına ilişkin bir rapor hazırlamamış, bankacılık reformu için herhangi bir plan sunmamıştı.

---

[2] Prof. Nathaniel Wright Stephenson, Paul Warburg'un Memorandumu, *Nelson Aldrich: Amerikan Siyasetinde Bir Lider*, Scribners, N.Y. 1930.

Hoboken istasyonunda Senatör Aldrich'e eşlik edenler arasında özel sekreteri Shelton; Hazine Müsteşar Yardımcısı ve Ulusal Para Komisyonu Özel Asistanı A. Piatt Andrew; New York National City Bank Başkanı Frank Vanderlip; J.P. Morgan Company'nin kıdemli ortağı ve genel olarak Morgan'ın kişisel elçisi olarak görülen Henry P. Davison; ve Morgan'ın hakimiyetindeki New York First National Bank Başkanı Charles D. Norton. Tren istasyondan ayrılmadan hemen önce gruba, J.P. Morgan'ın yardımcısı olarak da bilinen Benjamin Strong; ve Almanya'dan yeni göç etmiş, New York'taki Kuhn, Loeb and Company bankasına ortak olarak katılmış ve yılda beş yüz bin dolar kazanan Paul Warburg katıldı.

Altı yıl sonra, Bertie Charles Forbes adında bir finans yazarı (daha sonra Forbes Dergisi'ni kuran; derginin şu anki editörü Malcom Forbes, onun oğludur) şöyle yazdı:

"Ülkenin en büyük bankacılarından oluşan bir grubun, karanlığın örtüsü altında özel bir vagonla New York'tan gizlice kaçtığını, yüzlerce mil güneyde gizlice ilerleyip gizemli bir tekneye bindiğini, birkaç hizmetçi dışında herkesin terk ettiği bir adaya gizlice sızdıklarını, orada tam bir hafta boyunca o kadar sıkı bir gizlilik içinde yaşadıklarını ki, hizmetçilerin kimliklerini öğrenip Amerikan finans tarihinin bu en tuhaf, en gizli seferini dünyaya ifşa etmemeleri için hiçbirinin adı bir kez bile anılmadı. Romantizm yapmıyorum; Dünyaya, yeni para sistemimizin temeli olan ünlü Aldrich para raporunun nasıl yazıldığını anlatan gerçek hikayeyi ilk kez aktarıyorum... Herkese en üst düzeyde gizlilik emredildi. Halk, yapılacak olanlarla ilgili en ufak bir ipucu bile yakalamamalıydı. Senatör Aldrich, herkese sessizce özel bir vagona binmelerini söyledi; demiryolu şirketi, bu vagonu ıssız bir perona çekmesi için emir almıştı. Grup yola çıktı. New York'un her yerde bulunan muhabirleri atlatılmıştı... Nelson (Aldrich), Henry, Frank, Paul ve Piatt'a, Amerika Birleşik Devletleri için bilimsel bir para sistemi geliştirip derleyene kadar onları Jekyll Adası'nda, dünyanın geri kalanından uzak tutacağını söylemişti; bu, mevcut Federal Rezerv Sisteminin gerçek doğuşuydu, plan Jekyll Adası'nda Paul, Frank ve Henry ile yapılan konferansta hazırlanmıştı... Warburg, Aldrich sistemini ve mevcut sistemi birbirine bağlayan halkadır. O, herhangi bir kişiden daha fazla bu sistemi işleyen bir gerçeklik haline getirmiştir."[3]

Senatör Nelson Aldrich'in resmi biyografisinde şöyle yazıyor:

"1910 sonbaharında, altı adam ördek avına çıktı: Aldrich, sekreteri Shelton, Andrews, Davison, Vanderlip ve Warburg. Gazeteciler Brunswick (Georgia) istasyonunda bekliyordu. Bay Davison dışarı çıkıp onlarla konuştu. Gazeteciler dağıldı ve bu garip yolculuğun sırrı açığa çıkmadı. Bay Aldrich ona bunu nasıl başardığını sordu, ancak o bu bilgiyi kendi isteğiyle paylaşmadı."[4]

Davison, çatışan grupları uzlaştırabilen biri olarak mükemmel bir üne sahipti; 1907 Para Krizi'nin çözülmesi sırasında J.P. Morgan için bu rolü üstlenmişti. Morgan'ın bir başka ortağı olan T.W. Lamont şöyle diyor:

"Henry P. Davison, Jekyll Adası gezisinin arabulucusu olarak görev yaptı."[5]

Bu referanslardan hikayeyi bir araya getirmek mümkündür. Perdeleri çekili halde Hoboken istasyonundan ayrılan Aldrich'in özel vagonu, finansçıları Georgia'daki Jekyll Adası'na götürmüştü. Birkaç yıl önce, J.P. Morgan'ın liderliğindeki çok seçkin bir milyonerler grubu, adayı kışlık dinlenme yeri olarak satın almıştı. Kendilerine Jekyll Adası Av Kulübü adını vermişlerdi ve ilk başta ada sadece av gezileri için kullanılıyordu, ta ki milyonerler adanın hoş ikliminin New York'un sert kışlarından kaçmak için sıcak bir sığınak sunduğunu fark edene kadar. Ardından ailelerinin kış tatilleri için "kulübe" adını verdikleri muhteşem konaklar inşa etmeye başladılar. Oldukça izole bir konumda bulunan kulüp binası, bazen bekarlığa veda partileri ve avcılıkla ilgisi olmayan diğer etkinlikler için talep görürdü. Bu tür durumlarda, bu özel etkinliklere davet edilmeyen kulüp üyelerinden belirli bir süre boyunca oraya gelmemeleri istenir. Nelson Aldrich'in grubu New York'tan ayrılmadan önce, kulübün üyeleri, kulübün önümüzdeki iki hafta boyunca işgal edileceği konusunda bilgilendirilmişti.

---

3 "CURRENT OPINION", Aralık 1916, s. 382.

4 Nathaniel Wright Stephenson, Nelson W. *Aldrich, Amerikan Siyasetinde Bir Lider*, Scribners, N.Y. 1930, Bölüm XXIV "Jekyll Adası"

5 T.W. Lamont, Henry P. Davison, Harper, 1933.

Jekyll Island Club, ABD halkının parası ve kredisini kontrol etme planının taslağının hazırlanacağı yer olarak seçilmişti; bunun nedeni sadece kulübün izole olması değil, aynı zamanda planı hazırlayan kişilerin özel sığınağı olmasıydı.

New York Times, daha sonra 3 Mayıs 1931'de, J.P. Morgan'ın en yakın iş ortaklarından biri olan George F. Baker'ın ölümüne ilişkin yorumunda, "Jekyll Island Kulübü en seçkin üyelerinden birini kaybetti. Dünya toplam servetinin altıda biri, Jekyll Island Kulübü üyeleri tarafından temsil ediliyordu" diye yazdı. Üyelik sadece miras yoluyla kazanılıyordu.

Aldrich grubunun avcılıkla ilgisi yoktu. Jekyll Adası, tam bir mahremiyet sağladığı ve 50 mil içinde tek bir gazeteci bile bulunmadığı için merkez bankasının hazırlıklarının yapılacağı yer olarak seçilmişti. Gizlilik o kadar önemliydi ki, grubun üyeleri Jekyll Adası'na varmadan önce, iki haftalık kalışları boyunca hiçbir zaman soyadlarını kullanmayacakları konusunda anlaşmışlardı. Grup daha sonra kendilerini "İlk İsim Kulübü" olarak adlandırdı, çünkü Warburg, Strong, Vanderlip ve diğerlerinin soyadlarının konaklamaları sırasında kullanılması yasaktı. Her zamanki hizmetçilere kulüpten iki haftalık izin verilmişti ve bu vesileyle, orada bulunanların hiçbirinin adını bilmeyen yeni hizmetçiler anakaradan getirilmişti. Aldrich grubu New York'a döndükten sonra sorguya çekilseler bile, isimleri veremezlerdi. Bu düzenleme o kadar tatmin edici oldu ki, sadece Jekyll Adası'nda fiilen hazır bulunanlarla sınırlı olan üyeler, daha sonra New York'ta bir dizi gayri resmi buluşma gerçekleştirdiler.

Neden tüm bu gizlilik? Neden kapalı bir vagonla uzak bir av kulübüne binlerce kilometrelik bir yolculuk? Görünüşte, bu, Ulusal Para Komisyonu tarafından emredilen, ABD halkı için bir nimet olacak bankacılık reformunu hazırlamak amacıyla bir kamu hizmeti programını yürütmek içindi. Katılımcılar, kamu yararına yapılan hayır işlerine yabancı değillerdi. Genellikle isimleri, bağışladıkları binaların dış cephelerine veya pirinç plaketlere kazınırdı. Ancak Jekyll Adası'nda izledikleri prosedür bu değildi. 1910 yılında, Amerika Birleşik Devletleri'ndeki her vatandaşın yaşam koşullarını iyileştirmek amacıyla özel av kulübünde bir araya gelenlerin özverili eylemlerini anmak için hiçbir pirinç plaket dikilmedi.

Aslında, Jekyll Adası'nda hiçbir hayır işi yapılmadı. Aldrich grubu, Ulusal Para Komisyonu'nun kamuoyu önünde hazırlaması emredilen bankacılık ve para birimi mevzuatını yazmak için oraya gizlice gitti. Söz konusu olan, Amerika Birleşik Devletleri'nin para ve kredisinin gelecekteki kontrolüydü. Eğer gerçek bir para reformu hazırlanmış ve Kongre'ye sunulmuş olsaydı, bu, elitist tek dünya para yaratıcılarının gücüne son verecekti. Jekyll Adası, bu bankacılara her zaman istedikleri her şeyi verecek bir merkez bankasının Amerika Birleşik Devletleri'nde kurulmasını sağladı.

Orada bulunanlar arasında teknik açıdan en yetkin kişi olan Paul Warburg, planın taslağının büyük bir kısmını hazırlamakla görevlendirildi. Onun çalışması daha sonra grubun geri kalanı tarafından tartışılacak ve gözden geçirilecekti. Senatör Nelson Aldrich, tamamlanan planın Kongre'den geçebileceği bir biçimde ortaya çıkmasını sağlamak için oradaydı; diğer bankacılar ise, tek seferlik bir konaklama sırasında hazırlanan nihai taslakta, istedikleri her şeyi elde ettiklerinden emin olmak için gerekli olan tüm ayrıntıları eklemek üzere oradaydılar. New York'a döndükten sonra, planlarını yeniden düzenlemek için ikinci bir toplantı yapılamazdı. İkinci bir yolculukta çalışmalarını bu kadar gizli tutmayı umut edemezlerdi.

Jekyll Adası grubu, görevlerini tamamlamak için hummalı bir şekilde çalışarak kulüpte dokuz gün kaldı. Katılımcıların ortak çıkarlarına rağmen, çalışmalar sürtüşmesiz ilerlemedi. Her zaman otoriter bir kişilik olan Senatör Aldrich, kendisini grubun seçilmiş lideri olarak görüyordu ve diğer herkese emir yağdırmaktan kendini alamıyordu. Aldrich, profesyonel bir bankacı olmayan tek üye olarak kendini biraz yabancı hissediyordu. Kariyeri boyunca bankacılıkla önemli ölçüde ilgilenmişti, ancak bu ilgi sadece banka hisselerinden kar elde eden bir kişi olarak sınırlıydı. Finansal işlemlerin teknik yönleri hakkında çok az bilgisi vardı. Karşısındaki Paul Warburg ise, grubun ortaya attığı her sorunun sadece bir cevap değil, bir ders gerektirdiğine inanıyordu. Üyeleri, bankacılık konusundaki engin bilgisiyle etkilemek amacıyla uzun uzun konuşma yapma fırsatını nadiren kaçırırdı. Bu durum diğerlerinin hoşuna gitmezdi ve sık sık Aldrich'ten iğneleyici sözler duymalarına neden olurdu. Henry P. Davison'ın doğuştan gelen diplomasi yeteneği, onları çalışmalarına devam ettiren katalizör oldu. Warburg'un kalın yabancı aksanı onları rahatsız ediyordu ve onlara, gelecekteki kârlarını garanti altına alacak bir merkez bankası planı hazırlamak istiyorlarsa, onun varlığını kabul etmek zorunda olduklarını sürekli hatırlatıyordu. Warburg, onların önyargılarını gidermek için pek çaba sarf etmedi ve kendi özel alanı olarak gördüğü teknik bankacılık konularında her fırsatta onlarla tartıştı.

"Tüm komplolarda büyük bir gizlilik olmalıdır."[6]

Jekyll Adası'nda hazırlanan "para reformu" planı, Ulusal Para Komisyonu'nun tamamlanmış çalışması olarak Kongre'ye sunulacaktı. Tasarının gerçek yazarlarının gizli kalması zorunluydu. 1907 Panik'inden bu yana bankacılara karşı halkın öfkesi o kadar büyüktü ki, hiçbir Kongre üyesi, seçim kampanyası masraflarına kim katkıda bulunmuş olursa olsun, Wall Street'in lekesini taşıyan bir tasarıya oy vermeye cesaret edemezdi. Jekyll Adası planı bir merkez bankası planıydı ve bu ülkede Amerikan halkına bir merkez bankası dayatılmasına karşı uzun bir mücadele geleneği vardı. Bu, Thomas Jefferson'ın, James Rothschild'in desteklediği Alexander Hamilton'ın Birleşik Devletler Birinci Bankası planına karşı verdiği mücadeleyle başlamıştı. Bu mücadele, Başkan Andrew Jackson'ın, Parisli James Rothschild'in temsilcisi olarak hareket eden Nicholas Biddle'ın da dahil olduğu, Alexander Hamilton'ın İkinci Birleşik Devletler Bankası planına karşı verdiği başarılı savaşla devam etmişti. Bu mücadelenin sonucu, Birleşik Devletler'in fonlarını finansçıların elinden uzak tutmaya hizmet ettiği varsayılan Bağımsız Alt Hazine Sistemi'nin kurulmasıydı. 1873, 1893 ve 1907 yıllarındaki panik dönemlerine ilişkin bir araştırma, bu paniklerin Londra'daki uluslararası bankacıların faaliyetlerinin sonucu olduğunu göstermektedir. 1908'de halk, yapay olarak yaratılan para paniklerinin tekrarlanmasını önlemek için Kongre'den yasa çıkarmasını talep ediyordu. Böyle bir para reformu artık kaçınılmaz görünüyordu. Bu reformu önlemek ve kontrol altına almak amacıyla, Senato Çoğunluk Lideri olan Nelson Aldrich'in başkanlığında Ulusal Para Komisyonu kuruldu.

Paul Warburg'un meslektaşlarına bildirdiği gibi, asıl sorun "Merkez Bankası" adından kaçınmaktı. Bu nedenle, "Federal Rezerv Sistemi" adını kullanmaya karar vermişti. Bu, halkı bunun bir merkez bankası olmadığına inandıracaktı. Ancak, Jekyll Adası planı, bir merkez bankasının temel işlevlerini yerine getiren bir

6 Clarendon, Hist. Reb. 1647.

merkez bankası planı olacaktı; hisselerin sahipliğinden kâr elde edecek özel şahıslara ait olacaktı. Bir ihraç bankası olarak, ülkenin parasını ve kredisini kontrol edecekti.

Stephenson, Aldrich'in biyografisindeki Jekyll Adası ile ilgili bölümde konferans hakkında şöyle yazıyor:

"Rezerv Bankası nasıl kontrol edilecekti? Kongre tarafından kontrol edilmesi gerekiyordu. Hükümet yönetim kurulunda temsil edilecek, bankanın tüm işlerinden tam olarak haberdar olacaktı, ancak yönetim kurulu üyelerinin çoğunluğu, doğrudan veya dolaylı olarak, birliğin bankaları tarafından seçilecekti."[7]

Böylece önerilen Federal Rezerv Bankası "Kongre tarafından kontrol edilecek" ve hükümete karşı sorumlu olacaktı, ancak yönetim kurulu üyelerinin çoğunluğu, "doğrudan veya dolaylı olarak" birliğin bankaları tarafından seçilecekti. Warburg'un planının son halini alan düzenlemeye göre, Federal Rezerv Yönetim Kurulu üyeleri ABD Başkanı tarafından atanacaktı, ancak Kurul'un asıl işleri, Yönetim Kurulu üyeleriyle bir araya gelen bir Federal Danışma Konseyi tarafından kontrol edilecekti. Konsey, on iki Federal Rezerv Bankası'nın yöneticileri tarafından seçilecek ve kamuoyundan gizli kalacaktı.

Bir sonraki husus, önerilen "Federal Rezerv Sistemi"nin New York para piyasasının efendileri tarafından domine edileceği gerçeğini gizlemekti. Güney ve Batı'dan gelen Kongre üyeleri, Wall Street planına oy verirlerse hayatta kalamazlardı. Bu bölgelerdeki çiftçiler ve küçük işletme sahipleri, para paniklerinden en çok zarar görenlerdi. Doğu bankacılarına karşı büyük bir halk öfkesi vardı ve bu öfke, on dokuzuncu yüzyılda "popülizm" olarak bilinen bir siyasi harekete dönüştü. Ölümünden bir asırdan fazla bir süre sonra yayınlanan Nicholas Biddle'ın özel belgeleri, Doğu bankacılarının kendilerine karşı yaygın halk muhalefetinin oldukça erken bir aşamada tam olarak farkında olduklarını göstermektedir.

Paul Warburg, Jekyll Adası'nda, vatandaşların planının bir merkez bankası kurduğunu fark etmelerini engelleyecek temel aldatmacayı ortaya attı. Bu, bölgesel rezerv sistemiydi. O, ülkenin farklı bölgelerinde bulunan dört (daha sonra on iki) şube rezerv

---

7 Nathaniel Wright Stephenson, Nelson W. *Aldrich, A Leader in American Politics*, Scribners, N.Y. 1930, Bölüm XXIV "Jekyll Island" s. 379.

bankasından oluşan bir sistem önerdi. Bankacılık dünyası dışındaki çok az kişi, ülkenin para ve kredi yapısının New York'ta yoğunlaşmış olmasının, bölgesel rezerv sistemi önerisini bir yanılsama haline getirdiğini fark edebilirdi.

Paul Warburg'un Jekyll Adası'nda ileri sürdüğü bir diğer öneri, önerilen bölgesel rezerv sistemi için yöneticilerin seçilme şekliydi. Senatör Nelson Aldrich, yetkililerin seçilmeyip atanması ve Kongre'nin onların seçiminde hiçbir rol oynamaması konusunda ısrar etmişti. Capitol Hill'deki deneyimi ona, Kongre'nin görüşünün genellikle Wall Street'in çıkarlarına aykırı olacağını öğretmişti; zira Batı ve Güney'den gelen Kongre üyeleri, seçmenlerine kendilerini Doğu'daki bankacılardan koruduklarını göstermek isteyebilirdi.

Warburg, önerilen merkez bankalarının yöneticilerinin Başkan'ın yürütme onayı altında olması gerektiğini söyledi. Sistemin Kongre'nin denetiminden bu kadar açık bir şekilde çıkarılması, Federal Rezerv Sisteminin bir para basma bankası olacağı için, Federal Rezerv önerisinin başından itibaren anayasaya aykırı olduğu anlamına geliyordu. Anayasa'nın 1. Maddesi, 8. Bölümü, 5. Fıkrası, Kongre'ye açıkça "para basma ve bunun değerini düzenleme yetkisi" vermektedir. Warburg'un planı, Kongre'yi egemenliğinden mahrum bırakacaktı ve Thomas Jefferson'un Anayasa'da kurduğu güçler ayrılığı ve denge sistemi artık yok olacaktı. Önerilen sistemin yöneticileri, ülkenin parasını ve kredisini kontrol edecek ve kendileri de hükümetin yürütme organı tarafından onaylanacaktı. Yargı organı (Yargıtay vb.) zaten başkanın yargıç atamaları yoluyla yürütme organı tarafından fiilen kontrol ediliyordu.

Paul Warburg daha sonra planını anlatan, yaklaşık 1750 sayfalık devasa bir eser yazdı: The Federal Reserve System, Its Origin and Growth (Federal Rezerv Sistemi, Kökeni ve Büyümesi)[8], ancak bu metinde "Jekyll Adası" adı hiçbir yerde geçmiyor. Şöyle diyor (Cilt 1, s. 58):

"Ancak konferans, bir haftalık ciddi müzakerelerin ardından sona erdiğinde, daha sonra Aldrich Yasası olarak bilinen taslağın üzerinde anlaşmaya varılmış ve altın ve ticari senetlere dayalı esnek

8 Paul Warburg, *Federal Rezerv Sistemi, Kökeni ve Büyümesi*, Cilt I, s. 58, Macmillan, New York, 1930.

bir banknot ihracı olan merkezi bir rezerv kuruluşu anlamına gelen 'Ulusal Rezerv Birliği'ni öngören bir planın ana hatları belirlenmişti."

Warburg, 60. sayfada şöyle yazıyor: "Konferansın sonuçları tamamen gizliydi. Toplantının yapıldığı gerçeğinin bile kamuoyuna açıklanmasına izin verilmedi." Bir dipnotta ise şunu ekliyor: "O zamandan bu yana on sekiz [sic] yıl geçmiş olsa da, Senatör Aldrich'in tüm katılımcılardan gizlilik sözü aldığı bu son derece ilginç konferans hakkında bir açıklama yapma özgürlüğü hissetmiyorum."

B.C. Forbes'un *[9] * kitabında Jekyll Adası'na yapılan gizli geziyi ifşa etmesi, şaşırtıcı derecede az etki yarattı. Kitap, Federal Rezerv Yasası'nın Kongre'den geçmesinden iki yıl sonra basıldı; dolayısıyla, bir etki yaratabileceği dönemde, yani yasa tasarısı üzerine Kongre'de tartışmalar sürerken okunmadı. Forbes'un hikayesi, "içeriden bilenler" tarafından da saçma ve uydurma olarak reddedildi. Stephenson, Aldrich hakkında yazdığı kitabının 484. sayfasında bundan bahsediyor.[10]

"Jekyll Adası'ndaki bu ilginç olay genellikle bir efsane olarak kabul edildi. B.C. Forbes, gazetecilerden birinden bazı bilgiler aldı. Bu bilgiler Jekyll Adası hikayesini belirsiz bir şekilde özetliyordu, ancak hiçbir etki yaratmadı ve genellikle sadece bir uydurma olarak kabul edildi."

Jekyll Adası konferansının örtbas edilmesi iki yönde ilerledi ve her ikisi de başarılı oldu. Stephenson'ın da belirttiği gibi, ilki, tüm hikayeyi aslında hiç gerçekleşmemiş romantik bir uydurma olarak reddetmekti. Federal Rezerv Sistemi ile ilgili daha sonraki kitaplarda Jekyll Adası'na kısa atıflar olsa da, bunlar da kamuoyunun pek ilgisini çekmedi. Daha önce de belirttiğimiz gibi, Warburg'un Federal Rezerv Sistemi üzerine yazdığı kapsamlı ve sözde kesin eseri, bir konferansın gerçekleştiğini kabul etmesine rağmen, Jekyll Adası'ndan hiç bahsetmemektedir. Onun hacimli konuşmalarında ve yazılarında, tek bir dikkate değer istisna dışında, "Jekyll Adası" veya kelimeleri hiç geçmez. O, Profesör

---

[9] CURRENT OPINION, Aralık 1916, s. 382.

[10] Nathaniel Wright Stephenson, Nelson W. Aldrich, *A Leader in American Politics*, Scribners, N.Y. 1930, Bölüm XXIV "Jekyll Island" s. 379.

Stephenson'ın Aldrich biyografisi için kısa bir açıklama hazırlaması yönündeki isteğini kabul etmişti. Bu açıklama, "Warburg Memorandumu"nun bir parçası olarak 485. sayfada yer almaktadır. Bu alıntıda Warburg şöyle yazmaktadır: "Tek tip iskonto oranı konusu Jekyll Adası'nda tartışıldı ve karara bağlandı."

"First Name Club"un bir başka üyesi ise daha az çekingen davranmıştır. Frank Vanderlip daha sonra konferansa ilişkin birkaç kısa atıfta bulunmuştur. 9 Şubat 1935 tarihli Saturday Evening Post'un 25. sayfasında Vanderlip şöyle yazmıştır:

"Şirketlerin işlerinin daha fazla kamuoyuna açıklanmasının toplum için değeri hakkındaki görüşlerime rağmen, 1910 yılının sonlarına doğru, herhangi bir komplocu kadar gizli, hatta kaçamak davrandığım bir durum oldu... Senatör Aldrich'in tasarısını hazırlamasına yardım etmesi için Wall Street'ten herhangi birini çağırdığının bilinmesi, planı için ölümcül olacağından, James Stillman'ın (İspanyol-Amerikan Savaşı sırasında National City Bank'ın başkanı olan ve bizi o savaşa sokmada rol oynadığı düşünülen renkli ve gizemli bir bankacı) kalbini sevindirecek önlemler alındı... Jekyll Adası'na yaptığımız gizli gezinin, sonunda Federal Rezerv Sistemi haline gelen yapının fiilen tasarlanmasına vesile olduğunu söylemenin abartı olduğunu düşünmüyorum."

27 Mart 1983 tarihli The Washington Post gazetesindeki "Follow The Rich to Jekyll Island" (Zenginleri Jekyll Adası'na Takip Edin) başlıklı seyahat yazısında Roy Hoopes şöyle yazıyor:

"1910 yılında, Aldrich ve dört finans uzmanı ülkenin bankacılık sistemini yeniden düzenlemek için gizlice toplanacak bir yer ararken, Jekyll'e av gezisi düzenlediklerini uydurup 10 gün boyunca kulüp evinde kapalı kaldılar; burada, sonunda Federal Rezerv Bankası olacak kurumun planlarını yaptılar."

Vanderlip daha sonra otobiyografisi From Farmboy to Financier'da şöyle yazdı:[11]

"Jekyll Adası'na yaptığımız gizli gezi, sonunda Federal Rezerv Sistemi haline gelecek olan yapının fiilen tasarlanmasına vesile oldu. Aldrich Planı'nın temel noktaları, kabul edildiği haliyle Federal Rezerv Yasası'nda yer aldı."

---

[11] Frank Vanderlip, *Çiftçi Çocuğundan Finansçıya.*

Uluslararası bankacılık ailesi J. & W. Seligman'ın bir üyesi ve Columbia Üniversitesi Ekonomi Bölümü Başkanı Profesör E.R.A. Seligman, Siyaset Bilimi Akademisi'nin Proceedings dergisinin 4. cilt, 4. sayısında, s. 387-90'da yayınlanan bir makalesinde şöyle yazdı:

"Amerika Birleşik Devletleri'nin Bay Warburg'a ne kadar büyük bir borçlu olduğu çok az kişi tarafından bilinmektedir. Çünkü, Federal Rezerv Yasası'nın temel özellikleri açısından, bu yasanın ülkedeki herhangi bir kişiden çok Bay Warburg'un eseri olduğu, çelişki korkusu olmaksızın söylenebilir. Federal Rezerv Kurulu'nun varlığı, isim dışında her şeyiyle gerçek bir merkez bankası yaratmaktadır. Rezervlerin yönetimi ve iskonto politikası gibi iki temel konuda, Federal Rezerv Yasası, Aldrich Tasarısı'nın ilkesini açıkça benimsemiştir ve bu ilkeler, belirtildiği gibi, Bay Warburg'un ve yalnızca Bay Warburg'un eseridir. Bay Warburg'un pratik bir amacı olduğu unutulmamalıdır. Planlarını oluştururken ve zaman zaman bunlara küçük değişiklikler getirirken, ülkenin eğitiminin kademeli olması gerektiğini ve görevin büyük bir kısmının önyargıları yıkmak ve şüpheleri ortadan kaldırmak olduğunu unutmaması gerekiyordu. Bu nedenle planları, halkı hayali tehlikelerden korumak ve genel planın uygulanabilir olduğuna ülkeyi ikna etmek için tasarlanmış her türlü ayrıntılı öneriyi içeriyordu. Bay Warburg'un umudu, zamanla, büyük ölçüde eğitim amaçlı olarak onun önerisiyle yasaya eklenen birkaç maddenin yasadan çıkarılmasının mümkün olabileceğiydi."

Artık ABD'nin kamu borcu bir trilyon doları aştığına göre, "ABD'nin Bay Warburg'a ne kadar büyük bir borçlu olduğunu" gerçekten kabul edebiliriz. Federal Rezerv Yasası'nı yazdığı sırada, kamu borcu neredeyse yok denecek kadar azdı.

Profesör Seligman, Warburg'un, Jekyll Adası konferansı üyelerinin asıl görevinin, "ülkeyi kademeli olarak eğitmek" ve "önyargıları yıkıp şüpheleri ortadan kaldırmak" için bir bankacılık planı hazırlamak olduğu yönündeki olağanüstü öngörüsüne dikkat çekiyor. Planı yasaya dönüştürme kampanyası tam da bunu başardı.

İKİNCİ BÖLÜM

ALDRICH PLANI

"Nelson Aldrich, finans ve gümrük tarifelerini kendi yetki ve yargı alanına ait konular olarak ayırmıştır. Bay Aldrich, Ulusal Para Komisyonu aracılığıyla bir bankacılık ve para birimi yasası hazırlamaya çalışmaktadır. Yüzbinlerce kişi, Bay Aldrich'in kişiliğinde Amerika Birleşik Devletleri'nin halk refahına yönelik en büyük ve en kötü niyetli tehdidi barındırdığına kesin olarak inanmaktadır. Ernest Newman kısa süre önce şöyle demiştir: 'Güney'in siyahilere siyasi olarak uyguladıklarını, Aldrich, bunu gerçekleştirmek için güvenli ve pratik bir yol bulabilseydi, Kuzey'in yoksullarına da uygulardı.'
- Harper's Weekly, 7 Mayıs 1910.

Jekyll Adası konferansına katılanlar, "Aldrich Planı" lehine ülke çapında bir propaganda kampanyası yürütmek üzere New York'a döndüler. Önde gelen üç üniversite, Princeton, Harvard ve Chicago Üniversitesi, bu propagandanın toplanma noktaları olarak kullanıldı ve ulusal bankalar, Amerikan halkını bu merkez bankası planının Kongre tarafından yasaya dönüştürülmesi gerektiğine ikna etmek için beş milyon dolarlık bir fona katkıda bulunmak zorunda kaldılar.

New Jersey Valisi ve Princeton Üniversitesi eski rektörü Woodrow Wilson, Aldrich Planı'nın sözcüsü olarak görevlendirildi. 1907 Panik Dönemi sırasında Wilson, "J.P. Morgan gibi kamu ruhuna sahip altı ya da yedi kişiden oluşan bir komite atayıp ülkemizin işlerini onlara emanet etsek, tüm bu sıkıntılar önlenebilirdi" demişti.

Stephenson, 1930 yılında yazdığı Nelson Aldrich biyografisinde şöyle diyor:

"16 Ocak 1911 tarihinde, Saygıdeğer Nelson Aldrich tarafından Jekyll Adası'ndaki sonuçlara dayalı olarak 'Para Mevzuatı için Önerilen Plan' başlıklı bir broşür yayınlandı." Stephenson, 388. sayfada şöyle diyor: "Finansal ilerleme için bir örgüt kuruldu. Bay Warburg, daha sonra Ulusal Vatandaşlar Birliği olarak anılacak olan Vatandaşlar Birliği'nin kurulmasını onaylayan bir karar tasarısı sundu... Chicago Üniversitesi'nden Profesör Laughlin, Birliğin propaganda faaliyetlerinden sorumlu olarak atandı."[12]

Stephenson'un Ulusal Vatandaşlar Birliği'nin çalışmalarını "propaganda" olarak nitelendirmesi dikkat çekicidir; bu, Seligman'ın Warburg'un çalışmalarını "ülkenin eğitimi" ve "önyargıları yıkmak" olarak tanımlamasıyla uyumludur.

Bankacıların 5 milyon dolarlık gizli fonunun büyük bir kısmı, üniversite profesörlerinden oluşan Ulusal Vatandaşlar Birliği'nin himayesinde harcandı. Aldrich Planı'nın en yorulmak bilmez iki propagandacısı, Harvard'dan Profesör O.M. Sprague ve Chicago Üniversitesi'nden J. Laurence Laughlin'di.

Kongre Üyesi Charles A. Lindbergh, Sr. şöyle diyor:

"Ulusal Vatandaşlar Birliği'nin kuruluşundan bu yana Yürütme Komitesi Başkanı olan J. Laurence Laughlin, Chicago Üniversitesi'ndeki politik ekonomi profesörlüğü görevine geri döndü. Haziran 1911'de Profesör Laughlin, Birlik tarafından yürütülen eğitim kampanyasına tüm zamanını ayırabilmesi için üniversiteden bir yıllık izin almıştı... O yorulmak bilmeden çalıştı ve kampanyanın başarılı bir sonuçla sonuçlanacağına dair umut verici beklentilerle son aşamaya girmesi büyük ölçüde onun çabaları ve azmi sayesindedir... Okuyucu, Chicago Üniversitesi'nin John D. Rockefeller tarafından yaklaşık elli milyon dolarlık bir bağışla kurulmuş bir kurum olduğunu bilir."[13]

---

[12] Nathaniel Wright Stephenson, *Nelson W. Aldrich, Amerikan Siyasetinde Bir Lider*, Scribners, N.Y. 1930.

[13] Charles A. Lindbergh, Sr., *Bankacılık, Para Birimi ve Para Tröstü*, 1913, s. 131.

Stephenson, Nelson Aldrich'in biyografisinde, Vatandaşlar Birliği'nin de bir Jekyll Adası ürünü olduğunu ortaya koymaktadır. 24. bölümde şunu görüyoruz: Aldrich Planı, Ulusal Para Komisyonu üyelerinin üç yılı aşkın bir süre boyunca yaptıkları çalışma, araştırma ve seyahatlerin sonucu olarak Kongre'ye sunuldu ve bu süreçte üç yüz bin dolardan fazla harcama yapıldı.[14]

Aldrich Planı Kongre'ye sunulduktan sonra, 15 Aralık 1911'de Kurallar Komitesi'nde ifade veren Kongre Üyesi Lindbergh şunları söyledi:

"Finansal sistemimiz sahte bir sistemdir ve halk için büyük bir yüktür... Ben bir Para Tröstü olduğunu iddia ettim. Aldrich Planı, açıkça Tröstün çıkarlarına hizmet eden bir plandır... Para Tröstü, halk ne yaptığını bilmeden önce neden Aldrich Planı için bu kadar ısrarcı davranıyor?"

Lindbergh konuşmasına şöyle devam etti:

"Aldrich Planı, Wall Street Planıdır. Bu, Para Tröstü'nün şampiyonu tarafından hükümete yöneltilen geniş çaplı bir meydan okumadır. Gerekirse halkı sindirmek için yeni bir panik anlamına gelir. Halkı temsil etmesi için hükümet tarafından maaş alan Aldrich, bunun yerine tröstler için bir plan öneriyor. Ulusal Para Komisyonu'nun kurulması çok zekice bir hamleydi. 1907'de doğa en güzel şekilde karşılık verdi ve bu ülkeye şimdiye kadar gördüğü en bereketli hasadı verdi. Diğer sektörler de yoğundu ve doğal açıdan bakıldığında, en verimli bir yıl için tüm koşullar mevcuttu. Bunun yerine, bir panik bize muazzam kayıplar yaşattı. Wall Street, Amerikan halkının böylesine gülünç ve doğal olmayan bir durumun tekrarlanmaması için bir çözüm talep ettiğini biliyordu. Senatörlerin ve Temsilcilerin çoğu Wall Street'in tuzağına düştü ve Aldrich-Vreeland Acil Para Yasası'nı kabul etti. Ancak asıl amaç, Para Tröstü'nün çıkarlarına uygun olacak şekilde para ve bankacılık yasalarımızda değişiklikler önerecek bir para komisyonu oluşturmaktı. Çıkar grupları şu anda her yerde halkı Aldrich Planı lehine eğitmekle meşgul. Bu amaçla büyük miktarda para toplandığı bildiriliyor. Wall Street spekülasyonu 1907 Panik'ini tetikledi. Mevduat sahiplerinin fonları kumarbazlara ve Para Tröstü'nün

---

[14] 1911'de Aldrich Planı, Cumhuriyetçi Parti'nin resmi programının bir parçası oldu.

kayırmak istediği herkese ödünç verildi. Sonra mevduat sahipleri paralarını istediğinde, bankaların elinde para yoktu. Bu da paniğe yol açtı."

Tasarıya ortak yazar olan Edward Vreeland, 25 Ağustos 1910 tarihli Independent gazetesinde (Aldrich'e ait olan) şöyle yazdı: "Senatör Aldrich'in önerdiği para planı kapsamında, tekeller ortadan kalkacak, çünkü yüzde dörden fazla faiz elde edemeyecekler ve tekeller bu kadar düşük bir oranla devam edemezler. Ayrıca bu, hükümetin bankacılık işinden çekilmesini de işaret edecektir."

Vreeland'ın fantastik iddiaları, Aldrich Planı'nın kabul edilmesi için başlatılan propaganda selinin tipik bir örneğiydi. Tekeller ortadan kalkacak, hükümet bankacılık işinden çekilecekti. Boş vaatler.

Nation Magazine, 19 Ocak 1911 tarihli sayısında şöyle yazıyordu: "Merkez Bankası adı özenle kaçınılmaktadır, ancak önerilen merkezi organizasyona verilen 'Federal Rezerv Birliği' adı, bir Avrupa Merkez Bankası'nın olağan yetki ve sorumluluklarıyla donatılmıştır."

Ulusal Para Komisyonu Avrupa'dan döndükten sonra, yaklaşık iki yıl boyunca hiçbir resmi toplantı düzenlemedi. Aldrich Planı'nı kimin hazırladığını gösteren hiçbir kayıt ya da tutanak sunulmadı. Resmi toplantılar düzenlenmediği için, komisyon üyeleri bu Planı kendilerine aitmiş gibi gösteremezdi. Komisyonun üç yüz bin dolarlık harcamalarının tek somut sonucu, Avrupa bankacılığı üzerine otuz ciltlik devasa bir kütüphaneydi. Bu eserlerin tipik bir örneği, Almanya'da para ve krediyi kontrol eden ve başlıca hissedarları Rothschildlar ile Paul Warburg'un aile bankası M.M. Warburg Company olan merkez bankası Reichsbank'ın bin sayfalık tarihçesidir. Komisyonun kayıtları, komisyonun hiçbir zaman bir müzakere organı olarak işlev görmediğini göstermektedir. Aslında, tek "toplantısı" Jekyll Adası'nda düzenlenen gizli konferanstı ve bu konferans Komisyon'un hiçbir yayınında bahsedilmedi. Senatör Cummins, Kongre'de Komisyon'a 8 Ocak 1912'de rapor sunmasını ve üç yıllık çalışmasının bazı yapıcı sonuçlarını göstermesini emreden bir karar aldı. Bu zorluk karşısında Ulusal Para Komisyonu varlığını sona erdirdi.

Aldrich Planı propagandacıları, beş milyon dolarlık savaş fonuyla muhaliflerine karşı sınır tanımayan bir savaş başlattılar. Andrew Frame, Amerikan Bankacılar Birliği'nin Temsilciler Meclisi Bankacılık ve Para Komitesi önünde ifade verdi. O, Aldrich Planı'na karşı çıkan bir grup Batılı bankacıyı temsil ediyordu:

BAŞKAN CARTER GLASS: "Amerikan Bankacılar Birliği, Ulusal Para Komisyonu tarafından önerilen planı koşulsuz ve, bize garanti edildiği üzere, oybirliğiyle onayladığında, Batı'daki bankacılar neden seslerini duyurmadılar?"

ANDREW FRAME: "Bunu hatırlattığınız için teşekkür ederim. O para tasarısı ülkeye sunulduğunda, 1911'de New Orleans'ta yapılacak Amerikan Bankacılar Birliği toplantısından sadece birkaç gün önceydi. Yüz bankacıdan biri bile o tasarıyı okumamıştı. Tasarıyı destekleyen on iki konuşma yapıldı. Teksas, Austin'den General Hamby, Başkan Watts'a bir mektup yazarak tasarıya karşı bir duruşma talep etti. Çok nazik bir cevap almadı. Ben oylamayı reddettim ve pek çok başka bankacı da aynısını yaptı."

MR. BULKLEY: "Yani, Dernek'in hiçbir üyesinin tasarıya karşı görüşünü dile getiremediğini mi söylüyorsunuz?"

ANDREW FRAME: "Tüm tartışmaları bastırdılar."

MR. KINDRED: "Ama rapor, kararın neredeyse oybirliğiyle alındığı şeklinde yayınlandı."

ANDREW FRAME: "Tasarı, Senatör Aldrich tarafından çoktan hazırlanmış ve 1911 yılının Mayıs ayında Amerikan Bankacılar Birliği'nin yürütme kuruluna sunulmuştu. O kurulun bir üyesi olarak, karar vermeden bir gün önce bir kopyasını aldım. Tasarı New Orleans'a geldiğinde, Birleşik Devletler'deki bankacılar onu okumamışlardı."

MR. KINDRED: "Başkan, tasarıyı olumsuz eleştirmek isteyenleri basitçe dışladı mı?"

ANDREW FRAME: "Tasarıyı desteklemeyen hiç kimsenin programa katılmasına izin vermediler."

BAŞKAN GLASS: "1912'de Detroit' 'da düzenlenen Amerikan Bankacılar Birliği'nin bir sonraki yıllık toplantısında, Birliğin

Aldrich planı olarak bilinen Ulusal Para Komisyonu planına verdiği desteği yinelememiş olması ne anlama geliyor?"

ANDREW FRAME: "Onayını tekrarlamamasının sebebi, Aldrich Planı'nın destekçilerinin, Birliğin planı onaylamayacağını bilmeleriydi. Biz hazırdık, ama onlar konuyu gündeme getirmediler."

Andrew Frame, 1911'de Amerikan Bankacılar Derneği'nden Aldrich Planı'na destek sağlayan, ancak 1912'de planın yararları hakkında dürüst ve açık bir tartışma yapılmasından korktuğu için desteğini tekrarlamaya bile cesaret edemeyen gizli anlaşmayı ortaya çıkardı.

Başkan Glass daha sonra, Amerika Birleşik Devletleri'nin en güçlü on bankacısından biri olan, uluslararası bankacılık evi Lazard Freres'in ortağı ve Eugene Meyer Jr.'ın kayınbiraderi George Blumenthal'ı tanık olarak çağırdı. Carter Glass, Blumenthal'ı coşkuyla karşılayarak, "New York Senatörü O'Gorman, bize sizin adınızı önerme nezaketini gösterdi" dedi. Bir yıl sonra O'Gorman, Federal Rezerv Kurulu'nun ilk Başkanı olarak adaylığının onaylanmasından önce, bir Senato Komitesi'nin efendisi Paul Warburg'a utanç verici sorular sormasını engelledi.

George Blumenthal, "1893'ten beri Lazard Freres şirketim altın ithalatı ve ihracatında öncü konumdadır ve bu sayede altınla ilgisi olan herkesle temas kurmuştur" dedi.

Kongre Üyesi Taylor, "Amerika Birleşik Devletleri'ne altın ithalatında üstlendiğiniz rol hakkında bir açıklamanız var mı?" diye sordu. Taylor bunu sordu çünkü 1893 Panik'i, ekonomistler arasında altın hareketlerinin neden olduğu bir para paniğinin klasik bir örneği olarak bilinir.

George Blumenthal, "Hayır," diye yanıtladı, "Bu konuda hiçbir şeyim yok, çünkü bu soruyla ilgisi yok."

Philadelphia'lı bir bankacı olan Leslie Shaw, bu duruşmalarda diğer tanıklarla aynı görüşte değildi ve Sistem'in çok övülen "ademi merkeziyetçiliğini" eleştirdi. Shaw şöyle dedi: "Aldrich Planı'na göre bankacılar yerel dernekler ve bölge dernekleri kuracaklar; yerel bir örgütlenme olduğunda ise merkezi kontrolün sağlanacağı kesindir. Indianapolis'te bir yerel derneğimiz olduğunu varsayalım; o derneği domine edecek üç kişinin adını sayamaz mısınız? Ve sonra da diğer her yerde tek bir kişinin adını sayamaz mısınız? Bankaları birbirine bağladığınızda, gazeteler hariç, bu ülkedeki her şeyden daha büyük bir etkiye sahip olabilirler."

Demokratik para tasarısını desteklemek için Carter Glass, Senatör Aldrich'in Ulusal Para Komisyonu'nun Cumhuriyetçi çabalarının üzücü sicilini kamuoyuna açıkladı. 1913 tarihli Temsilciler Meclisi Raporu'nda şöyle deniyordu: "Senatör MacVeagh, Ulusal Para Komisyonu'nun 12 Mayıs 1911 tarihine kadar olan maliyetini 207.130 dolar olarak belirlemiştir. O günden bu yana vergi mükelleflerinin parasıyla bir yüz bin dolar daha harcamışlardır. Bu maliyetle yapılan çalışmalar göz ardı edilemez, ancak Komisyon tarafından yayınlanan kapsamlı literatürü inceledikten sonra, Bankacılık ve Para Komitesi, ABD kredi piyasasının mevcut durumuyla ilgili çok az şey buldu. Aldrich Tasarısına aşağıdaki noktalardan itiraz ediyoruz:

- Tasarıda, kurulan bankacılık mekanizması üzerinde yeterli düzeyde hükümet veya kamu denetimi bulunmaması.

- Oy kontrolünü sistemdeki büyük bankaların eline verme eğilimi.

- Sistemin doğasında bulunan aşırı para enflasyonu tehlikesi.

- Tasarıda öngörülen tahvil finansman planının samimiyetsizliği; bu sistemin devlete hiçbir maliyeti olmayacağı yönünde açıkça bir iddiada bulunulması.

- Tasarının tehlikeli tekelci yönleri.

Komitemiz, çalışmalarının başlangıcında, Ulusal Para Komisyonu tarafından yapılan çalışmaların bariz bir sonucu olan, merkez bankası lehine net bir duyarlılıkla karşılandı."

Glass'ın Aldrich Tasarısını bir merkez bankası planı olarak kınaması, kendi Federal Rezerv Yasası'nın bir merkez bankasının tüm işlevlerini yerine getireceği gerçeğini göz ardı ediyordu. Hisse senetleri, hükümetin kredisini kendi çıkarları için kullanabilecek özel hissedarlara ait olacaktı; ülkenin para ve kredi kaynaklarını kontrol edecekti; ve savaş zamanında krediyi "harekete geçirerek" federal hükümeti finanse edecek bir ihraç bankası olacaktı. "The Rationale of Central Banking" (Merkez Bankacılığının Gerekçesi) adlı makalesinde Vera C. Smith (Para Araştırmaları ve Eğitimi

Komitesi, Haziran 1981), "Merkez bankasının temel tanımı, tek bir bankanın banknot ihracında tam veya kısmi tekel sahibi olduğu bir bankacılık sistemidir. Merkez bankası, bankacılık gelişiminin doğal bir ürünü değildir. Dışarıdan dayatılır veya hükümetin desteğiyle ortaya çıkar."

Böylece bir merkez bankası, hükümetin verdiği banknot basım tekelinden dolayı hakim konumuna ulaşır. Bu, gücünün anahtarıdır. Ayrıca, bir merkez bankası kurma eylemi, kısmi rezerv sistemi nedeniyle doğrudan enflasyonist bir etkiye sahiptir; bu sistem, banka mevduatlarında veya rezervlerinde bulunan gerçek "paranın" birkaç katı tutarında kayıtlı kredilerin ve dolayısıyla paranın yaratılmasına izin verir.

Aldrich Planı, Cumhuriyetçilerin 1910'da Temsilciler Meclisi'ndeki çoğunluğunu kaybetmesi ve ardından 1912'de Senato ve Başkanlık koltuğunu da kaybetmesi nedeniyle Kongre'de oylamaya sunulmadı.

ÜÇÜNCÜ BÖLÜM

FEDERAL REZERV KANUNU

"Finansal sistemimiz sahte bir sistemdir ve halk için büyük bir yüktür... Bu Yasa, dünyadaki en devasa tröstü kurmaktadır." - **Kongre Üyesi Charles Augustus Lindbergh, Sr.**

Senatör LaFollette ve Kongre Üyesi Lindbergh'in konuşmaları, 1912'de Aldrich Planı'na karşı muhalefetin toplanma noktaları haline geldi. Ayrıca, Para Tröstü'ne karşı halkın tepkisini de uyandırdılar. Kongre Üyesi Lindbergh, 15 Aralık 1911'de şöyle dedi: "Hükümet diğer tröstleri yargılıyor, ancak Para Tröstü'nü destekliyor. Sahte para standardını ifşa etmek ve en büyük kayırmacılığın hükümetin Para Tröstüne yaptığı kayırmacılık olduğunu göstermek için birkaç yıldır sabırla bir fırsat bekliyordum."

Senatör LaFollette, elli kişiden oluşan bir para tröstünün Amerika Birleşik Devletleri'ni kontrol ettiğini kamuoyuna açıkladı. J.P. Morgan'ın ortağı George F. Baker, gazeteciler tarafından bu suçlamanın doğruluğu sorulduğunda, bunun kesinlikle yanlış olduğunu söyledi. Bu ülkeyi sekiz kişiden fazlasının yönetmediğini kişisel bilgisi olarak bildiğini belirtti.

The Nation Magazine, Senatör LaFollette'e bir başyazıyla şu yanıtı verdi: "Eğer bir Para Tröstü varsa, bunun etkisini iyi ya da kötü yönde kullandığını tespit etmek pratik olarak mümkün değildir."

Senatör LaFollette anılarında, Para Tröstü'ne karşı yaptığı konuşmanın daha sonra kendisine ABD başkanlığını kaybetmesine mal olduğunu, tıpkı Woodrow Wilson'ın Aldrich Planı'na erken dönemde verdiği desteğin onu bu göreve aday gösterilmesine yol açtığı gibi, belirtti.

Kongre, nihayet ABD'deki para ve kredi kontrolünü araştırmak üzere bir komite atayarak halkın duyarlılıklarını yatıştırmaya yönelik bir adım attı. Bu, Temsilciler Meclisi Bankacılık ve Para Komitesi'nin bir alt komitesi olan Pujo Komitesi idi ve petrol çıkarlarının sözcüsü olarak görülen Louisiana Milletvekili Arsene Pujo'nun liderliğinde 1912'de ünlü "Para Tröstü" duruşmalarını yürüttü. Bu duruşmalar kasıtlı olarak beş ay boyunca uzatıldı ve dört ciltlik, altı bin sayfalık basılı ifadeyle sonuçlandı. Aylar boyunca bankacılar New York'tan Washington'a trenle seyahat ettiler, Komite önünde ifade verdiler ve New York'a geri döndüler. Duruşmalar son derece sıkıcıydı ve bu oturumlarda şaşırtıcı hiçbir bilgi ortaya çıkmadı. Bankacılar, gerçekten bankacı olduklarını ciddiyetle kabul ettiler, her zaman kamu yararına çalıştıklarını vurguladılar ve ifade verdikleri Kongre üyeleri gibi, yalnızca kamu hizmetinin en yüksek idealleri tarafından hareket ettiklerini iddia ettiler.

Pujo Para Tröstü Duruşmalarının paradoksal doğası, bu duruşmaları tek başına yürüten adam olan Samuel Untermyer'i incelersek daha iyi anlaşılabilir. O, Woodrow Wilson'ın başkanlık seçim kampanyası fonuna en büyük katkıyı yapanlardan biriydi ve New York'un en zengin şirket avukatlarından biriydi. 1926 tarihli "Who's Who"daki otobiyografisinde, tek bir hukuki işlem, yani Utah Copper Company ile piyasa değeri yüz milyon dolar olan Boston Consolidated and Nevada Company'nin başarılı birleşmesi için bir keresinde 775.000 dolarlık bir ücret aldığını belirtmiştir. Kongre'yi bu soruşturmayı yapmaya zorlayan tek kişiler olan Senatör LaFollette veya Kongre Üyesi Lindbergh'den soruşturmada ifade vermelerini istemeyi reddetmiştir. Pujo Komitesi'nin Özel Danışmanı olarak Untermyer, duruşmaları tek başına yürüttü. Komite başkanı Kongre Üyesi Arsene Pujo da dahil olmak üzere Kongre üyeleri, duruşmaların başlangıcından sonuna kadar dillerine tutulmuş gibiydiler. Bu sessiz kamu görevlilerinden biri, Bernard Baruch'un seçim bölgesini temsil eden Güney Carolina Milletvekili James Byrnes'ti; Byrnes daha sonra "Baruch'un adamı" olarak ün kazandı ve İkinci Dünya Savaşı sırasında Baruch tarafından Savaş Seferberlik Ofisi'nin başına getirildi.

Bu konularda uzman olmasına rağmen, Untermyer bankacılara, sanayiyi kontrol ettikleri iç içe geçmiş yönetim kurulu sistemini sormadı. Para paniklerinin bir faktörü olarak bilinen uluslararası altın hareketlerine ya da Amerikalı bankacılar ile Avrupalı bankacılar arasındaki uluslararası ilişkilere girmedi. Eugene Meyer, Lazard Freres, J. & W. Seligman, Ladenburg Thalmann, Speyer Brothers, M. M. Warburg ve Rothschild Brothers gibi uluslararası bankacılık haneleri, Samuel Untermyer'in merakını uyandırmadı; oysa New York finans dünyasında, bu aile bankacılık hanelerinin hepsinin Wall Street'te şubeleri olduğu ya da bağlı kuruluşları kontrol ettiği iyi biliniyordu. Jacob Schiff, Pujo Komitesi'nin karşısına çıktığında, Untermyer'in ustaca yönlendirdiği sorular, Schiff'in, kıdemli ortağı olduğu ve Senatör Robert L. Owen'ın ABD'deki Avrupa Rothschild'lerinin temsilcisi olarak tanımladığı Kuhn Loeb Company bankasının faaliyetleri hakkında hiçbir bilgi vermeden dakikalarca konuşmasına olanak sağladı.

Yaşlı J.P. Morgan, sadece birkaç ay ömrü kalmışken, on yıllardır sürdürdüğü uluslararası finansal işlemlerini haklı çıkarmak için Komite'nin karşısına çıktı. Bay Untermyer'i aydınlatmak amacıyla "Para bir emtiadır" dedi. Bu, para yaratıcılarının en sevdiği bir taktikti; zira onlar, paranın yaratılmasının mısır tarlasının büyümesine benzer doğal bir olay olduğuna halkı inandırmak istiyorlardı; oysa bu, aslında kontrolünü ele geçirdikleri hükümetler tarafından bankacılara bahşedilen bir lütuftu.

J.P. Morgan ayrıca Pujo Komitesi'ne, kredi verirken tek bir faktörü ciddiye aldığını, o da kişinin karakteri olduğunu söyledi; kişinin krediyi geri ödeme kabiliyeti veya teminatı bile çok az öneme sahipti. Bu şaşırtıcı gözlem, Komite'nin en kayıtsız üyelerini bile hayrete düşürdü.

Pujo Komitesi'nin bu komedisi, para yaratıcılarının tek bir tanınmış muhalifinin bile ortaya çıkmasına veya ifade vermesine izin verilmeden sona erdi. Samuel Untermyer'e göre, Senatör LaFollette ve Kongre Üyesi Charles Augustus Lindbergh hiç var olmamışlardı. Yine de bu Kongre üyeleri, ABD halkını New York bankacılarının ülkenin para ve kredi üzerinde tekel sahibi olduğuna ikna etmeyi başarmışlardı. 'in duruşmalarının sonunda, bankacılar ve onların desteklediği gazeteler, bu tekeli kırmanın tek yolunun, şu anda Kongre'ye sunulan bankacılık ve para birimi yasasını yürürlüğe koymak olduğunu iddia ettiler; bu yasa tasarısı bir yıl sonra Federal Rezerv Yasası olarak kabul edilecekti. Basın, yeni bankacılık sisteminin yönetimini aralarından en bilgili olan bankacı Paul Warburg'a devrederek New York bankacılık tekelinin kırılmasını ciddi bir şekilde talep etti.

1912 başkanlık seçim kampanyası, Amerikan tarihinin en ilginç siyasi sürprizlerinden birine sahne oldu. Görevdeki başkan William Howard Taft, halk arasında sevilen bir başkandı ve Cumhuriyetçiler, genel refah döneminin yaşandığı o dönemde, her iki meclisteki Cumhuriyetçi çoğunluk sayesinde hükümeti sıkı bir şekilde kontrol altında tutuyorlardı. Demokratların adayı, New Jersey Valisi Woodrow Wilson ise ulusal çapta tanınmıyordu ve halkın pek ilgisini çekmeyen, katı ve ciddi bir adamdı. Her iki parti de seçim programlarına bir para reformu tasarısı dahil etmişti: Cumhuriyetçiler, Wall Street planı olarak kınanan Aldrich Planı'nı savunurken, Demokratlar ise Federal Rezerv Yasası'nı savunuyordu. Hiçbir parti, bu tasarıların isimleri dışında neredeyse aynı olduğunu halka bildirme zahmetine girmedi. Geriye dönüp bakıldığında, para yaratıcılarının Taft'ı bir kenara bırakıp Wilson'ı desteklemeye karar verdikleri açıkça görülüyor. Bunu nereden biliyoruz? Taft'ın yeniden seçileceği kesindi ve Wilson yeniden unutulup gidecekti. Aniden, Theodore Roosevelt "ringe çıktı". Üçüncü parti adayı olarak, "Bull Moose" adıyla yarışacağını açıkladı. Son derece iyi finanse edilmiş olmasaydı, adaylığı gülünç olurdu. Üstelik, Taft ve Wilson'ın toplamından daha fazla, sınırsız basın ilgisi gördü. Cumhuriyetçi bir eski başkan olarak, Roosevelt'in Taft'ın oylarından büyük bir pay alacağı açıktı. Öyle de oldu ve Wilson seçimi kazandı. Bugüne kadar kimse Theodore Roosevelt'in programının ne olduğunu veya neden kendi partisini sabote ettiğini söyleyemiyor. Bankacılar üç adaya da finansman sağladıkları için, sonuç ne olursa olsun kazanacaklardı. Daha sonra Kongre'de verilen ifadeler, Kuhn Loeb Company firmasında Felix Warburg'un Taft'ı, Paul Warburg ve Jacob Schiff'in Wilson'ı, Otto Kahn'ın ise Roosevelt'i desteklediğini ortaya koydu. Sonuç olarak, 1912'de merkez bankası yasasının geçmesi için Demokrat bir Kongre ve Demokrat bir Başkan seçildi. Aldrich Planı'nın bir Wall Street operasyonu olarak tanımlanması, Demokratların plana şiddetle karşı çıkacağı için Kongre'den geçmesinin zor olacağını öngörmüş gibi görünüyor; oysa Demokrat Kongre'nin desteklediği başarılı bir Demokrat aday, merkez bankası planını geçirebilecekti. Taft, bankacıların Aldrich Planı'nı hayata geçirebileceğinden şüphe duymaları nedeniyle kenara atıldı ve Roosevelt, onun düşüşünün aracı oldu.[15]

Amerikan halkını daha da karıştırmak ve önerilen Federal Rezerv Yasası'nın gerçek amacını görmemelerini sağlamak için, Aldrich Planı'nın mimarları, artık senatör olmasa da güçlü Nelson Aldrich ve National City Bank'ın başkanı Frank Vanderlip, yasa tasarısına karşı büyük bir yaygara kopardılar. Dinleyici bulabildikleri her fırsatta röportajlar vererek, önerilen Federal Rezerv Yasası'nı bankacılığa ve iyi yönetime düşman olarak kınadılar. Yasanın Federal Rezerv banknotlarının basılmasına ilişkin hükümleri nedeniyle enflasyon korkusu gündeme getirildi. The Nation dergisi, 23 Ekim 1913'te şunları belirtti: "Aldrich, hükümetin 'fiat parası', yani altın veya külçe altınla desteklenmeyen para basılması konusunda büyük bir yaygara kopardı. Oysa tam da bunu öngören bir yasa tasarısı 1908'de onun kendi adıyla kabul edilmişti. Üstelik o, 'hükümetin' bununla hiçbir ilgisi olmadığını, bu tür paraların basımından tamamen Federal Rezerv Kurulu'nun sorumlu olacağını da biliyordu."

Frank Vanderlip'in iddiaları o kadar tuhaftı ki, 18 Mart 1913'te kurulan yeni Senato Bankacılık ve Para Komitesi'nin başkanı Senatör Robert L. Owen, onu tasarı hakkında açıkça yanlış beyanlar içeren bir kampanya yürütmekle suçladı. Carter Glass, 10 Eylül 1913'te Kongre'de yaptığı bir konuşmada, halkın çıkarlarının bankacılardan oluşan bir danışma konseyi tarafından korunacağını iddia etti. "İşlemlerinde hiçbir kötü niyet olamaz. Yılda en az dört kez toplanacak olan bu konsey, sistemdeki her bölgesel rezerv bölgesini temsil eden bir bankacılar danışma konseyi olacaktır. Halkın çıkarlarını korumak için daha fazla tedbir alabilir miydik?"

Glass, önerilen Federal Danışma Konseyi'nin Federal Rezerv Yönetim Kurulu'nu halkın çıkarları doğrultusunda hareket etmeye zorlayacağını iddia etti.

---

[15] 1912'deki nihai seçim oyları şöyleydi: Wilson - 409; Roosevelt - 167; ve Taft - 15.

Senatör Root, enflasyon sorununu gündeme getirerek, Federal Rezerv Yasası uyarınca banknot dolaşımının her zaman sınırsız bir şekilde genişleyeceğini ve bunun büyük bir enflasyona yol açacağını iddia etti. Ancak, Federal Rezerv Sisteminin sonraki tarihi, bunun sadece enflasyona yol açmadığını, aynı zamanda 1929'dan 1939'a kadar olduğu gibi banknot basımının kısıtlanarak deflasyona da yol açabileceğini gösterdi.

Önerilen "merkezi olmayan" sistemin eleştirmenlerinden biri, Ohio, Cleveland'dan bir avukat olan Alfred Crozier'di: Crozier, 1912'de "U.S. Money vs. Corporation Currency" (ABD Parası ve Şirket Parası) adlı kışkırtıcı bir kitap yazdığı için Senato Komitesi'ne ifade vermeye çağrıldı.[16] Crozier, 1908 tarihli Aldrich-Vreeland Yasası'nı bir Wall Street aracı olarak eleştirdi ve hükümetimizin özel mülkiyete ait menkul kıymetlere dayalı para basmak zorunda kaldığı zaman, artık özgür bir ulus olmadığımızı belirtti.

Crozier, Senato Komitesi önünde şu ifadeyi verdi: "Menkul kıymetlerin fiyatlarını etkilemek amacıyla kredi verilmesi veya geri çağrılması ile bankaların kamuoyunu veya herhangi bir yasama organının kararlarını etkilemek için ortaklaşa kredi sözleşmeleri yapması veya faiz oranlarını artırması yasaklanmalıdır. Son aylarda, ABD Hazine Bakanı William McAdoo'nun, basında yer alan haberlere göre, bazı büyük bankacılık çıkar grupları arasında, kamuoyunu Kongre'yi bu çıkar gruplarının istediği para yasasını kabul etmeye zorlamak amacıyla para arzını daraltmak ve faiz oranlarını yükseltmek için bir komplo olduğu yönünde somut suçlamalarda bulunduğu bildirildi. Sözde yönetim para birimi tasarısı, Wall Street ve büyük bankaların yirmi beş yıldır uğruna çabaladıkları şeyi, yani PARA BİRİMİNİN KAMU DEĞİL ÖZEL KONTROLÜNÜ tam olarak vermektedir. Bunu Aldrich Tasarısı kadar eksiksiz bir şekilde yapmaktadır. Her iki önlem de hükümeti ve halkı, halkın parası üzerindeki tüm etkili kontrolünden mahrum bırakmakta ve halk arasında paranın kıt veya bol olmasını sağlama tehlikeli yetkisini münhasıran bankalara vermektedir. Aldrich Tasarısı bu yetkiyi tek bir merkez bankasına vermektedir. Yönetim

[16] Crozier'in kitabı, finansçıların Anayasa'nın 1. Maddesi, 8. Bölümü, 5. Paragrafı ile güvence altına alınan ABD'nin yasal parasını "şirket parası" ile değiştirme planını ortaya çıkardı.

Tasarısı ise bu yetkiyi, tamamı Aldrich Bankası'nı sahiplenecek ve işletecek olan aynı özel çıkar gruplarına ait on iki bölgesel merkez bankasına vermektedir. Başkan Garfield, suikasta kurban gitmeden kısa bir süre önce, para arzını kontrol edenin halkın iş ve faaliyetlerini de kontrol edeceğini ilan etmişti. Thomas Jefferson, yüz yıl önce, kamu parası basan özel bir merkez bankasının, halkın özgürlükleri için daimi bir ordudan daha büyük bir tehdit olduğunu belirtmişti."

Amerika Birleşik Devletleri başkanlarının kaç tanesinin kamu para biriminin basılması konusundaki endişelerinin ardından suikasta uğradığını görmek ilginçtir; Lincoln, faizsiz Greenback banknotlarıyla, Garfield ise suikasta uğramadan hemen önce para birimi sorunları hakkında bir açıklama yapmıştı.

Artık, Jekyll Adası'ndaki gizli konferanstan, Demokrat ve Cumhuriyetçi partiler tarafından farklı isimler altında önerilen aynı "reform" planlarına kadar, bu kadar uzun süren planlı bir aldatma kampanyasının neden gerekli olduğunu anlamaya başlıyoruz. Bankacılar, Anayasa'ya göre Kongre aracılığıyla ABD vatandaşlarına verilmiş olan para basma kontrolünü, Kongre onlara bir merkez bankası için tekel hakkı verene kadar ele geçiremediler. Bu nedenle, Federal Rezerv Yasası'nın kabul edilmesi için uygulanan etkinin büyük bir kısmı, esas olarak iki gizemli, seçilmemiş kişi tarafından perde arkasında gerçekleştirildi: Alman göçmen Paul Warburg ve Teksaslı Albay Edward Mandell House.

Paul Warburg, 1913 yılında Temsilciler Meclisi Bankacılık ve Para Komitesi'nde bir konuşma yaptı ve bu konuşmada geçmişini kısaca şöyle anlattı: "Kuhn, Loeb Company bankacılık evinin bir üyesiyim. Almanya'nın Hamburg kentinde doğup bankacılık alanında yetişmiş, Londra ve Paris'te bankacılık eğitimi almış ve dünyanın dört bir yanını dolaşmış biri olarak 1902 yılında bu ülkeye geldim. 1907 Panik Dönemi'nde yaptığım ilk öneri, 'Ulusal bir takas odası kuralım' idi. Aldrich Planı, bankacılığın temel kuralları olan bazı hususları içermektedir. Bu plandaki (Owen-Glass tasarısı) amacınız da aynı olmalıdır: rezervlerin merkezileştirilmesi, ticari kredinin harekete geçirilmesi ve esnek bir banknot ihracı sağlanması."

Warburg'un "kredinin harekete geçirilmesi" ifadesi önemliydi, çünkü Birinci Dünya Savaşı yakında başlayacaktı ve Federal Rezerv

Sisteminin ilk görevi Dünya Savaşı'nı finanse etmek olacaktı. Avrupa ülkeleri, kendi merkez bankalarının yarattığı bir durum olan neredeyse elli yıldır büyük daimi ordular bulundurdukları için zaten iflas etmişti ve bu nedenle bir savaşı finanse edemiyorlardı. Bir merkez bankası, sönmez bir borç yaratmak amacıyla "yeniden silahlanma" ve "savunma" için ülkeye her zaman muazzam bir yük yükler; bu da aynı anda bir askeri diktatörlük yaratır ve halkı, bankacıların yapay olarak yarattığı borcun "faizini" ödemek için köleleştirir.

Federal Rezerv Yasası üzerine Senato'da yapılan tartışmada, Senatör Stone 12 Aralık 1913'te şöyle demiştir: "Büyük bankalar yıllardır kendi amaçlarına hizmet etmek üzere Hazine Bakanlığı'nda ajanlar bulundurmaya ve onları kontrol etmeye çalışmaktadır. World gazetesindeki şu makaleden alıntı yapayım: 'Bay McAdoo Washington'a gelir gelmez, National City Bank'ın bankaların durumu ve Wall Street'teki büyük grubun ilgilendiği diğer konularda önceden bilgi almak için Hazine Bakanlığı'na yerleştirdiği bir kadın görevden alındı. Hemen ardından Bakan ve Bakan Yardımcısı John Skelton Williams, Wall Street grubunun temsilcileri tarafından şiddetle eleştirildi.'

"Ben şahsen, bankacıların siyasi görüşlerine ve amaçlarına karşı çıkan kişilere kredi vermeyi reddettikleri birden fazla durum gördüm. Senatör Aldrich ve diğerleri bu planı uygulamak için ülkeyi dolaşırken, New York ve Chicago'daki büyük bankalar Aldrich propagandasını desteklemek için cömert bir fon toplamakla meşguldü. Kendi eyaletimdeki bankacılardan, bu sömürü fonuna katkı yapmalarının talep edildiğini ve kara listeye alınmaktan veya boykot edilmekten korktukları için katkıda bulunduklarını duydum. Bu ülkede kamu refahının düşmanı olan bankacılar var. Geçmişte, birkaç büyük banka, Amerika'nın finans ve iş sektörleri üzerindeki muazzam güçlerini sürdürmek için ülkenin endüstriyel enerjisini felç eden politikalar ve projeler izlemiştir."

Carter Glass otobiyografisinde, Woodrow Wilson tarafından Beyaz Saray'a çağrıldığını ve Wilson'ın kendisine rezerv banknotlarını Amerika Birleşik Devletleri'nin yükümlülükleri haline getirme niyetinde olduğunu söylediğini belirtir. Glass şöyle der: "Bir an için dilim tutuldu. İtiraz ettim. Burada herhangi bir devlet yükümlülüğü yok, Sayın Başkan. Wilson, tasarıyı kurtarmak için bu noktada uzlaşma sağlamak zorunda kaldığını söyledi."

Bu konudaki "uzlaşma" terimi doğrudan Paul Warburg'dan geliyordu. Albay Elisha Ely Garrison, Roosevelt,[17] Wilson and the Federal Reserve Law adlı kitabında şöyle yazmıştır: "1911'de, 'The Outlook' dergisinde Roosevelt'in özel memuru olan Lawrence Abbot, bana para reformu için sözde Aldrich Planı'nın bir kopyasını verdi. Warburg'un bu planın yazarı olduğuna inanamadığımı söyledim. Bu plan, menkul kıymetlere karşı para basılmasını öngören Aldrich-Vreeland yasasından başka bir şey değildi. Warburg bunu benim kadar iyi biliyordu. Hemen onu görmeye gidip bu konuyu soracaktım. Tamam, gerçeği söyle. Evet, ben yazdım, dedi. Neden? diye sordum. Bu bir uzlaşmaydı, diye cevapladı Warburg."[18]

Garrison, Warburg'un kendisine 8 Şubat 1912'de mektup yazdığını söylüyor.

"Kapsamlı bir tartışmanın sonunda, ya siz benim bakış açımı anlayacaksınız ya da ben sizinkini anlayacağım, buna hiç şüphem yok - ama umarım siz benim bakış açımı anlarsınız."

Bu, Warburg'un çıkarlarını desteklemeleri için Kongre üyelerine gizlice lobi yaptığı sırada söylediği bir başka ünlü sözüydü; onların "onun bakış açısını benimsemeleri" gerektiğine dair üstü kapalı bir tehditti. Bunu yapmayanlar, bir sonraki seçimlerde rakiplerine büyük meblağlar bağışlandığını gördüler ve genellikle yenilgiye uğradılar.

Brown Brothers bankacılarının, daha sonra Brown Brothers Harriman'ın temsilcisi olan Albay Garrison, finans camiasında her yere giriş iznine sahipti. Albay House hakkında şöyle yazıyor: "Albay House, Bay Warburg'un ilk yazdıklarına tamamen katılıyordu." 337. sayfada Albay House'dan alıntı yapıyor:

"Ayrıca Merkez Kurulu'nun dört üyeden beşe çıkarılmasını ve görev sürelerinin sekiz yıldan on yıla uzatılmasını öneriyorum. Bu, istikrar sağlayacak ve bir başkanın tek bir görev süresi boyunca kurulun personelini değiştirme yetkisini ortadan kaldıracaktır."

---

[17] Theodore Roosevelt.

[18] Elisha Ely Garrison, *Roosevelt, Wilson and the Federal Reserve Law*, Christopher Publications, Boston, 1931.

House'un "Başkanın yetkisini ortadan kaldırmak" ifadesi önemlidir, çünkü sonraki başkanlar, başkanlık görev süresi boyunca Federal Rezerv Kurulu'nun yapısını değiştirerek kurulda çoğunluğu elde etme yetkisine sahip olmadıkları için hükümetin yönünü değiştirmekte çaresiz kaldılar. Garrison bu kitabında ayrıca şöyle yazmıştır:

"Paul Warburg, Aldrich Planı ülke çapında büyük bir öfke ve muhalefet uyandırdıktan sonra Federal Rezerv Yasası'nı hazırlayan kişidir. Her iki planın da arkasındaki beyin, Londra'lı Baron Alfred Rothschild'di."

Albay Edward Mandell House[19], Haham Stephen Wise'ın otobiyografisi Challenging Years'da "gayri resmi Dışişleri Bakanı" olarak anılmıştır. House, kendisinin ve Wilson'ın, Federal Rezerv Yasası'nı kabul ederek Yüksek Mahkeme'den daha güçlü bir kurum yarattıklarının farkında olduklarını belirtmiştir. Federal Rezerv Yönetim Kurulu, aslında bir tür "Maliye Yüksek Mahkemesi" işlevi görmekteydi ve bu kurumun kararlarına itiraz hakkı bulunmamaktaydı.

1911'de, Wilson'ın başkanlık görevine başlamasından önce, House Teksas'taki evine dönmüş ve Philip Dru, Administrator adlı bir kitabı tamamlamıştı. Görünüşte bir roman olan bu kitap, House'a göre aslında "Karl Marx'ın hayal ettiği sosyalizmi kuracak" gelecekteki ABD hükümeti için ayrıntılı bir plandı. Bu "roman", kademeli gelir vergisi, aşırı kâr vergisi, işsizlik sigortası, sosyal güvenlik ve esnek bir para sisteminin yürürlüğe gireceğini öngörüyordu. Kısacası, bu kitap daha sonra Woodrow Wilson ve Franklin D. Roosevelt yönetimlerinin izlediği bir yol haritasıydı. Kitap, New York'tan B. W. Huebsch tarafından "isimsiz" olarak yayınlandı ve yazarı konusunda hiçbir şüpheye yer bırakmayan hükümet yetkilileri arasında geniş çapta dolaştı. House'u yıllardır tanıyan George Sylvester Viereck ([20]), daha sonra Wilson-House ilişkisini anlatan The Strangest Friendship in History (Tarihin En Tuhaf Dostluğu) adlı bir kitap yazdı.[21] 1955'te, 1932'den 1956'ya

[19] "Biyografiler" bölümündeki House notuna bakınız.

[20] "Biyografiler" bölümündeki Viereck notuna bakınız

[21] George Sylvester Viereck, *Tarihin En Tuhaf Dostluğu, Woodrow Wilson ve Albay House*, Liveright, New York, 1932

kadar Hearst'te köşe yazarı olan Westbrook Pegler, Philip Dru kitabını duydu ve Viereck'i arayarak adlı kitabın bir kopyası olup olmadığını sordu. Viereck, Pegler'a kitabın kendi kopyasını gönderdi ve Pegler bu kitap hakkında bir köşe yazısı yazarak şunları belirtti:

"Philip Dru'da anlatılan kurumlardan biri de Federal Rezerv Sistemi'dir. Schiffler, Warburglar, Kahnlar, Rockefellerlar ve Morganlar, House'a güveniyorlardı. Schiff, Warburg, Rockefeller ve Morgan ailelerinin çıkarları, Jekyll Adası'ndaki gizemli konferansta bizzat temsil edildi. Frankfurter, Felix Warburg ve Paul Warburg'un Harvard'a yaptığı mali katkı sayesinde Harvard Hukuk Fakültesi'ne girdi ve böylece Alger ve Donald Hiss, Lee Pressman, Harry Dexter White ve Little Weenie'nin diğer birçok himayesindeki kişileri elde ettik."[22]

House'un açıkça sosyalist görüşleri, Philip Dru, Administrator kitabında açıkça ifade edildi; 57-58. sayfalarda House şöyle yazdı:

"Doğrudan ve güçlü bir şekilde, medeniyetimizin, diğer şeylerin yanı sıra verimliliği kısıtladığı ölçüde temelde yanlış olduğunu; toplumun düzgün bir şekilde organize edilmesi halinde, yeterince giyinip beslenemeyen kimsenin kalmayacağını belirtti. Sonuç olarak, o dönemde geçerli olan yasalar, alışkanlıklar ve ahlaki eğitim, fırsat eşitsizliklerinden ve bunun sonucunda azınlık ile çoğunluk arasındaki büyük farktan sorumluydu; bu koşulların sonucu, nüfusun büyük bir kısmını verimsiz hale getirmekti; bu oran, her ülkede eğitim, aydınlanma ve özverili yasaların cehalet, bağnazlık ve bencil yasalara oranına göre farklılık gösteriyordu."[23]

---

[22] Pegler arayıp kitabı istediğinde, bu yazarın kendisi Viereck ile birlikte Hotel Belleclaire'deki süitindeydi. Viereck, kitabı sekreteri aracılığıyla gönderdi. Gülümsedi ve Pegler'ın çok heyecanlı göründüğünü söyledi. "Bundan iyi bir köşe yazısı çıkarabilir," dedi Viereck bana. Gerçekten de Pegler bundan iyi bir köşe yazısı çıkardı. Ne yazık ki, Warburg'lardan bahsederken çok ileri gitmişti. Saldırılarını La Grand Bouche (Eleanor Roosevelt) ve eşiyle sınırlı tuttuğu sürece devam etmesine izin verilmişti, ancak Washington'daki komünist casus şebekesiyle Warburg'ların bağlantısını ortaya çıkardığı için, köşe yazısı büyük şehir gazeteleri tarafından derhal kaldırıldı ve Pegler'ın uzun soluklu kariyeri sona erdi.

[23] Albay Edward M. House, *Philip Dru, Yönetici*, B. W. Heubsch, New York, 1912.

House (Dru), kitabında kendini bir diktatör olarak hayal ediyor ve radikal görüşlerini halka dayatıyor, sayfa 148: "Onlar, Dru'nun durumu domine ettiğini ve Cumhuriyet'te nihayet bir deha ortaya çıktığını kabul ettiler." Artık General unvanını üstleniyor. "General Dru, diktatörlük yetkilerini üstlenme niyetini açıkladı... kendisine herhangi bir kişisel hırsın olmadığı konusunda güvence verildi... kendini 'Cumhuriyet Yöneticisi' ilan etti."[24]

Kendini bir diktatör olarak hayal eden bu dalgın hayalperest, aslında kendini ABD Başkanı'nın özel danışmanı konumuna getirmeyi başardı ve ardından birçok arzusunu yasa haline getirmeyi başardı! 227. sayfada, diktatör olarak yürürlüğe koymak istediği bazı yasaları sıralıyor. Bunlar arasında yaşlılık emeklilik yasası, işçi sigorta tazminatı, kooperatif pazarları, federal rezerv bankacılık sistemi, kooperatif kredileri, ulusal istihdam büroları ve diğer "sosyal yasalar" yer alıyor; bunların bir kısmı Wilson yönetimi sırasında, diğerleri ise Franklin D. Roosevelt yönetimi sırasında yürürlüğe girdi. İkincisi aslında Wilson yönetiminin devamı niteliğindeydi; kadronun çoğu aynıydı ve House yönetimi perde arkasından yönlendiriyordu.

Bu kitapta bahsedilen çoğu perde arkasındaki aktör gibi, Albay Edward Mandell House'un da zorunlu "Londra bağlantısı" vardı. Aslen Hollandalı bir aile olan "Huis"in ataları üç yüz yıl boyunca İngiltere'de yaşamış, ardından babası Teksas'a yerleşmiş ve İç Savaş sırasında abluka kaçakçılığı yaparak bir servet kazanmıştı. Babası, Rothschildlar da dahil olmak üzere İngiliz bağlantılarına pamuk ve diğer kaçak malları gönderip, kuşatma altındaki Teksaslılar için erzak getiriyordu. Teksas'taki istikrarsız duruma güvenmeyen House, abluka kaçakçılığından elde ettiği tüm kârını ihtiyatlı bir şekilde Londra'daki Baring bankasına altın olarak

---

[24] Albay House tarafından 1912'de yazılan *Philip Dru, Yönetici kitab*ından alınan bu alıntı, onun totaliter Marksist felsefesini göstermek amacıyla buraya eklenmiştir. House, 8 yıl boyunca Başkan Wilson'ın en yakın danışmanı olacaktı. Daha sonra Franklin D. Roosevelt yönetiminde de etkisini sürdürdü. Massachusetts, Magnolia'daki evinden House, Felix Frankfurter'in Beyaz Saray'a yaptığı sık sık ziyaretler aracılığıyla FDR'ye danışmanlık yaptı. Frankfurter daha sonra F.D.R. tarafından Yüksek Mahkeme'ye atandı.

yatırdı.[25] İç Savaş'ın sonunda, Teksas'ın en zengin adamlarından biriydi. Oğluna, tüccar ortaklarından birinin adını vererek "Mandell" adını koydu.

Arthur Howden Smith'e göre, House'un babası 1880'de öldüğünde, mirası oğulları arasında şu şekilde dağıtıldı: Thomas William bankacılık işini, John şeker plantasyonunu ve Edward M. ise kendisine yılda 20.000 dolar gelir getiren pamuk plantasyonlarını aldı.[26]

On iki yaşındayken genç Edward Mandell House beyin iltihabı geçirdi ve daha sonra güneş çarpması nedeniyle daha da sakat kaldı. Yarı sakat biriydi ve rahatsızlıkları ona tuhaf bir Doğu görünümü kazandırmıştı. Hiçbir mesleğe girmedi, ancak babasının servetini kullanarak Teksas siyasetinin "kral yapıcı"sı oldu ve 1893 ile 1911 yılları arasında arka arkaya beş vali seçilmesini sağladı. 1911'de Wilson'ı başkanlık için desteklemeye başladı ve adaylığını garantileyen kritik Teksas delegasyonunu ona verdi. House, Wilson ile ilk kez 31 Mayıs 1912'de Hotel Gotham'da tanıştı.

George Sylvester Viereck'in yazdığı *The Strangest Friendship In History, Woodrow Wilson and Col. House* (Tarihin En Tuhaf Dostluğu, Woodrow Wilson ve Albay House) adlı kitabında Viereck şöyle yazıyor:

"House," diye sordum, "arkadaşlığınızı pekiştiren neydi?Karakterlerimizin ve kamu politikalarımızın benzerliği," diye cevapladı House. "Sizin amacınız ve onun amacı neydi?Bazı liberal ve ilerici fikirleri yasaya dönüştürmek."[27]

---

[25] Dope, Inc., Barings'i şu şekilde tanımlamaktadır: "1783'ten günümüze kadar afyon ticaretinin önde gelen ticaret bankası olan Baring Brothers, Bostonlu ailelerle de yakın temas halindeydi... Grubun önde gelen bankacısı, 19 yüzyılın sonunda, Doğu afyon ticaretinden de payını alan Morgan Hanesi oldu... Morgan'ın Uzak Doğu operasyonları, resmi olarak yürütülen İngiliz afyon ticaretiydi... Morgan Guaranty Trust'ın, İngiliz afyon bankalarının tespit edilen liderleriyle olan yakın ilişkileri nedeniyle, Morgan'ın durumu Amerikan polisi ve düzenleyici kurumları tarafından özel bir incelemeyi hak ediyor."

[26] Arthur Howden Smith, *The Real Col. House*, Doran Company, New York, 1918.

[27] George Sylvester Viereck, *The Strangest Friendship in History, Woodrow Wilson and Col. House*, Liveright, New York, 1932.

House, Viereck'e Beyaz Saray'da Wilson'ı ziyaret ettiğinde ona 35.000 dolar verdiğini söyledi. Bu miktar, Bernard Baruch'un Wilson'a verdiği 50.000 dolardan sonra en yüksek ikinci miktardı.

House'un programlarının başarılı bir şekilde yürürlüğe girmesi, Wilson'ın diğer çalışma arkadaşlarının da dikkatinden kaçmadı. *The Intimate Papers of Col. House kitabının* 1. cildinin 157. sayfasında House şöyle not düşüyor: "Bay Lane ve Bay Bryan gibi kabine üyeleri, Dru'nun Başkan üzerindeki etkisine ilişkin yorumlarda bulundular. Lane, 'Kitabın olması gerektiğini söylediği her şey gerçekleşiyor' diye yazdı. Başkan sonunda 'Philip Dru'ya' geliyor."[28]

House, The Intimate Papers of Col. House kitabında Federal Rezerv Yasası adına yaptığı bazı çabaları şöyle kaydetmiştir: "19 Aralık 1912. Para reformu konusunda Paul Warburg ile telefonda konuştum. Washington'a yaptığım seyahati ve bunu işler hale getirmek için orada yaptıklarımı anlattım. Ona, Senato ve Kongre üyelerinin onun istediğini yapmak için istekli göründüklerini ve başkan seçilen Wilson'ın bu konu hakkında doğru düşündüğünü söyledim."[29]

Böylece, Warburg'un Washington'daki temsilcisi Albay House, ona Senato ve Kongre üyelerinin istediği şeyi yapacaklarını ve başkan seçilen Wilson'ın "bu konuda doğru düşündüğünü" garanti ediyor. Bu bağlamda, temsili hükümetin varlığı sona ermiş gibi görünüyor. House, "Papers" adlı kitabında şöyle devam ediyor:

> "13 Mart 1913. Warburg ve ben para reformu konusunda samimi bir görüşme yaptık.
>
> 27 Mart 1913. J.P. Morgan Jr. ve şirketinden Bay Denny saat beşte tam zamanında geldiler. 47
>
> McAdoo yaklaşık on dakika sonra geldi. Morgan'ın hazırladığı bir para birimi planı vardı. Ben, planın önceden ayarlanmış gibi görünmemesi için daktilo ile yazdırmasını ve bugün Wilson'a ve bana göndermesini önerdim.

---

[28] Albay Edward Mandell House, *The Intimate Papers of Col. House*, Charles Seymour tarafından düzenlenmiş, Houghton Mifflin Co., 1926-28, Cilt 1, s. 157

[29] Aynı eser. Cilt 1, s. 163.

23 Temmuz 1913. (Boston) Belediye Başkanı Quincy'ye, Doğu bankacılarının Para Birimi Yasası'na karşı düşmanca bir tutum sergilemelerinin ne kadar aptalca olduğunu göstermeye çalıştım. ([30] 'daki) Binbaşı Henry Higginson'a, yasanın ne kadar özenle hazırlandığını anlattım. O gelmeden hemen önce, Harvard'dan Profesör Sprague'nin Paul Warburg'un Glass-Owen Yasası'na yönelik eleştirisine ilişkin incelemesini bitirmiştim ve bunu yarın Washington'a ileteceğim. Warburg'un tanıdığı ve konuyu pratik olarak bilen her bankacı, tasarı hazırlığı konusunda görüşleri alınmak üzere arandı.

13 Ekim 1913. Bugün ilk ziyaretçim Paul Warburg'du. Para birimi önlemlerini görüşmek için geldi. Owen-Glass Tasarısı'nın onaylamadığı birçok özelliği var. Onunla McAdoo ve Senatör Owen'ı görüştürmeyi vaat ettim, böylece konuyu onlarla tartışabilir.

17 Kasım 1913. Paul Warburg, Washington gezisiyle ilgili olarak telefon etti. Daha sonra, o ve Bay Jacob Schiff birkaç dakikalığına uğradılar.

Konuşmayı çoğunlukla Warburg yaptı. Birimlerin birbirine kaynaşması ve Federal Rezerv Kurulu ile daha kolay iletişim kurması için normal rezerv bankalarının gruplandırılmasına ilişkin yeni bir önerisi vardı."

George Sylvester Viereck, *The Strangest Friendship in History, Woodrow Wilson and Col. House* (Tarihin En Tuhaf Dostluğu, Woodrow Wilson ve Albay House) adlı kitabında şöyle yazdı: "Schiff'ler, Warburg'lar, Kahn'lar, Rockefeller'lar ve Morgan'lar House'a güveniyorlardı. Federal Rezerv yasası nihayet kesin şeklini aldığında, House Beyaz Saray ile finansçılar arasındaki aracıydı."[31]

Viereck, kitabının 45. sayfasında şöyle diyor: "Albay House, para sisteminin reformunu Wilson yönetiminin en büyük iç başarısı olarak görüyor."[32]

---

[30] Boston'un en önde gelen bankacısı.

[31] George Sylvester Viereck, Tarihin En Tuhaf Dostluğu, Woodrow Wilson ve Albay House, Liveright, New York, 1932.

[32] Aynı eser.

Glass Tasarısı (Federal Rezerv Yasası'nın Temsilciler Meclisi versiyonu), 18 Eylül 1913 tarihinde 287'ye karşı 85 oyla Temsilciler Meclisi'nden geçmişti. 19 Aralık 1913'te Senato, kendi versiyonunu 54'e karşı 34 oyla kabul etti. Temsilciler Meclisi ve Senato versiyonları arasında çözülmesi gereken kırktan fazla önemli fark vardı ve Kongre'nin her iki meclisindeki yasa tasarısı karşıtları, Konferans tasarısının görüşülmeye hazır hale gelmesi için henüz haftalarca zaman geçmesi gerektiğine inanmaya yönlendirildiler. Kongre üyeleri, Konferans tasarısının bir sonraki yıla kadar gündeme getirilmeyeceğinden emin olarak, yıllık Noel tatili için Washington'dan ayrılmaya hazırlandılar. Şimdi para yaratıcıları, planlarının en parlak hamlesini hazırladılar ve uyguladılar. Tek bir günde, tasarıdaki tartışmalı kırk maddenin tümünü uzlaştırdılar ve hızla oylamaya sundular. 22 Aralık 1913 Pazartesi günü, tasarı Temsilciler Meclisi'nde 282'ye karşı 60, Senato'da ise 43'e karşı 23 oyla kabul edildi. 21 Aralık 1913'te *The New York Times*, bu yasa hakkında bir başyazıda şöyle yorumladı: "New York, finansal büyüme açısından daha sağlam bir temele oturacak ve yakında onu dünyanın para merkezi olarak göreceğiz."

The New York Times, 22 Aralık 1913 Pazartesi günü manşetinde şu haberi verdi: PARA TASARISI BUGÜN YASA OLABİLİR -- KONFERANS KATILIMCILARI BU SABAH 1:30'DA NEREDEYSE TÜM ANLAŞMAZLIKLARI GİDERDİ-MEVDUAT GARANTİSİ YOK--SENATO BU KONUDAN VAZGEÇTİ ANCAK DİĞER BİRÇOK DEĞİŞİKLİĞİ KABUL ETTİ "Neredeyse eşi benzeri görülmemiş bir hızla, Para Yasası konusunda Temsilciler Meclisi ile Senato arasındaki anlaşmazlıkları gidermek üzere toplanan konferans, bu sabah erken saatlerde çalışmalarını fiilen tamamladı. Cumartesi günü konferans katılımcıları, ön hazırlıkları halletmekten öteye pek bir şey yapamadılar ve kırk kadar önemli anlaşmazlığı Pazar günü çözüme kavuşturmak üzere bıraktılar... Bu hafta Kongre'nin her iki meclisinde de başka önemli bir yasa tasarısı görüşülmeyecek. Her iki meclisin üyeleri şimdiden Washington'dan ayrılmaya hazırlanıyor."

"Eşi benzeri görülmemiş bir hızla", diyor *The New York Times*. Bu son stratejide Paul Warburg'un ustaca dokunuşu görülüyor. Yasa tasarısının en sesli eleştirmenlerinden bazıları Washington'dan çoktan ayrılmıştı. Noel'den önceki hafta boyunca önemli yasaların görüşülmemesi uzun süredir devam eden bir siyasi nezaket kuralıydı, ancak bu gelenek, Federal Rezerv Yasası'nı Amerikan halkına dayatmak için kaba bir şekilde çiğnendi.

Times, Kongre Üyesi Lindbergh'in "tasarı, dünyadaki en devasa tröstü kuracak" şeklindeki kısa alıntısını gömdü ve Temsilciler Meclisi Bankacılık ve Para Komitesi'nden Cumhuriyetçi Maine Temsilcisi Guernsey'in "Bu bir enflasyon tasarısı, tek soru enflasyonun boyutu" şeklindeki sözlerini aktardı.

Kongre Üyesi Lindbergh o tarihi günde Temsilciler Meclisi'nde şunları söyledi:

"Bu Yasa, yeryüzündeki en devasa tröstü kurmaktadır. Başkan bu tasarıyı imzaladığında, Para Gücü'nün görünmez yönetimi yasallaşacaktır. Halk bunu hemen fark etmeyebilir, ancak hesaplaşma günü sadece birkaç yıl uzaktadır. Tröstler, kendi iyilikleri için bile çok ileri gittiklerini yakında fark edeceklerdir. Halk, Parasal Güçten kurtulmak için bir bağımsızlık bildirgesi yayınlamalıdır. Bunu, Kongre'nin kontrolünü ele geçirerek yapabilirler. Siz senatörler ve milletvekilleri Kongre'yi bir aldatmaca haline getirmeseniz, Wall Street'liler bizi aldatamazlardı. Halkın Kongresi olsaydı, istikrar olurdu.

Kongre'nin en büyük suçu para sistemidir. Bu bankacılık tasarısı, tarihin en kötü yasama suçunu işliyor. Parti grubu ve parti patronları yine iş başında ve halkın kendi hükümetinden faydalanmasını engelliyorlar."

23 Aralık 1913 tarihli New York Times, Kongre Üyesi Lindbergh'in tasarıya yönelik eleştirisinin aksine, bir başyazısında şöyle yorumladı: "Bankacılık ve Para Birimi Tasarısı, Kongre Binası'nın bir ucundan diğer ucuna her gönderildiğinde daha iyi ve daha sağlam hale geldi. Kongre, tasarıyı hazırlarken halkın denetimi altında çalıştı."

The Times, "kamu denetimi" derken, görünüşe göre, birkaç gün boyunca Capitol binasında küçük bir ofis tutan Paul Warburg'u kastetmişti. Warburg, bu ofisten, tasarıyı geçirmek için Noel öncesi başarılı kampanyayı yönetti ve senatörler ile kongre üyeleri, onun stratejisini uygulamak üzere saat başı onun emriyle ofise geldiler.

"Noel katliamı" olarak bilinen olay sırasında Federal Rezerv Yasası'nın Kongre'den "benzeri görülmemiş bir hızla" geçmesinin öngörülemeyen bir yönü vardı. Woodrow Wilson, diğer pek çok kişi gibi, yasa tasarısının Noel'den sonraya kadar oylamaya sunulmayacağına dair güvence almış olduğundan, bu durum karşısında hazırlıksız yakalandı. Şimdi ise, B Sınıfı Direktörlerin seçilmesine ilişkin hükümlere itiraz ettiği için tasarıyı imzalamayı reddediyordu. William L. White, Bernard Baruch'un biyografisinde, Wilson'ın kampanya fonuna en büyük katkıyı yapan Baruch'un, Wilson'ın tasarıyı imzalamayı reddettiği haberini alınca şaşkına döndüğünü anlatır. Baruch, aceleyle Beyaz Saray'a gitti ve Wilson'a bunun önemsiz bir mesele olduğunu, daha sonra "idari süreçler" yoluyla çözülebileceğini garanti etti. Önemli olan, Federal Rezerv Yasası'nın bir an önce yasalaşmasıydı. Bu güvenceyle Wilson, 23 Aralık 1913'te Federal Rezerv Yasası'nı imzaladı. Tarih, o gün Anayasa'nın Amerikan halkının yönetim sözleşmesi olmaktan çıktığını ve özgürlüklerimizin küçük bir uluslararası bankacılar grubuna teslim edildiğini kanıtladı.

24 Aralık 1913 tarihli New York Times gazetesi, "WILSON PARA YASASINI İMZALADI!" başlığını manşetine taşıdı. Bunun altında, yine büyük harflerle yazılmış iki başlık daha yer alıyordu: "REFAH HERKESE AÇIK" ve "HER SINIFTAKİ İNSANA YARDIMCI OLACAK". Herkese fayda sağlayan bir yasaya kim karşı çıkabilirdi ki? *Times*, Wilson'ın ailesi ve hükümet yetkililerinin onun yasayı imzalamasını izlediği sırada ortamdaki şenlik havasını anlattı. "Noel ruhu toplantıya hakim olmuştu," diye sevinçle yazdı *Times*.

Rixey Smith, Carter Glass'ın biyografisinde, yasa tasarısının imzalanma törenine Başkan Yardımcısı Marshall, Bakan Bryan, Carter Glass, Senatör Owen, Bakan McAdoo, Meclis Başkanı Champ Clark ve diğer Hazine yetkililerinin katıldığını belirtir. Yasanın asıl yazarları olan Jekyll Adası'ndaki taslak hazırlayıcılarının hiçbiri orada değildi. Zaferlerinin sahnesinden ihtiyatlı bir şekilde uzak durmuşlardı. Rixey Smith ayrıca, "Sanki Noel iki gün erken gelmiş gibiydi" diye yazdı. 24 Aralık 1913'te Jacob Schiff, Albay House'a şöyle yazdı:

"Sevgili Albay House. Para birimi mevzuatı konusunda sessiz ama şüphesiz etkili çalışmalarınız için size bir şeyler söylemek ve tasarının nihayet kanunlaşmasını kutlamak istiyorum. En iyi dileklerimle, sadık dostunuz, JACOB SCHIFF."

Kansas Temsilcisi Moore, yasanın kabulüyle ilgili yorumunda Temsilciler Meclisi'ne şöyle dedi: "Amerika Birleşik Devletleri Başkanı artık ülkenin tüm maliyesinin mutlak diktatörü haline geliyor. Yedi kişilik bir denetim kurulu atıyor ve bu kurulun tüm üyeleri, azınlıkta olsalar bile, onun siyasi partisine mensup. Hazine Bakanı, kendisi ile Federal Rezerv Kurulu arasında görüş ayrılığı olduğunda nihai karar mercii olacak.

VE, Başkan görevde olduğu sürece Kurul'un sadece bir üyesi görevinden ayrılacaktır."

Kurul üyelerinin on yıllık görev süreleri, 1935 tarihli Bankacılık Yasası ile on dört yıla uzatıldı. Bu, halk tarafından seçilmemiş olsalar da, ülkenin maliyesini yöneten bu yöneticilerin üç başkanın görev süresinden daha uzun süre görevde kalacakları anlamına geliyordu.

Albay House, Jacob Schiff ve Paul Warburg, iyi yapılan bir işin gururunu yaşarken, bu dramanın diğer aktörleri daha sonra ikinci düşüncelere maruz kaldılar. Woodrow Wilson, 1916'da yazdığı "Ulusal Ekonomi ve Bankacılık Sistemi" (Sen. Doc. No. 3, No. 223, 76. Kongre, 1. oturum, 1939) adlı eserinde şöyle demiştir: "Kredi sistemimiz (Federal Rezerv Sistemi'nde) yoğunlaşmıştır. Dolayısıyla, ulusun büyümesi ve tüm faaliyetlerimiz birkaç kişinin elindedir."

Clarence W. Barron tarafından nihai olarak kabul edilen tasarıyı onaylayıp onaylamadığı sorulduğunda Warburg, "Şey, tam olarak istediğimiz her şeyi içermiyor, ancak eksiklikler daha sonra idari süreçlerle giderilebilir" dedi.

Çoğu çağdaş tarihçi, bu yasanın Woodrow Wilson ve Carter Glass'a atfedildiğini belirtir, ancak ilgili tüm kişiler arasında, Wilson'ın tasarıya ilişkin Kongre kararlarıyla en az ilgisi olan kişi oydu. Deneyimli bir Washington muhabiri olan George Creel, 26 Haziran 1915 tarihli Harper's Weekly dergisinde şöyle yazdı:

"Demokrat Parti açısından Woodrow Wilson, sahip olduğu destek dışında hiçbir etkiye sahip değildi. Gümrük vergisi tasarısı, Panama Kanalı geçiş ücretlerinin kaldırılması ve para birimi tasarısı konusunda Kongre'yi hizaya getiren Bryan'dı." Bay Bryan daha sonra şöyle yazdı: "Kamu hayatımdaki tek pişmanlığım, Federal

Rezerv Yasası'nın yürürlüğe girmesini sağlamak için yaptığım çalışmadır."

25 Aralık 1913'te *The Nation*, "Senato'nun Federal Rezerv Yasası'nı kabul etmeye hazır olduğu haberinin ardından New York Borsası istikrarlı bir şekilde yükselmeye başladı" diye belirtti.

Bu, Federal Rezerv Yasası'nın bir para reformu tasarısı olduğu iddiasını yalanlamaktadır. New York Borsası, genellikle Washington'da kabul edilen herhangi bir finansal mevzuatın gerçek anlamının doğru bir barometresi olarak kabul edilir. Senatör Aldrich de artık Federal Rezerv Yasası hakkında endişeleri olmadığını kararlaştırdı. Kendisine ait olan ve *The Independent* adını verdiği bir dergide, Temmuz 1914'te şöyle yazdı: "Bu Yasa'nın kabul edilmesinden önce, New York bankacıları yalnızca New York'un rezervlerini kontrol edebiliyorlardı. Artık tüm ülkenin banka rezervlerini kontrol edebiliyoruz."

H.W. Loucks, *The Great Conspiracy of the House of Morgan* (Morgan Hanedanının Büyük Komplosu) adlı kitabında Federal Rezerv Yasası'nı kınadı: "Federal Rezerv Yasası ile, halktan para basma ve bunun değerini düzenleme anayasal yetkisini ellerinden alıp kendilerine aldılar." Loucks, kitabın 31. sayfasında şöyle yazıyor: "Morgan Hanedanı artık sanayimizi, ticaretimizi ve siyasi işlerimizi tam anlamıyla kontrol ediyor.

Demokrat, Cumhuriyetçi ve İlerici partilerin politika belirleme süreçleri tamamen onların kontrolündedir. Şu anda yürütülen 'hazırlık' konulu olağanüstü propaganda, yabancı saldırılara karşı savunmadan çok, iç baskı amacıyla planlanmıştır."[33] Woodrow Wilson'ın Federal Rezerv Yasası'nı imzalaması, yakın arkadaşı Albay House ve Paul Warburg ile yıllarca süren gizli işbirliğinin doruk noktasını temsil ediyordu. House'un Wilson yönetimi sırasında tanıştığı kişilerden biri de Donanma Bakan Yardımcısı Franklin D. Roosevelt'ti. 1932'de Demokratların başkan adayı seçilir seçilmez, Franklin D. Roosevelt, Massachusetts'in Magnolia kentindeki Albay House'un evine bir "hac" ziyaretinde bulundu. Roosevelt, 1920'lerdeki Cumhuriyetçi ara dönemden sonra, Wilson'ın gerçekleştiremediği, Ulusal İmar İdaresi ([34]) yöneticisi

[33] H.W. Loucks, *Morgan Hanedanının Büyük Komplosu*, Özel baskı, 1916.

[34] E.M. House, *Philip Dru, Yönetici*, B. W. Heubsch, N.Y., 1912.

Philip Dru'nun hedeflerini yerine getirdi. Roosevelt'in son dönemdeki başarıları arasında sosyal güvenlik programının yürürlüğe girmesi, aşırı kâr vergisi ve kademeli gelir vergisinin kazanılan gelirin %90'ına kadar genişletilmesi yer alıyordu.

House'un biyografi yazarı Charles Seymour şöyle yazmıştır: "Parti siyaseti ve atamaların ayrıntıları onu yoruyordu. Yapıcı iç mevzuatta (Federal Rezerv Yasası, gümrük tarifesi revizyonu ve Gelir Vergisi değişikliği) üstlendiği rol bile onu tatmin etmiyordu. 1914'ün başından itibaren, siyasetin en üst düzeyi olarak gördüğü ve kendisine özellikle uygun olan alana, yani uluslararası ilişkilere giderek daha fazla zaman ayırmaya başladı."[35]

1938'de, vefatından kısa bir süre önce House, Charles Seymour'a şöyle dedi: "Son on beş yıldır olayların merkezindeydim, ancak çok az kişi bunun farkında. Önemli hiçbir yabancı, benimle konuşmadan Amerika Birleşik Devletleri'ne gelmedi. Roosevelt'i aday gösteren ' ' hareketine yakındım. Bana kendisine danışmanlık yapma konusunda tam yetki verdi. Tüm büyükelçiler bana sık sık rapor verdiler."

Temsilciler Meclisi tarafından kabul edilen ve Senato tarafından değiştirilen 1913 tarihli Federal Rezerv Yasası'nın karşılaştırmalı bir kopyası, şu çarpıcı değişikliği göstermektedir:

Senato, "Federal Rezerv bankalarının yetkililerini, yazılı olarak belirtilen ve duruşma fırsatı tanınan bir sebeple askıya almak, yetersizlik, görev ihmal, dolandırıcılık veya aldatma nedeniyle söz konusu yetkilinin görevden alınmasını talep etmek; bu görevden alma işleminin ABD Başkanı'nın onayına tabi olması" ifadesini metinden çıkarmıştır. Senato bunu şu şekilde değiştirdi: "Herhangi bir Federal Rezerv Bankası'nın herhangi bir memurunu veya yöneticisini askıya almak veya görevden almak; bu görevden almanın nedeni, Federal Rezerv Kurulu tarafından derhal yazılı olarak görevden alınan memura veya yöneticiye ve söz konusu bankaya bildirilecektir." Bu, bir memurun veya yöneticinin görevden alınabileceği koşulları tamamen değiştirdi. Artık görevden alınma koşullarının ne olduğunu veya nedenini bilmiyoruz. Görünüşe göre yetersizlik, görev ihmal, dolandırıcılık veya aldatma

---

[35] Albay E.M. House, *Albay House'un Özel Belgeleri*, 4 cilt, 1926-1928, Houghton Mifflin Co.

Federal Rezerv Kurulu için önemli değil. Ayrıca, görevden alınan memurun Başkan'a itiraz etme imkanı da yoktur. Yazılı bir sorunun yanıtında, Federal Rezerv Kurulu Sekreter Yardımcısı, otuz altı yıl içinde sadece bir memurun "haklı neden" ile görevden alındığını, bu konunun ismi ve ayrıntılarının ise ilgili kişi, ilgili Rezerv Bankası ve Federal Rezerv Kurulu arasındaki "özel bir mesele" olduğunu belirtmiştir.

Federal Rezerv Sistemi, Woodrow Wilson tarafından atanan ve damadı olan Hazine Bakanı William McAdoo, Tarım Bakanı Houston ve Para Denetçisi John Skelton Williams'tan oluşan Organizasyon Komitesi'nin faaliyetleriyle 1914 yılında faaliyete geçti.

6 Ocak 1914'te J.P. Morgan, New York'ta Organizasyon Komitesi ile bir araya geldi. Komiteye, yeni sistemde yedi'den fazla bölgesel bölge olmaması gerektiğini bildirdi.

Bu komite, "merkezi olmayan" rezerv bankalarının yerlerini seçmekle görevliydi. Komite, sekiz ila on iki rezerv bankası seçme yetkisine sahipti, ancak J.P. Morgan, dörtten fazlasının seçilmemesi gerektiğini düşündüğünü ifade etmişti. Bu yerlerin seçimi sırasında yoğun siyasi manevralar yaşandı, zira bu şekilde tercih edilen on iki şehir, finans merkezleri olarak son derece önemli bir konuma gelecekti. New York, elbette, önceden belli bir sonuçtu. Richmond, Federal Rezerv Yasası'nın siyasi kredisini alan iki Virginyalı, Carter Glass ve Woodrow Wilson'a bir ödül olarak bir sonraki seçim oldu. Komitenin diğer seçimleri Boston, Philadelphia, Cleveland, Chicago, St. Louis, Atlanta, Dallas, Minneapolis, Kansas City ve San Francisco idi. Bu seçimlerin sonucu olarak, tüm bu şehirler daha sonra önemli "finans bölgeleri" haline geldi.

Ancak bu yerel mücadeleler, sistemdeki New York Federal Rezerv Bankası'nın tam hakimiyeti karşısında sönük kaldı.

Ferdinand Lundberg, America's Sixty Families (Amerika'nın Altmış Ailesi) adlı kitabında, "Uygulamada, New York Federal Rezerv Bankası, on iki bölgesel bankadan oluşan sistemin kaynağı haline geldi, çünkü New York, ülkenin para piyasasıydı. Diğer on bir banka, yerel gururu tatmin etmek ve iç kesimlerdeki Jacksoncu korkuları yatıştırmak için dikilmiş pahalı anıt mezarlar gibiydi. Bankers Trust (J.P. Morgan) başkanı Benjamin Strong, New York Federal Rezerv Bankası'nın ilk Başkanı olarak seçildi. Yüksek finans konusunda uzman olan Strong, uzun yıllar boyunca ülkenin para sistemini, önde gelen New York bankalarını temsil eden yöneticilerin takdirine göre yönetti. Strong yönetiminde, Rezerv Sistemi, İngiltere Merkez Bankası ve Fransa Merkez Bankası ile iç içe geçmiş bir ilişki içine sokuldu. Benjamin Strong, 1929-31 Büyük Buhranını tetikleyen Rezerv Başkanları ile Avrupa merkez bankaları başkanları arasındaki gizli toplantılara ilişkin bir Kongre soruşturması sırasında, 1928'de ani ölümüne kadar New York Federal Rezerv Bankası Başkanı olarak görevini sürdürdü."[36] Strong, Bankers Trust Başkanı'nın kızıyla evlenmişti; bu da onu, yüksek finans dünyasında çok önemli bir rol oynayan hanedan entrikalarının veraset sırasına soktu. Ayrıca, orijinal Jekyll Adası grubu olan First Name Club'ın bir üyesiydi ve bu nedenle, tüm sistemi domine eden New York Federal Rezerv Bankası Başkanı olarak Federal Rezerv Sistemi'ndeki en yüksek pozisyona hak kazanmıştı.

Paul Warburg, J. Laurence Laughlin'in bu konudaki en kapsamlı eseri olan *The Federal Reserve Act, Its Origins and Purposes* (Federal Rezerv Yasası, Kökenleri ve Amaçları) adlı kitapta da bahsedilmektedir: "Kuhn, Loeb Company'den Bay Paul Warburg, Mart 1910'da 'Birleşik Devletler Birleşik Rezerv Bankası' olarak anılacak, oldukça iyi düşünülmüş bir plan sundu. Bu plan, 24 Mart 1910 tarihli **The New York Times** gazetesinde yayınlandı. Ulusal Para Komisyonu'nun amaçlarıyla ilgilenen grup, 1910 yılının Aralık ayında yaklaşık iki hafta boyunca Jekyll Adası'nda gizlice toplandı ve Ulusal Para Komisyonu tarafından Kongre'ye sunulacak bir yasa tasarısının hazırlanmasına odaklandı. Jekyll Adası'nda bulunan kişiler arasında Senatör Aldrich, J.P. Morgan Company'den H. P. Davison, Kuhn, Loeb Company'den Paul Warburg, National City Bank'tan Frank Vanderlip ve First National Bank'tan Charles D. Norton vardı. Şüphesiz ki, grup içindeki en yetkin bankacılık zekası, Avrupa'da bankacılık eğitimi almış olan Bay Warburg'a aitti. Senatör Aldrich'in ise bankacılık konusunda özel bir eğitimi yoktu."[37]

Harold Kelloch tarafından yazılan ve "Devrimci Warburg" başlığını taşıyan Paul Warburg hakkındaki bir yazı, 1915 yılının

[36] Ferdinand Lundberg, *Amerika'nın Altmış Ailesi*, 1937.

[37] J. Laurence Laughlin, *Federal Rezerv Yasası, Kökenleri ve Amaçları.*

Mayıs ayında Century Magazine dergisinde yayınlandı. Kelloch şöyle yazıyor:

"O, yüz milyonluk bir ulusa kendi fikirlerini dayattı... Bay Warburg olmasaydı Federal Rezerv Yasası da olmazdı. Hamburg'daki Warburg ve Warburg bankacılık evi her zaman katı bir aile işletmesi olmuştur. Warburg ailesinden olmayan hiç kimse bu işe giremezdi, ancak tüm Warburglar bu işe doğuştan girmişlerdir. 1895'te Kuhn Loeb Company'den merhum Solomon Loeb'in kızıyla evlendi. 1902'de Kuhn Loeb Company'nin bir üyesi oldu. Bay Warburg'un özel işinden aldığı maaş yılda yaklaşık yarım milyon dolardı. Bay Warburg'un motivasyonları tamamen vatanseverlik ve özveri üzerine kuruluydu."

Federal Rezerv Yasası'nın gerçek amaçları, başlangıçta iddialarına inanan birçok kişiyi kısa sürede hayal kırıklığına uğratmaya başladı. W. H. Allen, 1916 yılında Moody's Magazine dergisinde şöyle yazdı: "Federal Rezerv Yasası'nın amacı, ülke bankacılarının kendi bölgelerinde fonlarını kullanmalarını karlı hale getirerek paranın New York bankalarında yoğunlaşmasını önlemekti, ancak para akışına bakıldığında, yasanın yürürlüğe girmesinden bu yana, 1915 yılının Aralık ayı hariç her ay New York bankalarının iç bölgelerden kazanç elde ettiği görülmektedir. Faiz oranlarının istikrar kazanması yalnızca New York'ta gerçekleşmiştir. Diğer bölgelerde yüksek faiz oranları devam etmektedir. Wall Street'i " " spekülasyonları için fonlarından mahrum bırakması gereken Yasa, aslında boğalara ve ayılara daha önce hiç sahip olmadıkları kadar büyük bir kaynak sağlamıştır. Gerçek şu ki, Bay Glass'ın kendinden emin bir şekilde övündüğü gibi Wall Street'e giden kanalı tıkamaktan çok uzak olmakla birlikte, aslında eski kanalları genişletmiş ve iki yeni kanal açmıştır. Bunlardan ilki doğrudan Washington'a uzanır ve Wall Street'e ABD Hazine'sindeki tüm fazla nakit üzerinde bir kontrol sağlar. Ayrıca, banknot para basma yetkisiyle, tükenmez bir kredi parası kaynağı sağlar; ikinci kanal ise Avrupa'nın büyük merkez bankalarına uzanır; bu sayede, ABD Hükümeti tarafından fiilen garanti altına alınmış akseptlerin satışı yoluyla, Wall Street'e, tarihimizdeki her büyük krizi tetikleyen yabancı altın taleplerinden muafiyet tanınır."

Uzun yıllardır, Federal Rezerv Bankalarının hisselerinin gerçekte kime ait olduğu konusunda büyük bir gizem vardır. Sistemin önde gelen eleştirmeni Kongre Üyesi Wright Patman, hissedarların kimler olduğunu bulmaya çalıştı. İlk on iki bölgesel Federal Rezerv Bankası'nın hisseleri, o on iki bölgedeki ulusal bankalar tarafından satın alınmıştı. New York Federal Rezerv Bankası faiz oranlarını belirleyecek ve açık piyasa işlemlerini yönetecek, dolayısıyla ABD genelinde paranın günlük arzını ve fiyatını kontrol edecek olduğundan, tüm sistemin gerçek yöneticileri o bankanın hissedarlarıdır. İlk kez, bu hissedarların kimler olduğu ortaya çıkarılabilir. Bu yazarın elinde, her bölgedeki ulusal bankaların hisse sahipliğini gösteren on iki Federal Rezerv Bankası'nın orijinal kuruluş sertifikaları bulunmaktadır. New York Federal Rezerv Bankası 203.053 hisse ihraç etti ve 19 Mayıs 1914 tarihinde Para Denetçisi'ne sunulan belgelere göre, büyük New York bankaları tedavüldeki hisselerin yarısından fazlasını aldı. Rockefeller Kuhn, Loeb kontrolündeki National City Bank, 30.000 hisse ile tüm bankalar arasında en fazla hisseyi aldı. J.P. Morgan'ın First National Bank'ı ise 15.000 hisse aldı. Bu iki banka 1955'te birleştiğinde, tüm sistemi kontrol eden New York Federal Rezerv Bankası hisselerinin neredeyse dörtte birine tek bir blok halinde sahip oldular ve böylece Paul Volcker'ı veya seçtikleri herhangi birini Federal Rezerv Yönetim Kurulu Başkanı olarak atayabildiler. Chase National Bank 6.000 hisse aldı. Daha sonra Marine Midland olarak bilinen Buffalo'daki Marine Nation Bank, 6.000 hisse aldı. Bu banka, Niagara Power Company ve diğer büyük çıkarları kontrol eden Schoellkopf ailesine aitti. New York City'deki National Bank of Commerce 21.000 hisse aldı. New York Federal Rezerv Bankası'nın hisselerine sahip olan bu bankaların hissedarları, 1914'ten beri siyasi ve ekonomik kaderimizi kontrol eden kişilerdir. Bunlar

- Avrupa'dan Rothschildlar,
- Lazard Freres (Eugene Meyer),
- Kuhn Loeb Company, Warburg Company,
- Lehman Brothers,
- Goldman Sachs,
- Rockefeller ailesi,
- ve J.P. Morgan çıkarları.

Son yıllarda bu çıkar grupları birleşip güçlendi, böylece kontrol çok daha yoğun bir şekilde tek elde toplandı. National Bank of Commerce artık Morgan Guaranty Trust Company'dir. Lehman Brothers, Kuhn, Loeb Company ile birleşti, First National Bank,

National City Bank ile birleşti ve diğer on bir Federal Rezerv Bölgesinde, bu aynı hissedarlar dolaylı olarak bu bankaların hisselerine sahiptir veya bunları kontrol etmektedir; diğer hisseler ise bu bölgelerdeki başlıca endüstrileri elinde bulunduran veya kontrol eden önde gelen ailelere aittir.[38] "Yerel" aileler, New York'tan gelen emirlerle, Dış İlişkiler Konseyi, Üçlü Komisyon ve efendileri tarafından tasarlanan diğer kontrol araçları gibi grupların bölgesel konseylerini kurdu. Kendi bölgelerindeki siyasi gelişmeleri finanse edip kontrol ediyorlar, adayları belirliyorlar ve planlarına karşı çıkılsa da nadiren başarısız oluyorlar.

Federal Rezerv Bankaları aracılığıyla on iki "finans bölgesi"nin kurulmasıyla, Amerika Birleşik Devletleri'nin kırk sekiz eyalete bölünmüş olması geleneksel yapısı ortadan kalktı ve geleneksel eyalet sınırlarıyla hiçbir ilişkisi olmayan on iki bölgeden oluşan "bölgeselcilik" çağına girdik.

Federal Rezerv Yasası'nın kabul edilmesini izleyen bu gelişmeler, Thomas Jefferson'ın 1791'de bir merkez bankasına karşı yönelttiği tüm iddiaları doğruladı: Federal Rezerv Bankası hisselerinin sahipleri, hisseleri yabancılar tarafından tutulabilen ve tutulan bir şirket kurmuştu; bu hisseler belirli bir halefler zincirine devredilecekti; bu hisseler müsadere ve devlete intikalden muaf tutulacaktı; tekel yasalarına aykırı ol e bankacılıkta tekel elde edeceklerdi; ve artık eyalet yasalarının üstünde, yasa yapma yetkisine sahip oldukları. Hiçbir eyalet yasama organı, Federal Rezerv Yönetim Kurulu'nun özel hissedarlarının yararına koyduğu yasaları iptal edemez. Bu kurul, faiz oranının ne olacağı, para miktarının ne olacağı ve paranın fiyatının ne olacağı konusunda yasalar çıkarır. Tüm bu yetkiler, eyalet meclislerinin yetkilerini ve bu eyaletlerin vatandaşlarına karşı sorumluluklarını ortadan kaldırmaktadır.

New York Times, Federal Rezerv Bankalarının 1 Ağustos 1914'te faaliyete geçeceğini belirtmişti, ancak bankalar aslında 16 Kasım 1914'te faaliyete geçti. O tarihte, Federal Rezerv Bankalarının hisselerinin, bu bankalara üye olan ulusal bankaların hissedarlarına satılmasıyla elde edilen toplam varlıklar 143.000.000 dolar olarak kaydedildi.

---

[38] V ila IX numaralı çizelgelere bakınız.

Bu hisseler için ödenen 143.000.000 doların gerçek kısmının ne olduğu ise hala bir sır olarak kalmaktadır. Bazı tarihçiler, hissedarların bu tutarın sadece yaklaşık yarısını nakit olarak ödediğini düşünürken, diğerleri ise hiç nakit ödeme yapmadıklarını, sadece sahip oldukları ulusal bankalardan çektikleri çekleri gönderdiklerini düşünmektedir. En olası olanı, Federal Rezerv'in faaliyetlerinin en başından itibaren "kağıt karşılığında kağıt" olarak yürütülmüş olması ve el değiştiren tek değerin muhasebe kayıtları olmasıdır.

Başkan Woodrow Wilson'ın ilk Federal Rezerv Yönetim Kurulu'nu oluşturmak için seçtiği kişiler, bankacılık grubundan gelen kişilerdi. O, "sıradan insan"ı "çıkar gruplarına" karşı temsil ettiğini iddia eden Demokrat Parti tarafından başkanlığa aday gösterilmişti. Wilson'ın kendi ifadesine göre, Federal Rezerv Yönetim Kurulu için sadece bir kişi seçmesine izin verilmişti. Diğerleri ise New York bankacıları tarafından seçildi. Wilson'ın seçimi, Princeton'ın mütevelli heyeti üyesi ve International Harvester ile diğer şirketlerin yöneticisi olan Thomas D. Jones'du. Diğer üyeler ise Rockefeller'ın Chicago Üniversitesi ve Morgan'ın Harvard Üniversitesi'nden ekonomist olan ve aynı zamanda İçişleri Bakanlığı Müsteşar Yardımcısı olarak görev yapan Adolph C. Miller; daha önce sekiz yıl boyunca Hazine Bakanlığı Müsteşar Yardımcısı olarak görev yapmış olan Charles S. Hamlin; Roosevelt'in akrabası ve Kuhn, Loeb Company için bir dizi demiryolunu devralan demiryolu işletmecisi F.A. Delano, Atlanta First National Bank Başkanı W.P.G. Harding ve Kuhn, Loeb Company'den Paul Warburg. The Intimate Papers of Col. House'a göre, Warburg'un atanma nedeni, "Başkan'ın, hem Cumhuriyetçi hem de Demokrat yönetimler altında para birimi sorunlarına olan ilgisi ve deneyimi nedeniyle (House'un) New York'lu Paul Warburg önerisini kabul etmesiydi."[39] Warburg gibi Delano da Amerikan vatandaşı olmasına rağmen Amerika Birleşik Devletleri'nin anakara sınırları dışında doğmuştu. Dr. Josephson ve diğer otoriteler, Delano'nun babası Warren Delano'nun Hong Kong'da Çin afyon ticaretinde aktif olduğunu ve Frederick Delano'nun 1863 yılında Hong Kong'da doğduğunu belirtmektedir.

---

39 Charles Seymour, *Albay House'un Özel Belgeleri*, 4 cilt, 1926-1928, Houghton Mifflin Co.

Paul Emden, The Money Power of Europe (Avrupa'nın Para Gücü) adlı kitabında şöyle yazmaktadır: "Warburglar, kişisel bir birlik ve aile ilişkisi içinde oldukları New York'taki Kuhn, Loeb Company'nin büyümesiyle eşzamanlı olarak, geçen yüzyılın son yirmi yılında olağanüstü bir şöhrete ulaştılar. Paul Warburg, 1911'den beri Senatör Aldrich ile birlikte üzerinde çalıştığı Amerikan bankacılık sisteminin yeniden yapılanmasını 1913'te muhteşem bir başarıyla gerçekleştirdi ve böylece Amerika Birleşik Devletleri'nin para birimini ve finansını en kapsamlı şekilde konsolide etti."[40]

New York Times[41], 6 Mayıs 1914'te Paul Warburg'un Federal Rezerv Kurulu'nda görev yapmak üzere Kuhn, Loeb Company'den "emekli" olduğunu, ancak American Surety Company, Baltimore and Ohio Railroad, National Railways of Mexico, Wells Fargo veya Westinghouse Electric Corporation'daki yönetim kurulu üyeliklerinden istifa etmediğini ve bu yönetim kurullarında görevine devam edeceğini belirtmişti. ""Who's Who" dergisi, Warburg'un bu yönetim kurulu üyeliklerinin yanı sıra American I.G. Chemical Company (I.G. Farben'in bir şubesi), Agfa Ansco Corporation, Westinghouse Acceptance Company, Amsterdam'daki Warburg Company, International Acceptance Bank yönetim kurulu başkanlığı ve diğer birçok bankası, demiryolu şirketi ve kuruluştaki yönetim kurulu üyeliklerini de listelemişti. "Kuhn Loeb & Co. ve Warburg, Federal Rezerv Kurulu'nda dört oy hakkına, yani çoğunluğa sahiptir."[42]

1914 yılının Mayıs ayında Federal Rezerv Yönetim Kurulu'nda görev almak üzere Kuhn, Loeb Company'den emekli olmasına rağmen, Warburg'dan 1914 yılının Haziran ayında bir Senato Alt Komitesi'ne çıkarak Federal Rezerv Yasası'nın Kongre'den geçmesinde oynadığı perde arkası rolüyle ilgili bazı soruları yanıtlaması istendi. Bu, Jekyll Adası'ndaki gizli toplantıyla ilgili

---

40 Paul Emden, *19. ve 20. Yüzyılda Avrupa'nın Para Gücü*, S. Low, Marston Co., Londra, 1937.

41 30 Nisan 1914 tarihli *New York Times gazetesi*, 12 bölgenin 74.740.800 dolarlık taahhütleri olduğunu ve taahhüt eden bankaların bu meblağın yarısını altı ay içinde ödeyeceklerini bildirdi.

42 Clarence W. Barron, More They Told Barron, Arno Press, New York Times, 1973, 12 Haziran 1914. s. 204.

bazı sorular anlamına gelebilir ve Warburg ifade vermeye reddetti. 7 Temmuz 1914'te Senato Bankacılık ve Para Komitesi Başkanı G.M. Hitchcock'a bir mektup yazarak, herhangi bir soruya cevap vermesi istenirse Kurul'daki yararlılığını zedeleyebileceğini ve bu nedenle adaylığından çekileceğini belirtti. Görünüşe göre Warburg, Senato Komitesi'ni blöfle kandırarak kendisine hiçbir soru sorulmadan onaylatmaya hazırdı. 10 Temmuz 1914'te *The New York Times,* başyazısında Warburg'u savundu ve "Senato Engizisyonu"nu kınadı. Warburg'a henüz herhangi bir soru sorulmadığı için "Engizisyon" terimi son derece uygunsuz görünüyordu; ayrıca senatörlerin Bay Warburg'a işkence aletleri kullanmaya hazırlandıklarına dair gerçek bir tehlike de yoktu. Senato Komitesi, tam bir teslimiyetle, Bay Warburg'a, üzerinde çalışabilmesi için görünmeden önce bir soru listesi verileceğini ve Yönetim Kurulu'ndaki görevini aksatabilecek herhangi bir soruya cevap vermekten muaf tutulabileceğini kabul ettiğinde, bu karışıklık çözüldü. The Nation, 23 Temmuz 1914'te "Bay Warburg nihayet Senatör O'Gorman ile bir görüşme yaptı ve bir anlaşmaya varmak ve talep ettikleri makul bilgileri onlara vermek amacıyla Senato Alt Komitesi üyeleriyle gayri resmi olarak görüşmeyi kabul etti. Washington'daki görüş, Bay Warburg'un onaylanmasının garantili olduğu yönünde." *The Nation* haklıydı. Bay Warburg onaylandı; yolu, "düzelticisi" olan ve daha çok "Wall Street'in Senatörü" olarak bilinen New York Senatörü O'Gorman tarafından düzeltilmişti. Senatör Robert L. Owen daha önce Warburg'un Rothschild ailesinin Amerikan temsilcisi olduğunu iddia etmişti, ancak ona bu konuda soru sormak, ortaçağ "Engizisyonu"nu andıran bir durum yaratacaktı ve senatör arkadaşları böyle bir barbarlığa kapılmayacak kadar medeniydiler.[43]

1 Ağustos 1914'te Senato Bankacılık ve Para Komitesi'nde Paul Warburg hakkında yapılan Senato Duruşmaları sırasında Senatör Bristow, "(Kuhn, Loeb Company'nin) bu ortaklarından kaçı Amerikan vatandaşıdır?" diye sordu. WARBURG: "Bay Kahn hariç hepsi Amerikan vatandaşıdır. O bir İngiliz vatandaşı." BRISTOW:

[43] Warburg, 8 Ağustos 1914'te 38-11 oyla onaylandı ve en büyük muhalefeti, *The New York Times* tarafından "radikal Cumhuriyetçi" olarak nitelendirilen ve bankacılıkla ilgili nadir kitaplardan oluşan mükemmel kütüphanesi 1983 yılında bu eserin araştırması için yazara devredilen Kansas Senatörü Bristow'dan geldi.

"Bir zamanlar Parlamento adayıydı, değil mi?" WARBURG: "Bununla ilgili konuşmalar vardı, önerilmişti ve o da bunu düşünmüştü."

Paul Warburg ayrıca Komite'ye şunları söyledi: "İngiltere'ye gittim ve orada iki yıl kaldım, önce Samuel Montague & Company adlı bankacılık ve iskonto şirketinde çalıştım. Daha sonra Fransa'ya gittim ve orada bir Fransız bankasında çalıştım."

BAŞKAN: "Hangi Fransız bankasıydı bu?"

WARBURG: "Paris'te bir şubesi bulunan Rus dış ticaret bankası."

BRISTOW: "Anladığım kadarıyla Cumhuriyetçiydiniz, ancak Theodore Roosevelt ortaya çıktığında, Wilson'a sempati duymaya başladınız ve onu desteklediniz, doğru mu?"

WARBURG: "Evet."

BRISTOW: "Kardeşiniz (Felix Warburg) ise Taft'ı destekliyordu, değil mi?"

WARBURG: "Evet."

Böylece Kuhn, Loeb Company'nin üç ortağı, ABD başkanlığı için üç farklı adayı destekliyordu. Paul Warburg Wilson'ı, Felix Warburg Taft'ı ve Otto Kahn ise Theodore Roosevelt'i destekliyordu. Paul Warburg, Komite'ye "finans ve siyasetin birbirine karışmaması" nedeniyle birbirlerinin siyasi görüşleri üzerinde hiçbir etkilerinin olmadığını söyleyerek bu ilginç durumu açıkladı.

Warburg'un atanmasına ilişkin sorular, Wilson'ın Yönetim Kurulu'na tek başına atadığı Thomas B. Jones'un yarattığı büyük gürültüyle ortadan kayboldu. Gazeteciler, Jones'un atandığı sırada ABD Başsavcısı tarafından hakkında dava açıldığını ortaya çıkarmıştı. Wilson, seçtiği kişiyi savunmak için harekete geçti ve gazetecilere "Bizim 'büyük iş dünyası' olarak adlandırdığımız kesimle bağlantılı kişilerin çoğu dürüst, yolsuzluktan uzak ve vatanseverdir" dedi. Wilson'ın itirazlarına rağmen, Senato Bankacılık ve Para Komitesi, Thomas D. Jones'un Yönetim Kurulu üyeliğine uygunluğu konusunda duruşmalar düzenledi. Wilson daha sonra bu Komitenin Başkanı Senatör Robert L. Owen'a bir mektup yazdı:

Beyaz Saray

18 Haziran 1914

Sayın Senatör Owen:

Bay Jones her zaman ayrıcalık haklarına karşı halkın haklarını savunmuştur. Harvester Company ile olan bağlantısı özel bir çıkar değil, kamu hizmeti niteliğindeydi. O, tüm adaylar arasında tuhaf bir şekilde benim kişisel tercihim olan tek kişidir.

Saygılarımla,

Woodrow Wilson

Woodrow Wilson, "Olumsuz raporun Senato'nun tutumunu yansıttığına inanmak için hiçbir neden yoktur" dedi. Birkaç hafta sonra Thomas D. Jones adaylıktan çekildi ve ülke onun hizmetlerinden mahrum kaldı.

İlk Yönetim Kurulu'nun diğer üyeleri, Hazine Bakanı William McAdoo, Wilson'ın damadı ve Kuhn, Loeb Company'nin kontrolündeki bir işletme olan Hudson-Manhattan Demiryolu Başkanı ile Para Denetçisi John Skelton Williams'tı.

16 Kasım 1914'te Federal Rezerv Bankaları faaliyete geçtiğinde, Paul Warburg şöyle dedi: "Bu tarih, Amerika Birleşik Devletleri'nin ekonomi tarihinde 4 Temmuz olarak kabul edilebilir."

DÖRDÜNCÜ BÖLÜM

FEDERAL DANIŞMA KONSEYİ

Federal Rezerv Yasası'nı Temsilciler Meclisi'nden geçirmek için baskı yapan Kongre Üyesi Carter Glass, 30 Eylül 1913'te Meclis'te, halkın çıkarlarının bankacılardan oluşan bir danışma konseyi tarafından korunacağını açıkladı. "İşlemlerinde hiçbir kötü niyet olamaz. Yılda en az dört kez toplanacak olan bu konsey, sistemdeki her bölgesel rezerv bölgesini temsil eden bir bankacılar danışma konseyi olacaktır. Kamu çıkarlarını korumak için daha fazla tedbir alabilir miydik?"

Carter Glass, ne o zaman ne de daha sonra, bir grup bankacının halkın çıkarlarını koruyacağına dair inancını doğrulayacak herhangi bir kanıt sunmadı; ayrıca ABD tarihinde herhangi bir bankacı grubunun bunu yaptığına dair hiçbir kanıt da yoktur. Aslında, Federal Danışma Konseyi, Paul Warburg'un Federal Rezerv Yasası'na eklediği ve sistem üzerinde istediği türden uzak ama görünmez bir kontrol sağlamak için tasarladığı "idari süreç" olduğu ortaya çıktı. Federal Rezerv Yasası Kongre tarafından yasalaştırıldıktan hemen sonra finans muhabiri C.W. Barron tarafından nihai haliyle kabul edilen tasarıyı onaylayıp onaylamadığı sorulduğunda, Warburg şöyle cevap verdi: "Şey, tam olarak istediğimiz her şeyi içermiyor, ancak eksiklikler daha sonra idari süreçlerle giderilebilir." Konsey, yetmiş yıl boyunca neredeyse tamamen anonim bir şekilde işlev görmüş, üyeleri ve iş ilişkileri kamuoyu tarafından fark edilmeden kalmış olduğundan, Warburg'un amaçları için ideal bir araç olduğu ortaya çıktı.

Senato Bankacılık ve Para Komitesi Başkanı Senatör Robert Owen, yasanın kabul edilmesinden önce 3 Ağustos 1913 tarihli *The New York Times*'ta alıntılanan sözlerinde şöyle demişti:

"Federal Rezerv Yasası, bankalara, sanayi ve ticaret çevrelerine nitelikli ticari senetlerinin iskontosunu sağlayacak ve böylece ticari ve endüstriyel yaşamımızı istikrara kavuşturacaktır. Federal Rezerv bankaları para kazanma amaçlı bankalar olarak tasarlanmamıştır; bunların amacı, ticareti, iş adamlarını ve bankaları desteklemek, imalat ürünleri, tarım ürünleri ve işgücü için sabit bir pazar sağlamak gibi büyük bir ulusal amaca hizmet etmektir. Bankaların Federal Rezerv sistemini kontrol etmeleri için hiçbir neden yoktur. İstikrar, ticaretimizin her yönde sağlıklı bir şekilde genişlemesini sağlayacaktır."

Senatör Owen'ın iyimserliği, Federal Rezerv Sisteminin ilk yapısı üzerinde Jekyll Adası'nın destekçilerinin hakimiyeti nedeniyle boşa çıktı.

Morgan-Kuhn-Loeb ittifakı, New York Federal Rezerv Bankası hisselerinin çoğunluk kontrolünü satın almakla kalmadı, hisselerin neredeyse yarısı da kontrol ettikleri beş New York bankasına aitti:

- First National Bank,
- National City Bank,
- National Bank of Commerce,
- Chase National Bank ve
- Hanover National Bank

ama aynı zamanda Başkan Woodrow Wilson'ı, Jekyll Adası grubundan Paul Warburg'u Federal Rezerv Yönetim Kurulu'na atamaya ikna ettiler.

On iki Federal Rezerv Bankası'nın her biri, gelecekteki para politikası konusunda Yönetim Kurulu'na "danışmanlık" yapmak üzere Washington'da yılda dört kez Federal Rezerv Yönetim Kurulu ile bir araya gelecek olan Federal Danışma Konseyi'ne bir üye seçecekti. Bu, mutlak demokrasiyi garanti altına alıyor gibi görünüyordu, zira Amerika Birleşik Devletleri'nin farklı bölgelerini temsil eden on iki "danışman"ın her birinin kendi bölgesinin ekonomik çıkarlarını savunması bekleniyordu ve on iki üyenin her birinin eşit oy hakkı olacaktı. Teori kavram olarak takdire şayan olabilir, ancak ekonomik yaşamın sert gerçekleri oldukça farklı bir tablo ortaya çıkardı. St. Louis veya Cincinnati'deki küçük bir bankanın başkanı, para politikası konusunda "tavsiyede bulunmak" üzere Paul Warburg ve J.P. Morgan ile bir toplantıda bulunsa bile, dünyanın en güçlü iki uluslararası finansörüne karşı çıkması pek olası değildi; zira bu ikiliden herhangi birin 'dan gelen bir not, onun küçük bankasını iflasa sürüklemek için yeterli olacaktı. Aslında, on iki Federal Rezerv bölgesindeki küçük bankalar, yalnızca New York'taki büyük finans çevrelerinin uyduları olarak varlığını sürdürüyordu ve tamamen onların insafına kalmıştı. Martin Mayer, The Bankers adlı kitabında, "J.P. Morgan'ın ülke çapındaki birçok küçük banka ile muhabirlik ilişkisi sürdürdüğünü" belirtir.[44] Büyük New York bankaları, diğer büyük finans kuruluşlarıyla yaptıkları milyonlarca dolarlık işlemlerle yetinmediler, aynı zamanda ABD genelindeki "muhabir" bankalarıyla daha küçük ve daha rutin birçok işlem gerçekleştirdiler.

Faaliyetlerinin asla kamuoyuna ifşa edilmeyeceğine dair inançları sayesinde kendilerini güvende hisseden Morgan-Kuhn, Loeb çıkar grupları, Federal Danışma Konseyi üyelerini cesurca muhabir bankalarından ve hisselerine sahip oldukları bankalardan seçtiler. Federal Rezerv Sistemi'nin yetmiş yıllık faaliyet süresi boyunca bu konuda hiçbir şey söylenmediği için, finans camiasından kimse bunu fark etmemiş gibi görünüyordu.

New York çıkar gruplarının Federal Danışma Konseyi'ni kontrol ettiği şüphesini önlemek için, 1914'te diğer üyeler tarafından seçilen ilk başkan, Chicago First National Bank'ın başkanı J.B. Forgan oldu. 1914 tarihli Rand McNally Bankacılar Rehberi, büyük bankaların başlıca muhabir bankalarını listeliyor. Baker-Morgan'ın kontrolündeki New York First National Bank'ın başlıca muhabir bankası, Chicago First National Bank olarak listeleniyor. Chicago First National Bank tarafından listelenen başlıca muhabir banka, Kuhn, Loeb Company'den Jacob Schiff ve Paul Warburg tarafından kontrol edilen New York'taki Bank of Manhattan'dır. James B. Forgan, yine Morgan tarafından kontrol edilen Equitable Life Insurance Company'nin yöneticisi olarak da listelenmiştir. Ancak, Chicago First National Bank ile bu New York bankaları arasındaki ilişki, bu listelerin gösterdiği kadar yakın bile değildi.

F. Cyril James'in The Growth of Chicago Banks adlı kitabının 701. sayfasında, "First National Bank of Chicago'nun Morgan çıkarlarıyla olan karlı bağlantısından" bahsedilmektedir. George F. Baker'ı First National Bank of Chicago'nun (Yönetim Kurulu

---

[44] Martin Mayer, *The Bankers*, Weybright and Talley, New York, 1974, s. 207.

Üyesi) olmaya davet etmek için aceleyle New York'a bir iyi niyet elçisi gönderilmiştir.[45] (J.B. Forgan'dan Ream'e, 7 Ocak 1903.) Aslında, Baker ve Morgan, Federal Danışma Konseyi'nin ilk başkanını bizzat kendileri seçmişlerdi.

James B. Forgan (1852-1924) da Federal Rezerv Sistemi'nin işleyişinde zorunlu "Londra Bağlantısı"nı göstermektedir. İskoçya'nın St. Andrew's kentinde doğan Forgan, bankacılık kariyerine orada, İngiltere Merkez Bankası'nın muhabir bankası olan Royal Bank of Scotland'da başladı. British North America Bankası için Kanada'ya gelen Forgan, Bank of Nova Scotia'da çalıştı; bu banka onu 1880'lerde Chicago'ya gönderdi ve 1900 yılına gelindiğinde Chicago First National Bankası'nın başkanı olmuştu. Altı yıl boyunca Federal Danışma Konseyi başkanlığı görevini yürüttü ve konseyden ayrıldığında, Forgan yönetim kurulu başkanı olarak atandığında Chicago First National Bank başkanlığı görevini de devralan Frank O. Wetmore onun yerini aldı.

İlk Federal Danışma Konseyi'nde New York Federal Rezerv bölgesini temsil eden kişi J.P. Morgan'dı. O, Yürütme Komitesi başkanlığına atandı. Böylece, Paul Warburg ve J.P. Morgan, Federal Rezerv Kurulu'nun faaliyet gösterdiği ilk dört yıl boyunca, diğer valiler ve konsey üyeleriyle birlikte toplantılara katıldılar; bu kişiler, geleceklerinin bu iki güçlü bankacı tarafından yönlendirileceğinin farkında olmamaları neredeyse imkansızdı.

1914'teki Federal Danışma Konseyi'nin bir diğer üyesi, Philadelphia bölgesini temsil eden Levi L. Rue'ydu. Rue, Philadelphia Ulusal Bankası'nın başkanıydı. 1914 tarihli Rand McNally Bankacılar Rehberi, New York Birinci Ulusal Bankası'nın baş muhabir bankası olarak Philadelphia Ulusal Bankası'nı listelemişti. Chicago Birinci Ulusal Bankası da Philadelphia'daki baş muhabir bankası olarak Philadelphia Ulusal Bankası'nı listelemişti. Federal Danışma Konseyi'nin diğer üyeleri arasında Boston First National Bank'ın başkanı Daniel S. Wing, Cincinnati First National Bank'ın başkanı W.S. Rowe ve Minneapolis First National Bank'ın başkanı C.T. Jaffray yer alıyordu. Bunların hepsi, ABD'deki para piyasasını kontrol eden New York'taki "büyük beş" bankanın muhabir bankalarıydı.

45 F. Cyril James, *The Growth of Chicago Banks*, Harper, New York, 1938.

Jaffray, Baker-Morgan çıkarlarıyla daha da yakın bir bağlantıya sahipti. 1908'de, First National Bank of New York hisselerinden elde ettikleri büyük yıllık temettüleri yeniden yatırmak için Baker ve Morgan, First Security Corporation adlı bir holding şirketi kurdular ve bu şirket, First National Bank of Minneapolis'in 500 hissesini satın aldı. Böylece Jaffray, Minneapolis Federal Rezerv Bankası hissedarları tarafından çıkarlarını temsil etmek üzere "seçilmiş" olmasına rağmen, Baker ve Morgan'ın maaşlı bir çalışanından biraz daha fazlasıydı. First Security Corporation ayrıca Chase National Bank'ın 50.000 hissesine, National Bank of Commerce'ın 5.400 hissesine, Bankers Trust'ın 2.500 hissesine, Henry P. Davison'ın J.P. Morgan firmasına katılmak üzere seçildiğinde başkanlığını yaptığı Liberty National Bank'ın 928 hissesine ve New York Trust, Atlantic Trust ve Brooklyn Trust'ın hisselerine sahipti. First Security, değeri hızla artan ve yıllık olarak cömert temettü ödeyen banka hisselerine odaklanmıştı. 1927'de beş milyon dolar kar elde etmiş, ancak hissedarlara sekiz milyon dolar ödeme yapmış, geri kalanını ise kâr fazlasından karşılamıştı.

İlk Federal Danışma Konseyi'nin bir diğer üyesi, Kansas City First National Bank'ın başkanı E.F. Swinney'di. Kendisi aynı zamanda Southern Railway'in de yöneticisiydi ve Who's Who'da kendisini "siyasi olarak bağımsız" olarak tanımlıyordu.

Archibald Kains, Federal Danışma Konseyi'nde San Francisco bölgesini temsil ediyordu, ancak American Foreign Banking Corporation'ın başkanı olarak New York'taki ofisini sürdürdü.

1914-1918 yılları arasında Federal Rezerv Kurulu Başkanı olarak görev yapan Paul Warburg, bir dönem daha görev yapmak istemedi. Ancak, kurulması ve faaliyete geçmesi için çok emek harcadığı Federal Rezerv Sistemi ile bağlarını koparmaya hazır değildi. J.P. Morgan, Federal Danışma Konseyi'ndeki koltuğunu nazikçe bıraktı ve sonraki on yıl boyunca Paul Warburg, Konsey'de New York Federal Rezerv bölgesini temsil etmeye devam etti. 1922-25 yılları arasında Konsey'in başkan yardımcılığı, 1926-27 yılları arasında ise başkanlığı yaptı. Böylece Warburg, Avrupa merkez bankalarının 1929 Krizi ve Büyük Buhran'ı tetikleyen büyük kredi daralmasını planladıkları 1920'ler boyunca Federal Rezerv Kurulu toplantılarında baskın bir varlık olmaya devam etti.

Federal Danışma Konseyi'nin Yönetim Kurulu'na sunduğu "tavsiyelerin" çoğu hiçbir zaman kamuoyuna açıklanmamış olsa da, nadir durumlarda *The New York Times'ta* yer alan kısa haberler sayesinde Konsey'in görüşmelerine dair birkaç ipucu elde edilebilmiştir. 21 Kasım 1916'da *The Times*, Federal Danışma Konseyi'nin üç aylık konferansı için Washington'da toplandığını bildirmiştir.

"Avrupa'nın Güney Amerika ve diğer ülkelere verdiği kredileri devralma konusu gündeme geldi. Federal Rezerv yetkilileri, dünyanın bankacılarından biri olarak konumunu korumak için ABD'nin, geçmişte büyük ölçüde İngiltere tarafından yerine getirilen hizmetlerin çoğunu üstlenmeye hazır olması gerektiğini, dünya ticaretinde her türlü malın üretimi ve nakliyesi için gerekli olan kısa vadeli kredileri genişletmesi gerektiğini ve dış ticaretteki kabullerin daha düşük iskontolar ve en serbest ve en güvenilir altın piyasalarını gerektirdiğini söylediler." (Birinci Dünya Savaşı 1916 yılında zirveye ulaşmıştı.)

Paul Warburg, Yönetim Kurulu ve Federal Danışma Konseyi'ndeki görevinin yanı sıra, bankacılar gruplarına, izlemeleri beklenen para politikaları hakkında konuşmaya devam etti. 22 Ekim 1915'te, Minnesota, St. Paul'daki Twin City Bankers Club'da yaptığı konuşmada şunları söyledi: "Federal Rezerv banklarının olabildiğince güçlü olmasını sağlamak sizin çıkarınıza. Amerikan bankacılığının gelişimi için geleceğin neler getireceğini düşünmek hayal gücünü zorluyor. Avrupa'nın önde gelen güçleri kendi alanlarıyla sınırlıyken, Amerika Birleşik Devletleri tüm dünyanın alacaklı ülkesi haline gelmişken, önümüzde uzanan alanın sınırları yalnızca güvenli genişleme gücümüzle belirlenmektedir. Bankacılık geleceğimizin kapsamı, nihayetinde bankacılık ve kredi yapımızın temeli olarak toplayabileceğimiz altın miktarıyla sınırlı olacaktır."

Federal Rezerv Yönetim Kurulu ve Federal Rezerv Danışma Konseyi'nin ilk üyeliklerinden günümüze kadar olan yapısı, Jekyll Adası konferansı ve Londra bankacılık camiasıyla bağlantılar göstermektedir; bu da, ABD halkının parası ve kredisi üzerinde kontrol elde etmek ve bunu mimarların çıkarları için kullanmak üzere bir plan olduğu konusunda, herhangi bir mahkemede kabul edilebilir, tartışılmaz kanıtlar sunmaktadır. Jekyll Adası'nın eski isimleri arasında, 1914'te New York Federal Rezerv Bankası hisselerinin büyük bir kısmını satın alan National City Bank'ın başkanı Frank Vanderlip; Kuhn, Loeb Company'den Paul Warburg; J.P. Morgan'ın sağ kolu ve New York Federal Rezerv Bankası hisselerinin büyük bir kısmını alan New York First National Bank ile Ulusal Ticaret Bankası'nın yöneticisi Henry P. Davison; ve 1920'lerde New York Federal Rezerv Bankası Başkanı olarak görev yapan, aynı zamanda Morgan'ın yardımcısı olarak da bilinen Benjamin Strong.[46]

Federal Danışma Konseyi'nin bölgesel üyelerinin, New York'un "büyük beş" bankasıyla en yakın çalışan ve bu bankaların başlıca muhabir bankaları olan bankacılar listesinden seçilmesi, Carter Glass ve Federal Rezerv Yasası'nın diğer Washington'daki savunucuları tarafından çokça övülen "kamu yararının bölgesel olarak korunması"nın, başından beri kasıtlı bir aldatmaca olduğunu kanıtlamaktadır. Bu konseyin yetmiş yıl boyunca, halkın varlığından haberdar olmadığı halde, Federal Rezerv Yönetim Kurulu ile bir araya gelip, ABD'deki herkesin günlük yaşamını etkileyen para politikası kararları konusunda Yönetim Kurulu üyelerine "tavsiyelerde" bulunabilmiş olması, merkez bankası operasyonunun planlayıcılarının, halkın haberi olmayacağı "idari süreçler" yoluyla hedeflerine nasıl ulaşacaklarını tam olarak bildiklerini göstermektedir. Konsey üyelerinin "tavsiyelerinin" Yönetim Kurulu üyeleri için bağlayıcı olmadığı ya da hiçbir ağırlığı olmadığı iddiası, ABD'nin en etkili on iki bankacısının yılda dört kez işlerinden zaman ayırıp Washington'a giderek Federal Rezerv Yönetim Kurulu ile sadece kahve içmek ve nezaket sözleri değiş tokuş etmek için buluştuklarını iddia etmek demektir. Bu, iş dünyasının işleyişine aşina olan hiç kimsenin ciddiye alması

[46] "Federal Danışma Konseyi, Federal Rezerv Kurulu üzerinde büyük bir etkiye sahiptir. Bu konseyde göze çarpan isim, J.P. Morgan Company'nin önde gelen üyesi ve merhum J.P. Morgan'ın oğlu olan J.P. Morgan'dır. Danışma Konseyi'nin on iki üyesinin her biri, sizin de çok iyi bildiğiniz gibi, aynı ortamda yetişmiştir. Federal Rezerv Yasası sadece özel bir ayrıcalık yasası olmakla kalmaz, aynı zamanda ayrıcalıklı kişiler kontrolü ele geçirmiş ve yönetiminde danışmanlık yapmaktadır. Federal Rezerv Kurulu ve Federal Danışma Konseyi, Federal Rezerv Sistemini en üst otorite olarak yönetir ve daha alt düzeydeki hiçbir memur, istese bile, onlarla karşı karşıya gelmeye cesaret edemez."
(Kaynak: Charles Lindbergh'in 1917'de yayınlanan "*Why Is Your Country At War*?" adlı kitabından). Yukarıdaki paragraf, Woodrow Wilson'ın 1918 baharında hükümet ajanlarına bu kitabın baskı kalıplarını ve kopyalarını ele geçirip imha etmelerini emretmesinin nedenini açıklamaktadır.

imkansız bir iddiadır. 1914 yılında, Uzak Batı'dan gelen bankacıların Federal Rezerv Kurulu ile konsey toplantısı için Washington'a gelmeleri, gidiş-dönüş dört günlük bir yolculuktu. Bu adamların, zamanlarını gerektiren geniş iş çıkarları vardı. J.P. Morgan, yıllık toplantılar düzenleyen altmış üç şirketin yöneticisiydi ve tavsiyesinin önemsiz sayılacağı düşünülürse, Federal Rezerv Kurulu toplantılarına katılmak için Washington'a seyahat etmesi pek beklenemezdi.[47]

[47] J.P. Morgan bağlantısı, Federal Danışma Konseyi'nde baskın olmaya devam etmiştir. Son birkaç yıldır, prestijli Federal Rezerv 2. Bölgesi, yani New York Bölgesi, Federal Danışma Konseyi'nde Lewis Preston tarafından temsil edilmektedir. Preston, J.P. Morgan Company'nin Başkanı ve aynı zamanda New York'taki Morgan Guaranty Trust'ın Başkanı ve İcra Kurulu Başkanıdır. Baldwin servetinin (Morgan tarafından kontrol edilen bir şirket) varisi olan Preston, Pulitzer gazete servetinin varisiyle evlendi. 26 Şubat 1929'da *The New York Times*, National Bank of Commerce ile Guaranty Trust arasında bir birleşme gerçekleştirildiğini ve bu birleşmeyle iki milyar dolarlık sermayeye sahip, Amerika Birleşik Devletleri'nin en büyük bankası haline geldiklerini belirtti. Birleşme, Morgan şirketlerinden biri olan U.S. Steel'in başkanı Myron C. Taylor tarafından müzakere edildi. Bankalar, Wall Street'te birbirine bitişik binalarda yer alıyordu ve *The New York Times*'ın belirttiği gibi, "Guaranty Trust Company, uzun süredir 'Morgan grubu' bankalarından biri olarak biliniyordu." National Bank of Commerce de Morgan'ın çıkarlarıyla özdeşleştiriliyordu.

BEŞİNCİ BÖLÜM

ROTHSCHILD AİLESİ

Federal Rezerv Komplosu'nun başarısı, Amerika Birleşik Devletleri ve finans sermayesinin tarihine aşina olmayan okuyucuların zihninde birçok soru işareti uyandıracaktır. Kuhn, Loeb-Morgan ittifakı, ne kadar güçlü olursa olsun, nasıl olur da, birincisi, Amerika Birleşik Devletleri halkının tüm parasını ve kredisini kendi ellerine geçirecek bir plan tasarlayabileceğine, ikincisi ise böyle bir planın yasalaştırılabileceğine inanabilirdi?

Jekyll Adası gezisinin doğrudan sonucu olarak adlandırılan "Ulusal Rezerv Planı"nı tasarlama ve yürürlüğe koyma yeteneği, McClure's Magazine dergisinin Ağustos 1911 sayısında John Moody tarafından kaleme alınan "Yedi Adam" başlıklı yazıda belirtildiği üzere, Kuhn, Loeb-Morgan ittifakının yetkisi dahilindeydi:

"Wall Street'teki yedi adam, şu anda Amerika Birleşik Devletleri'nin temel endüstrisinin ve kaynaklarının büyük bir kısmını kontrol ediyor. Bu yedi kişiden üçü, J.P. Morgan, James J. Hill ve New York First National Bank'ın başkanı George F. Baker, sözde Morgan grubuna aittir; dördü ise John D. ve William Rockefeller, National City Bank'ın başkanı James Stillman ve özel bankacılık firması Kuhn, Loeb Company'den Jacob H. Schiff, sözde Standard Oil City Bank grubuna aittir... Sermayenin merkezi mekanizması, kontrolünü Amerika Birleşik Devletleri'nin geneline yaymaktadır... Bu süreç sadece ekonomik açıdan mantıklı olmakla kalmaz, artık pratikte otomatik bir hal almıştır."[48]

Böylece, 1910 yılında ABD halkının para ve kredisi üzerindeki kontrolü ele geçirme komplosunun, ülkenin kaynaklarının çoğunu

[48] John Moody, "*The Seven Men*", McClure's Magazine, Ağustos 1911, s. 418.

zaten kontrol eden kişiler tarafından planlandığını görüyoruz. John Moody'ye göre, bu kişilerin faaliyetlerine devam etmeleri "neredeyse otomatik" bir süreçti.

John Moody'nin bilmediği ya da okuyucularına söylemediği şey, Amerika Birleşik Devletleri'ndeki en güçlü adamların kendilerinin de başka bir güce, yabancı bir güce hesap vermek zorunda oldukları ve bu gücün, Amerika Birleşik Devletleri'nin kurulduğu günden beri genç cumhuriyet üzerindeki kontrolünü genişletmek için kararlılıkla çaba gösterdiğiydi. Bu güç, Rothschild Hanesi'nin Londra Şubesi'nde merkezlenen İngiltere'nin finansal gücüydü. Gerçek şu ki, 1910 yılında Amerika Birleşik Devletleri pratik olarak İngiltere'den yönetiliyordu ve bugün de durum aynıdır. Amerika Birleşik Devletleri'ndeki en büyük on banka holding şirketi, hepsi de Londra'da şubeleri bulunan belirli bankacılık evlerinin elindedir. Bunlar J.P. Morgan Company, Brown Brothers Harriman, Warburg, Kuhn Loeb ve J. Henry Schroder'dir. Hepsi, esas olarak Rothschild'in altın fiyatını manipüle ederek uluslararası para piyasalarını kontrol etmesi yoluyla Rothschild Hanesi ile yakın ilişkiler sürdürmektedir. Her gün, altın fiyatı N.M. Rothschild and Company'nin Londra ofisinde belirlenmektedir.

Bu firmalar görünüşte sadece Londra'da şubeleri bulunan Amerikan firmaları olsa da, gerçekte bu bankacılık kurumları yönlerini Londra'dan almaktadır. Tarihleri, altın, köle, elmas ve diğer kaçak malların uluslararası ticaretinden kaynaklandığı için büyüleyicidir ve Amerikan halkı tarafından bilinmemektedir. Bu firmaların aldığı hiçbir iş kararında ahlaki kaygılar yoktur. Yalnızca para ve güçle ilgilenirler.

Günümüzde turistler, Rhode Island'ın Newport kentindeki çok zenginlerin muhteşem konaklarına hayranlıkla bakarken, bu "kulübelerin" sadece Viktorya dönemi milyonerlerimizin baronluk arzularının bir anıtı olduğunu değil, aynı zamanda Newport'ta inşa edilmelerinin, Newport'un köle ticaretinin başkenti olduğu dönemde başlayan büyük Amerikan servetlerinin nostaljik bir anıtı olduğunu da fark etmemektedirler.

Yüzyıllar boyunca köle ticaretinin merkezi Venedik'teydi, ta ki 17. yüzyılda denizlerin yeni efendisi olan Britanya, okyanuslar üzerindeki hakimiyetini kullanarak tekel kurana kadar. Amerikan kolonileri kuruldukça, çoğu köle istemediği halde son derece bağımsız olan halk, kölelerin limanlarımıza büyük sayılarda gönderildiğini şaşkınlıkla fark etti.

Uzun yıllar boyunca Newport, bu iğrenç ticaretin başkenti oldu. Newport Limanı Gümrük Müdürü William Ellery, 1791'de şöyle demiştir:

"...bir Etiyopyalı, Newport'lu bir tüccarın bu kadar karlı bir ticareti bırakıp herhangi bir imalatın yavaş kârına yönelmesi kadar kolay bir şekilde derisini değiştirebilir."

John Quincy Adams günlüğünün 459. sayfasında şöyle demiştir: "Newport'un eski refahı, esas olarak Afrika köle ticaretindeki yaygın faaliyetlerine bağlıydı."

J.P. Morgan ve Brown firmasının Amerikan finansındaki üstünlüğü, Baltimore'un on dokuzuncu yüzyılda köle ticaretinin başkenti olarak gelişmesine kadar uzanır. Bu iki firma da Baltimore'da kuruldu, Londra'da şubeler açtı, Rothschild Hanesi'nin himayesine girdi ve Amerika Birleşik Devletleri'ne dönerek New York'ta şubeler açtı ve sadece finans alanında değil, hükümette de egemen güç haline geldi. Son yıllarda, Savunma Bakanı gibi kilit görevler, Brown Brothers Harriman'ın ortağı Robert Lovett ve J.P. Morgan'ın bir yan kuruluşu olan Drexel and Company'nin ortağı Thomas S. Gates tarafından üstlenilmiştir. Şu anki Başkan Yardımcısı George Bush, Brown Brothers Harriman'ın ortağı, uzun yıllar Connecticut senatörü ve uzun yıllar yöneticiliğini de yaptığı Columbia Broadcasting System'ın finansal organizatörü Prescott Bush'un oğludur.

Bu şirketlerin neden bu şekilde faaliyet gösterdiğini anlamak için, kökenlerinin kısa bir tarihçesini vermek gerekir. J.P. Morgan Company'nin George Peabody and Company olarak başladığını çok az Amerikalı bilir. Massachusetts, South Danvers'da doğan George Peabody (1795-1869), 1814'te Georgetown, D.C.'de Peabody, Riggs and Company adıyla toptan kuru mal ticareti ve Georgetown Köle Pazarı'nın işletmeciliğine başladı. 1815 yılında, tedarik kaynaklarına daha yakın olmak için Baltimore'a taşındılar ve 1815'ten 1835'e kadar Peabody and Riggs adıyla faaliyet gösterdiler. Peabody, Londra kaynaklı işlerle giderek daha fazla ilgilenmeye başladı ve 1835'te Londra'da George Peabody and Company firmasını kurdu. Liverpool'da kurulmuş başka bir Baltimore firması olan Brown Brothers sayesinde Londra iş dünyasına mükemmel bir giriş yapmıştı. Alexander Brown, 1801'de Baltimore'a geldi ve bugün adresinde yer alan, ABD'nin en eski bankacılık kurumu olarak bilinen ve halen New York'ta Brown Brothers Harriman, İngiltere'de Brown, Shipley and Company ve Baltimore'da Alex Brown and Son adlarıyla faaliyet gösteren şirketi kurdu. Bu firmanın perde arkasında sahip olduğu gücün bir göstergesi, uzun yıllar İngiltere Merkez Bankası Başkanı olan Sir Montagu Norman'ın Brown, Shipley and Company'nin ortağı olmasıdır.[49] Dünyanın en etkili bankacısı olarak kabul edilen Sir Montagu Norman, 1927'de merkez bankası başkanları arasında "gayri resmi görüşmeler" düzenlemiş ve bu görüşmeler doğrudan 1929 Borsası Çöküşüne yol açmıştır.

Londra'ya varır varmaz George Peabody, huysuz Baron Nathan Mayer Rothschild'in huzuruna çağrılınca şaşırdı. Rothschild, lafını esirgemeden Peabody'ye, Londra aristokrasisinin büyük bir kısmının Rothschild'i açıkça sevmediğini ve davetlerini reddettiğini açıkladı. O, mütevazı bir servete sahip olan Peabody'nin, eğlenceleriyle kısa sürede Londra'nın gündemine oturacak cömert bir ev sahibi olarak tanınmasını önerdi. Elbette tüm masrafları Rothschild karşılayacaktı. Peabody teklifi kabul etti ve kısa sürede Londra'nın en popüler ev sahibi olarak tanındı. Amerikan Bağımsızlık Günü'nü kutlamak için her yıl düzenlediği 4 Temmuz yemeği, İngiliz aristokrasisi arasında son derece popüler hale geldi. Bu aristokratların çoğu, Peabody'nin şarabını içerken, içtikleri her damlanın Rothschild tarafından ödendiğinin farkında olmadan, Rothschild'in kaba tavırları ve kötü davranışları hakkında birbirlerine şakalar yapıp eğleniyorlardı.

Londra'nın en popüler sunucusunun, özellikle de perde arkasında Rothschild Hanedanı'nın desteğiyle, aynı zamanda çok başarılı bir iş adamı haline gelmesi hiç de şaşırtıcı değildir. Peabody genellikle elinde 500.000 sterlinlik bir sermaye ile çalışırdı ve Atlantik'in her iki yakasında da alım satım konusunda çok kurnaz hale geldi. Amerikalı temsilcisi, John Pierpont Morgan'ın babası Junius S. Morgan'ın başını çektiği Boston firması Beebe, Morgan and Company idi. Hiç evlenmemiş olan Peabody'nin halefi yoktu

---

49 "Brown, Shipley'in bir yöneticisinin İngiltere Merkez Bankası Yönetim Kurulu'nda yer alması gerektiğine dair gayri resmi bir mutabakat vardı ve Norman 1907'de bu kurula seçildi." Montagu Norman, Current Biography, 1940.

ve uzun boylu, yakışıklı Junius Morgan'dan çok olumlu bir izlenim edinmişti. 1854'te Morgan'ı, Londra'daki George Peabody and Company'de ortağı olarak kendisine katılmaya ikna etti. 1860'da John Pierpont Morgan, New York'taki Duncan, Sherman firması tarafından stajyer olarak işe alınmıştı. İşine pek ilgi göstermiyordu ve 1864'te Duncan, Sherman, oğlunu ortak yapmayı reddettiğinde Morgan'ın babası öfkelendi. Hemen bir anlaşma yaptı ve Duncan, Sherman'ın baş çalışanlarından biri olan Charles H. Dabney'i, John Pierpont Morgan ile birlikte yeni bir firma olan Dabney, Morgan and Company'ye katılmaya ikna etti. Bankers Magazine, Aralık 1864 sayısında, Peabody'nin Duncan, Sherman'daki hesabını kapattığını ve diğer firmaların da aynısını yapmasının beklendiğini belirtti. Peabody'nin hesabı elbette Dabney, Morgan Company'ye geçti.

John Pierpont Morgan, 1837'de, Amerika Birleşik Devletleri'ndeki ilk para paniği sırasında doğdu. Önemli bir şekilde, bu panik, Morgan'ın daha sonra iş birliği yapacağı Rothschild Hanesi tarafından kışkırtılmıştı.

1836'da, kendisini Amerika Birleşik Devletleri İkinci Bankası'nın imtiyazını yenilemeye ikna etmeye çalışan bankacıların taktiklerine öfkelenen Başkan Andrew Jackson, "Siz bir yılan yuvasısınız. Sizi oradan kovmak niyetindeyim ve Yüce Tanrı adına, sizi oradan kovacağım. Eğer halk, para ve bankacılık sistemimizin ne kadar adaletsiz olduğunu anlasaydı, sabaha kadar bir devrim olurdu." dedi.

Nicholas Biddle, Birleşik Devletler Bankası'nın başkanı olmasına rağmen, bu merkez bankasının asıl yatırımcısının Parisli Baron James de Rothschild olduğu iyi biliniyordu. Jackson, Birleşik Devletler Bankası'nın tüzüğünün yenilenmesini veto etmişti, ancak muhtemelen birkaç ay önce, 1835'te Rothschild Hanesi'nin 1 Ocak 1835'te Dışişleri Bakanlığı'nın mali temsilcisi olarak Baring firmasının yerini alarak Birleşik Devletler Hükümeti ile ilişkilerini sağlamlaştırdığından habersizdi.

Ünlü bankacı Henry Clews, Twenty-eight Years in Wall Street (Wall Street'te Yirmi Sekiz Yıl) adlı kitabında ([50]), 1837 Panik'inin,

---

[50] Henry Clews, *Twenty-eight Years in Wall Street*, Irving Company, New York, 1888, s. 157.

İkinci Amerika Birleşik Devletleri Bankası'nın tüzüğünün 1836'da sona ermesi nedeniyle kasten yaratıldığını belirtir. Başkan Jackson, İkinci Amerika Birleşik Devletleri Bankası'ndan devlet fonlarını derhal çekmekle kalmadı, aynı zamanda bu fonları, yani 10 milyon doları, eyalet bankalarına yatırdı. Clews'un anlattığına göre, bunun hemen ardından ülke büyük bir refah dönemine girmiştir. Bu ani nakit akışı, ulusal ekonomide ani bir genişlemeye neden olmuş ve hükümet tüm ulusal borcunu ödeyerek Hazine'de 50 milyon dolarlık bir fazla bırakmıştır.

Avrupalı finansçılar bu duruma bir çözüm buldu. Clews ayrıca şöyle diyor: "1837 Panik Krizi, İngiltere Merkez Bankası'nın bir gün içinde Amerika Birleşik Devletleri ile ilgili tüm kağıt paraları piyasadan çekmesiyle daha da şiddetlendi."

İngiltere Merkez Bankası, elbette, Baron Nathan Mayer Rothschild'in adıyla eş anlamlıydı. İngiltere Merkez Bankası neden bir gün içinde Amerika Birleşik Devletleri ile ilgili tüm kağıt paraları "dışarıda bıraktı", yani Amerika Birleşik Devletleri merkezli menkul kıymetleri, tahvilleri veya diğer finansal kağıtları kabul etmeyi veya iskonto etmeyi reddetti? Bu eylemin amacı, Amerika Birleşik Devletleri'nde ani bir finansal panik yaratmak, kredilerin tamamen daralmasına neden olmak, hisse senedi ve tahvil ihraçlarını durdurmak ve Amerika Birleşik Devletleri menkul kıymetlerini nakde çevirmek isteyenleri mahvetmekti. Bu finansal panik ortamında, John Pierpont Morgan dünyaya geldi. Büyükannesi Joseph Morgan, Connecticut eyaletinin Hartford kentinde 106 dönüm araziye sahip varlıklı bir çiftçiydi. Daha sonra City Hotel ve Exchange Coffee Shop'u açtı ve 1819'da Aetna Sigorta Şirketi'nin kurucularından biri oldu.

George Peabody, Junius S. Morgan'ı halefi olarak seçmekle iyi bir karar verdiğini fark etti. Morgan, N.M. Rothschild Company ile gizli ilişkisini sürdürmeyi kabul etti ve kısa sürede ABD'ye büyük miktarlarda demiryolu demiri sevk ederek şirketin faaliyetlerini genişletti. 1860'tan 1890'a kadar Amerikan demiryolu raylarının büyük bir kısmının temelini Peabody demiri oluşturdu. 1864'te emekli olup şirketini Morgan'ın ellerine bırakmaktan memnun olan Peabody, şirketin adının Junius S. Morgan Company olarak değiştirilmesine izin verdi. Morgan şirketi o zamandan beri her zaman Londra'dan yönetildi. John Pierpont Morgan, zamanının çoğunu muhteşem Londra konağı Prince's Gate'te geçirdi.

Rothschild-Peabody Morgan iş ortaklığının en parlak dönemlerinden biri 1857 Panik'iydi. 1837 Panik'inden bu yana yirmi yıl geçmişti: gelişen Amerika'nın kârlarınd yatırım yapmak için can atan hevesli yatırımcı ordusu, o panikten alınan dersleri unutmuştu. Onları tekrar soymak için tam zamanıydı. Borsa, sahile vuran bir dalga gibi işler. Dalga, yaşamlarını tamamen dalganın oksijeninden ve suyundan alan birçok minik canlıyı da beraberinde sürükler. Bu canlılar, "Refah Dalgası"nın tepesinde süzülürler. Aniden dalga, sahildeki en yüksek noktaya ulaştıktan sonra geri çekilir ve tüm canlıları kumda nefes nefese bırakır. Onları kurtarmak için zamanla başka bir dalga gelebilir, ancak büyük olasılıkla o kadar uzağa gelmeyecek ve bazı deniz canlıları mahvolacaktır. Aynı şekilde, yapay bir kredi daralması yoluyla yeni yaratılan parayla beslenen refah dalgaları geri çekilir ve yükseklerde taşıdığı canlıları, kurtuluş umudu olmadan nefes nefese kalıp ölmeye terk eder.

[51] 'ın Corsair, the Life of J.P. Morgan adlı kitabında, 1857 Panik'inin tahıl piyasasının çöküşü ve Ohio Life and Trust'ın beş milyon dolarlık zarara yol açan ani iflasından kaynaklandığı belirtilmektedir. Bu çöküşle birlikte dokuz yüz diğer Amerikan şirketi iflas etmiştir. Önemli bir şekilde, bir şirket sadece hayatta kalmakla kalmamış, bu çöküşten refah elde etmiştir. Corsair'de, 1857 Panik Dönemi sırasında İngiltere Merkez Bankası'nın George Peabody and Company'ye beş milyon sterlin borç verdiğini öğreniyoruz. Winkler, Morgan the Magnificent ([52]) adlı kitabında, İngiltere Merkez Bankası'nın şirketi kurtarmak için Peabody'ye o zamanlar için muazzam bir meblağ olan ve bugün yüz milyon dolara denk gelen bir milyon sterlin avans verdiğini söylüyor. Ancak, bu Panik Dönemi sırasında başka hiçbir şirket böyle bir yardım almadı. Bunun nedeni, Matthew Josephson'ın The Robber Barons adlı kitabında açıklanmaktadır. Yazar, kitabın 60. sayfasında şöyle demektedir:

"Morgan Hanedanı'nın kökenini oluşturan George Peabody and Company, muhafazakarlığı ve dürüstlüğüyle ünlüydü. 1857 panik döneminde, Amerika'daki sıkıntılı yatırımcılar değer kaybetmiş menkul kıymetleri piyasaya sürdüğünde, nakit paraya sahip olan Peabody ve yaşlı Morgan, gerçek değeri olan bu tahvilleri serbestçe

---

[51] Corsair, *The Life of Morgan*.

[52] John K. Winkler, *Muhteşem Morgan*, Vanguard, N.Y. 1930.

satın almış, ardından akıl sağlığı geri geldiğinde bunları büyük bir kârla yeniden satmışlardı."[53]

Böylece, Morgan'ın çeşitli biyografilerinden bu hikaye bir araya getirilebilir. Panik kasten yaratıldıktan sonra, bir firma piyasaya bir milyon sterlin nakit parayla girdi, sıkıntılı yatırımcılardan menkul kıymetleri panik fiyatlarından satın aldı ve daha sonra bunları muazzam bir kârla yeniden sattı. Bu firma Morgan firmasıydı ve arkasında Baron Nathan Mayer Rothschild'in zekice manevraları vardı. Morgan, zaman zaman bir Rothschild operasyonunda finansal aracı olarak ortaya çıksa da, bu ilişki Londra ve New York'taki en bilgili finans uzmanlarından gizli kaldı. Morgan firması on dokuzuncu yüzyılın sonlarında hızla büyüyerek ülkenin finansını domine etmeye başladığında, birçok gözlemci, Rothschildların hızla gelişen Amerikan ekonomisine yatırım yaparak kâr elde etmekle bu kadar az ilgileniyor gibi görünmelerine şaşırdı. John Moody, The Masters of Capital kitabının 27. sayfasında şöyle diyor: "Rothschildlar, Amerikan sahası söz konusu olduğunda Morgan'ın yakın müttefiki olarak kalmaktan memnundu."[54] Gizlilik, cesaretten daha kârlıydı.

Avrupalı Rothschildların, J.P. Morgan and Company'nin arkasında, Amerika Birleşik Devletleri'nde anonim olarak faaliyet göstermeyi tercih etmelerinin nedeni, George Wheeler tarafından Pierpont Morgan and Friends, the Anatomy of a Myth kitabının 17. sayfasında şöyle açıklanmaktadır:

"Ancak onu mali çıkmazdan kurtarmak için o sıralarda bile adımlar atılıyordu ve bu adımları Pierpont Morgan'ın kendisi atmıyordu. Rezervin yeniden doldurulmasında kendisine bir rol verilmesi yönündeki ilk öneri, Belmont'un işverenleri olan Rothschild Hanesi'nin Londra şubesinden gelmişti."[55]

Wheeler, Avrupa ve Amerika Birleşik Devletleri'nde Rothschild ailesinin bankacılık faaliyetlerine odaklanan önemli bir anti-Rothschild hareketinin geliştiğini açıklamaya devam ediyor. 1837'de Rothschildların temsilcisi olarak Amerika Birleşik

---

53 Matthew Josephson, *Soyguncu Baronlar*, Harcourt Brace, N.Y. 1934.

54 John Moody, *Sermayenin Efendileri*.

55 George Wheeler, *Pierpont Morgan ve Arkadaşları, Bir Efsanenin Anatomisi*, Prentice Hall, N.J. 1973.

Devletleri'ne geldiğinde adını Belmont olarak değiştiren August Schoenberg adlı kayıtlı bir temsilcileri olmasına rağmen, Rothschild temsilcisi olarak bilinmeyen bir Amerikan temsilcisine sahip olmak onlar için son derece avantajlıydı.

Londra'daki Junius S. Morgan and Company şirketi, Morgan işletmelerinin baskın şubesi olmaya devam etse de, 1890'd 'ın Riviera'da bir araba kazasında vefat etmesiyle, John Pierpont Morgan şirketin başına geçti. 1864-1871 yılları arasında Dabney Morgan Company adıyla Londra firmasının Amerikan temsilcisi olarak faaliyet gösteren Morgan, 1871'de Philadelphia'lı Anthony Drexel'i yeni ortağı olarak aldı ve 1895 yılına kadar Drexel Morgan and Company adıyla faaliyet gösterdi. Drexel o yıl öldü ve Morgan, Amerikan şubesinin adını J.P. Morgan and Company olarak değiştirdi.

LaRouche, "[56] " (Gizli Toplumlar ve Gizli Tarih) adlı kitabında, 5 Şubat 1891'de Londra'da Cecil Rhodes, bankacısı Lord Rothschild, Rothschild'ların kayınbiraderi Lord Rosebery ve Lord Curzon tarafından Round Table Group (Yuvarlak Masa Grubu) adında gizli bir dernek kurulduğunu anlatır. LaRouche, Amerika Birleşik Devletleri'nde Round Table'ın Morgan grubu tarafından temsil edildiğini belirtir. Dr. Carrol Quigley, Tragedy and Hope adlı kitabında bu gruba "İngiliz-Amerikan Gizli Cemiyeti" adını vererek, "Bu örgütün ana omurgası, New York'taki Morgan Bankası'ndan (1901'de) Lazard Brothers'ın liderliğindeki Londra'daki bir grup uluslararası finansçıya uzanan, halihazırda var olan finansal işbirliği boyunca gelişti" demektedir.[57]

William Guy Carr, *Pawns In The Game* adlı kitabında şöyle demektedir: "1899'da J.P. Morgan ve Drexel, Uluslararası Bankacılar Kongresi'ne katılmak üzere İngiltere'ye gittiler. Döndüklerinde, J.P. Morgan, Amerika Birleşik Devletleri'ndeki Rothschild çıkarlarının baş temsilcisi olarak atanmıştı. Londra Konferansı'nın bir sonucu olarak, New York'taki J.P. Morgan and Company, Philadelphia'daki Drexel and Company, Londra'daki Grenfell and Company, Paris'teki Morgan Harjes Cie, Almanya ve

---

[56] Lyndon H. LaRouche, Jr., Dope, Inc., The New Benjamin Franklin House Publishing Company, N.Y. 1978.

[57] Dr. Carrol Quigley, *Tragedy and Hope*, Macmillan Co., N.Y.

Amerika'daki M.M. Warburg Company ve Rothschild Hanesi birbirleriyle bağlantılı hale geldi."[58]

Görünüşe göre Peabody'nin Rothschild'lerle olan bağlantısından ve Morgan'ların her zaman Rothschild Hanesi ile bağlı olduğund 'dan habersiz olan Carr, bu ilişkiyi 1899'da ortaya çıkardığını sanıyordu, oysa bu ilişki aslında 1835'e kadar uzanıyordu.[59]

I. Dünya Savaşı'ndan sonra, Yuvarlak Masa, Amerika Birleşik Devletleri'nde Dış İlişkiler Konseyi, Londra'da ise Kraliyet Uluslararası İlişkiler Enstitüsü olarak anılmaya başlandı. Hem İngiltere'nin hem de Amerika Birleşik Devletleri'nin önde gelen hükümet yetkilileri, bu kuruluşun üyeleri arasından seçiliyordu. 1960'larda, Dış İlişkiler Konseyi'nin gizli hükümet faaliyetlerine artan ilgi odaklanırken, aynı mali çıkarları temsil eden ve Üçlü Komisyon ile Bilderbergler olarak bilinen yan gruplar faaliyete geçti; Robert Roosa gibi daha önemli yetkililer, bu üç grubun hepsinin üyesiydi.

George F. Peabody'nin Great American Fortunes (Büyük Amerikan Servetlerinin Tarihi) adlı kitabında (Gustavus Myers, Mod. Lib. 537), J.P. Morgan'ın babası Junius S. Morgan'ın bankacılık işinde George Peabody'nin ortağı olduğu belirtilmektedir. "İç Savaş başladığında, George Peabody and Company, ABD Hükümeti'nin İngiltere'deki mali temsilcileri olarak atandı... bu atama ile servetleri aniden artmaya başladı; o zamana kadar servetlerini çok hızlı olmayan aşamalarla biriktirmişken, artık birkaç yıl içinde milyonlarca dolar eklediler." Dönemin yazarlarına göre, George Peabody & Company'nin yöntemleri sadece mantıksız değil, aynı zamanda çifte ihanetti; zira George Peabody & Company, düşmana içeriden yardım ederken,

---

[58] William Guy Carr, *Oyundaki Piyonlar*, özel baskı, 1956, s. 60.

[59] 30 Temmuz 1930 McFadden Ekonomik Koşulların Kontrolünün Temeli. Küçük bir grubun dünya iş yapısını, insan mutluluğunu ve ilerlemesini kontrol etmesi, kamuoyunun en yoğun ilgisini çeken bir konudur. Bunu analiz ederken, J.P. Morgan Company'nin etrafında toplanan iç gruptan başlamalıyız. Daha önce hiçbir zaman, şu anda Morgan grubuna ait olan finans, endüstriyel üretim, kredi ve ücretler üzerinde bu kadar güçlü ve merkezi bir kontrol olmamıştı... Morgan'ın Federal Rezerv Sistemi üzerindeki kontrolü, New York Federal Rezerv Bankası'nın yönetimini kontrol etmek suretiyle uygulanmaktadır.

ABD Hükümeti'nin temsilcileriydi ve hükümetin çıkarlarını ilerletmek için iyi bir ücret alıyorlardı.

"*Springfield Republic*", 1866: "Bu konu hakkında bilgisi olan herkes, Peabody ve ortaklarının ulusal varlığımız için verdiğimiz mücadelede bize ne güven ne de yardım sunduklarını çok iyi bilir. Onlar, İngilizlerin davamıza ve başarımıza karşı duydukları genel güvensizliğe tam anlamıyla katıldılar ve ulusumuzdan ziyade Güney için konuştular ve hareket ettiler. George Peabody & Company kadar para piyasalarımızı su basmasına ve milliyetimize olan finansal güveni zayıflatmaya katkıda bulunan başka hiçbir kişi yoktu ve bu operasyondan daha fazla para kazanan da yoktu. Bay Peabody'nin eğitim kurumlarımıza cömertçe dağıttığı tüm para, şirketinin bizim talihsizliklerimizden yaptığı spekülasyonlarla kazanılmıştı."

Ayrıca, *New York Times*, 31 Ekim 1866: Yeniden Yapılanma Carpetbaggers Para Fonu. Hazine Binası Üzerindeki Yıldırım, John Elson, Meador Publishing Co., Boston 41, s. 53, "*İngiltere Merkez Bankası*, Amerika'daki bağlı bankalarıyla (J.P. Morgan'ın hakimiyeti altında), Fransa Merkez Bankası ve Almanya Reichsbank'ı, ana hedefi halkı sömürmek olan, birbirine bağlı ve işbirliğine dayalı bir bankacılık sistemi oluşturdu."

William Guy Carr'ın *Pawns In The Game* ([60]) adlı kitabına göre, bu görevli planlamacıların ilk toplantısı 1773 yılında Frankfurt'ta Mayer Amschel Bauer'in kuyumcu dükkanında gerçekleşti. İşini tanıtmak için kapısının üzerine astığı kırmızı kalkanlardan esinlenerek "Rothschild" ya da Kırmızı Kalkan adını benimseyen Bauer (bu kırmızı kalkan bugün Frankfurt şehrinin resmi armasıdır) (Bkz. Kapak), "Frankfurt'ta on iki zengin ve nüfuzlu adamı toplantıya davet ettiğinde henüz otuz yaşındaydı. Amacı, kaynaklarını bir araya getirmeye razı olurlarsa, Dünya Devrimci Hareketi'ni finanse edip kontrol edebileceklerini ve bunu, tüm dünyanın servetini, doğal kaynaklarını ve insan gücünü nihai olarak kontrol altına almak için bir Eylem Kılavuzu olarak kullanabileceklerini onlara ikna etmekti. Bu anlaşmaya varılınca, Mayer devrimci planını ortaya koydu. Proje, bir araya getirilen kaynaklarla satın alınabilecek tüm güçle desteklenecekti.

[60] William Guy Carr, *Pawns In The Game*, özel baskı, 1956.

Birleştirilmiş servetlerini akıllıca manipüle ederek, kitleleri işsizlik yoluyla açlığın eşiğine getirecek kadar olumsuz ekonomik koşullar yaratmak mümkün olacaktı... Ücretli propagandacıları, tüm gerçek ve iddia edilen savurganlık, ahlaksızlık, adaletsizlik, baskı ve zulüm vakalarını ifşa ederek, egemen sınıflara karşı nefret ve intikam duyguları uyandıracaktı. Ayrıca, başlarına karışılmasa genel planlarını engelleyebilecek diğer kişileri itibarsızlaştırmak için iftiralar uyduracaklardı... Rothschild bir el yazmasına yöneldi ve özenle hazırlanmış bir eylem planını okumaya başladı.

1. O, HUKUK'un sadece kılık değiştirmiş bir GÜÇ olduğunu savundu. "Doğa kanunlarına göre hak, güçtedir" sonucuna varmanın mantıklı olduğunu öne sürdü.

2. Siyasi özgürlük bir fikirdir, gerçek değildir. Siyasi iktidarı ele geçirmek için tek gereken, "Liberalizm"i vaaz etmekti; böylece seçmenler, bir fikir uğruna, güçlerinin ve ayrıcalıklarının bir kısmını feda edecek ve komplocular da bunları kendi ellerine toplayabilecekti.

3. Konuşmacı, Altının Gücünün liberal hükümdarların iktidarını ele geçirdiğini iddia etti... O, planının başarısı için mevcut hükümetlerin dış veya iç düşmanlar tarafından yıkılmasının önemsiz olduğunu, çünkü galip gelenin zorunlu olarak "tamamen bizim elimizde olanSermaye"den yardım istemek zorunda kalacağını belirtti.

4. Ahlak kurallarına göre yöneten bir hükümdarın, kendisini savunmasız ve istikrarsız bir konumda bıraktığı için yetenekli bir politikacı olmadığını öne sürerek, nihai hedeflerine ulaşmak için her türlü yolun kullanılmasının haklı olduğunu savundu.

5. "Hakkımız güçtedir. HAK kelimesi soyut bir düşüncedir ve hiçbir şeyi kanıtlamaz. Güçlü Olanın Hakkı ile saldırmak, mevcut tüm kurumları yeniden inşa etmek ve liberalizmleri içinde bize güçlerinin haklarını devrederek bize bırakanların hepsinin egemen efendisi olmak için yeni bir HAK buluyorum" diye iddia etti.

6. Kaynaklarımızın gücü, hiçbir kurnazlık veya gücün onu zayıflatamayacağı kadar güçlenene kadar görünmez kalmalıdır.

7. Ardından yirmi beş maddeyi özetledi.

8. madde, tüm ulusların gençliğini sistematik olarak yozlaştırmak için alkollü içkilerin, uyuşturucuların, ahlaki yozlaşmanın ve tüm ahlaksızlıkların kullanımıyla ilgiliydi.

9. Eğer bu şekilde boyun eğme ve egemenliği güvence altına alabilecekleri takdirde, herhangi bir yolla ve tereddüt etmeden mülkiyet ele geçirme hakkına sahiptiler.

10. Kitlelerin ağzına Özgürlük, Eşitlik ve Kardeşlik sloganlarını ilk koyan bizdik ve bu da yeni bir aristokrasi kurdu. Bu aristokrasinin niteliği, bize bağlı olan ZENGİNLİKTİR.

11. Savaşlar, her iki tarafta yer alan ulusların bize daha fazla borçlu kalması için yönlendirilmelidir.

12. Kamu görevine aday olanlar, kolayca kullanılabilmeleri için bizim emirlerimize boyun eğen ve itaatkar olmalıdır.

13. Propaganda – birleşik servetleri, tüm kamu bilgi kaynaklarını kontrol edecektir.

14. Panik ve finansal bunalımlar, nihayetinde Dünya Hükümeti'ne, tek bir dünya hükümetinden oluşan yeni bir düzene yol açacaktır."

Rothschild ailesi, iki yüzyıldır uluslararası finans alanında çok önemli bir rol oynamıştır. Frederick Morton, The Rothschilds adlı kitabında şöyle yazmaktadır:

"Son yüz elli yıldır Rothschild Hanesi'nin tarihi, şaşırtıcı bir ölçüde Batı Avrupa'nın perde arkası tarihi olmuştur."38 (Önsöz)... Bireylere değil, uluslara kredi verme konusundaki başarıları sayesinde, Morton'un 36. sayfada yazdığı gibi, "Birisi bir zamanlar Rothschild'ların servetinin ulusların iflasından oluştuğunu söylemişti," ancak büyük karlar elde ettiler.[61]

E.C. Knuth, *The Empire of the City* adlı kitabında şöyle yazmaktadır: "Rothschild Hanesi'nin, başkalarının parasını kaybettiği dönemler olan tarihin büyük çöküşlerinde ve büyük savaşlarında para kazandığı gerçeği tartışılmaz."[62]

---

[61] Frederick Morton, *The Rothschilds*, Fawcett Publishing Company, N.Y., 1961.

[62] E.C. Knuth, *Empire of the City*, s. 71.

"Büyük Sovyet Ansiklopedisi"nde şöyle denmektedir: "Batı Avrupa ölçeğinde kişisel bağlantıların (uluslararası yönetim kurulları) en açık örneği Rothschild ailesidir. Rothschildların Londra ve Paris şubeleri sadece aile bağlarıyla değil, aynı zamanda ortak kontrol altındaki şirketlerdeki kişisel bağlantılarla da birbirine bağlıdır."[63] ansiklopedisi bu şirketleri ayrıca uluslararası tekeller olarak tanımlamıştır.

Ailenin kurucusu Mayer Amschel Rothschild, 1743 yılında Frankfurt'ta bir madeni para tüccarı olarak küçük bir iş kurdu. Daha önce Bauer olarak bilinen Rothschild,[64] mesleğini tanıtmak için kırmızı bir kalkan üzerinde bir kartal resmedilen bir tabela astı. Bu, Frankfurt şehrinin armasını uyarlayan bir tasarımdı ve kartalın pençelerinden uzanan beş altın ok ekleyerek beş oğlunu simgeledi. Bu tabela nedeniyle "Rothschild" ya da "Kırmızı Kalkan" adını aldı. Hesse Elektörü, Amerikan kolonilerindeki isyanı bastırmak için İngilizlere Hesse paralı askerleri kiralayarak bir servet kazandığında, bu parayı yatırması için Rothschild'e emanet edildi. Hem kendisi hem de Elektör için mükemmel bir kâr elde etti ve başka müşteriler de çekti. 1785'te, "Yeşil Kalkan" olarak bilinen ve Schiff ailesiyle paylaştığı beş katlı, 148 Judengasse adresindeki daha büyük bir eve taşındı.

Beş oğul, Avrupa'nın başlıca şehirlerinde şubeler açtı; bunlardan en başarılı olanları Paris'teki James ve Londra'daki Nathan Mayer'di. Ignatius Balla, The Romance of the Rothschilds ([65]) adlı kitabında, Londra'daki Rothschild'in servetini nasıl kurduğunu anlatır. Avrupa'nın kaderi belirsizliğe gömülmüşken Waterloo'ya gitti, Napolyon'un savaşı kaybettiğini gördü ve aceleyle Brüksel'e geri döndü. Ostend'de İngiltere'ye giden bir tekne kiralamaya çalıştı, ancak şiddetli fırtına nedeniyle kimse denize açılmak istemedi. Rothschild, tekne için önce 500 frank, sonra 700 frank ve sonunda 1.000 frank teklif etti. Bir denizci, "2.000 frank karşılığında

---

63 *Büyük Sovyet Ansiklopedisi*, 3. Baskı, 1973, Macmillan, Londra, Cilt 14, s. 691

64 "Rothschild'ın asıl soyadı Bauer'di." s. 397, Henry Clews, *Wall Street'te Yirmi Sekiz Yıl.*

65 Ignatius Balla, *The Romance of the Rothschilds*, Everleigh Nash, Londra, 1913

sizi götürürüm; böylece boğulursak en azından dul eşime bir şey kalır" dedi. Fırtınaya rağmen Manş Denizi'ni geçtiler.

Ertesi sabah Rothschild, Londra Borsası'ndaki her zamanki yerindeydi. Herkes onun ne kadar solgun ve bitkin göründüğünü fark etti. Aniden satış yapmaya başladı ve büyük miktarda menkul kıymetleri piyasaya döktü. Panik anında borsayı sardı. Rothschild satıyor; Waterloo Savaşı'nı kaybettiğimizi biliyor. Rothschild ve bilinen tüm ajanları menkul kıymetleri piyasaya sürmeye devam etti. Balla şöyle diyor: "Hiçbir şey bu felaketi durduramadı. Aynı zamanda, kimsenin tanımadığı gizli ajanlar aracılığıyla tüm menkul kıymetleri sessizce satın alıyordu. Tek bir günde neredeyse bir milyon sterlin kazanmış ve "Müttefikler Waterloo Savaşı'nı kazandı, ama asıl kazanan Rothschild'di" sözünün doğmasına neden olmuştu."[66]

Richard Lewinsohn, The Profits of War adlı kitabında şöyle diyor: "Rothschild'ın Napolyon Savaşları'ndan elde ettiği savaş karları, daha sonraki hisse senedi spekülasyonlarını finanse etti. Metternich yönetimindeki Avusturya, uzun süren tereddütlerin ardından nihayet Rothschild Hanesi'nin mali yönlendirmesini kabul etti."[67]

Waterloo'daki başarısının ardından Nathan Mayer Rothschild, "Consols" ve diğer hisseler üzerindeki neredeyse tekel konumuyla İngiltere Merkez Bankası'nın kontrolünü ele geçirdi. Avrupa'da birkaç "merkez" bankası ya da para basma yetkisine sahip banka

---

[66] *The New York Times*, 1 Nisan 1915'te, 1914'te Baron Nathan Mayer de Rothschild'in, dedesiyle ilgili Waterloo hikayesinin doğru olmadığı ve iftira niteliğinde olduğu gerekçesiyle Ignatius Balla'nın kitabını yasaklatmak için mahkemeye başvurduğunu bildirdi. Mahkeme, hikayenin doğru olduğuna hükmetti, Rothschild'in davasını reddetti ve tüm masrafları ödemesine hükmetti. *The New York Times* bu haberde "Rothschild ailesinin toplam servetinin 2 milyar dolar olduğu tahmin ediliyor" diye belirtti. *The New York Times'ın* daha önceki bir haberinde (27 Mayıs 1905), Rothschild ailesinin Amerikan alanında aktif olmadığı söylense de, Fransız Rothschild hanesinin başı Baron Alphonse de Rothschild'in servetinde 60 milyon dolarlık Amerikan menkul kıymetleri bulunduğu belirtilmişti. Bu, onların temsilcisi J.P. Morgan'ın 1913'te öldüğünde mal varlığında sadece 19 milyon dolarlık menkul kıymet bulundurmasının ve Morgan tarafından yönetilen menkul kıymetlerin aslında işvereni Rothschild'e ait olmasının nedenini açıklıyor."

[67] Richard Lewinsohn, *The Profits of War*, E.P. Dutton, 1937.

kurulmuştu: 1656'da kurulan ve 1661'de banknot basmaya başlayan İsveç Bankası; en eskisi ise, görünüşte dini farklılıklar nedeniyle 1649'da Oliver Cromwell'in İngiltere'de iktidarı ele geçirmesini finanse eden Amsterdam Bankası'ydı. Cromwell 1657'de öldü ve 1660'da II. Charles'ın taç giymesiyle İngiltere tahtı yeniden kuruldu. O da 1685'te öldü. 1689'da, aynı bankacı grubu, Orange'lı Kral William'ı tahta çıkararak İngiltere'de yeniden iktidara geldi. O, kısa süre sonra destekçilerine borcunu ödemek için İngiliz Hazinesine bu bankacılardan 1.250.000 pound borç almasını emretti. Ayrıca onlara, (bu borçla yeni yaratılmış olan) ulusal borcu konsolide etmelerine ve halkı doğrudan vergilendirmek suretiyle faiz ve anapara ödemelerini güvence altına almalarına izin veren bir İngiltere Merkez Bankası Kraliyet Tüzüğü verdi. Bu imtiyaz belgesi, özel kuyumcuların altın depolamasını ve makbuz düzenlemesini yasakladı; bu da İngiltere Merkez Bankası'nın hissedarlarına para tekeli sağladı. Kuyumcular ayrıca altınlarını İngiltere Merkez Bankası kasalarında saklamak zorundaydı. Dolaşım aracı çıkarma ayrıcalıkları hükümet kararnamesiyle ellerinden alınmakla kalmamış, servetleri de artık yerlerini alanlara devredilmişti.[68]

Ezra Pound, "*Cantos*" adlı eserinin 46. ve 27. bölümlerinde, William Paterson'ın İngiltere Merkez Bankası Tüzüğü'nün tanıtım broşüründe duyurduğu benzersiz ayrıcalıklara atıfta bulunur:

"Paterson şöyle demiştir

Banka, yoktan var ettiği tüm paralar üzerinden faiz geliri elde eder."

Burada bahsedilen "hiçbir şey", elbette, bankanın muhasebe işlemleridir; banka, size bin dolar "borç verdiğini" belirten bir kayıt girerek para "yaratır"; bu para, banka bu kaydı yapana kadar mevcut değildi.

1698 yılına gelindiğinde, İngiliz Hazinesi'nin İngiltere Merkez Bankası'na 16 milyon sterlin borcu vardı. 1815 yılına gelindiğinde, esas olarak faizin bileşik etkisiyle, bu borç 885 milyon sterline yükselmişti. Bu artışın bir kısmı, Napolyon Savaşları ve

---

68 Amerika Birleşik Devletleri'nde, Federal Rezerv Sistemi hissedarları 1934'te güçlerini pekiştirdikten sonra, hükümetimiz de özel vatandaşların altın depolayamayacağına veya elinde bulunduramayacağına dair emirler çıkardı.

İngiltere'nin Amerikan kolonisini elinde tutmak için girdiği savaşlar da dahil olmak üzere, o dönemde yoğunlaşan savaşlardan kaynaklanıyordu.

William Paterson (1658-1719), politika anlaşmazlığı nedeniyle İngiltere Merkez Bankası'nın kurulmasından bir yıl sonra buradan ayrıldığı için, "bankanın yoktan var ettiği paradan" pek yararlanamadı. Daha sonraki bir William Paterson, Amerika Birleşik Devletleri Anayasası'nın mimarlarından biri oldu; ancak bu isim, zararlı merkez bankası gibi hâlâ varlığını sürdürüyor.

Paterson, İngiltere Merkez Bankası'nın hissedarlarıyla çalışamayacağını fark etmişti. Hissedarların çoğu isimsiz kalmıştı, ancak İngiltere Merkez Bankası'nın erken dönemdeki bir tanımında, bankanın "İngiltere Kralı ve Kraliçesi de dahil olmak üzere yaklaşık 1330 kişiden oluşan bir topluluk olduğu ve adresinde 10.000 poundluk hisseye sahip olduğu, Leeds Dükü, Devonshire Dükü, Pembroke Kontu ve Bradford Kontu'nun da aralarında bulunduğu" belirtiliyordu.

Spekülasyonlarındaki başarısı nedeniyle, artık Baron Nathan Mayer de Rothschild olarak anılan bu kişi, Londra'da en üstün finansal güç olarak hüküm sürdü. Kendi malikanesindeki bir partide kibirle şöyle haykırdı: "Güneşin asla batmadığı İmparatorluğu yönetmek için İngiltere tahtına hangi kukla oturtulursa oturtulsun umurumda değil. Britanya'nın para arzını kontrol eden kişi Britanya İmparatorluğunu kontrol eder ve ben de Britanya'nın para arzını kontrol ediyorum."

Paris'teki kardeşi James de Fransız finansında hakimiyet kurmuştu. David Druck, Baron Edmond de Rothschild kitabında şöyle yazıyor: "(James) Rothschild'in serveti 600 milyon sınırına ulaşmıştı. Fransa'da ondan daha zengin tek bir kişi vardı. O da 800 milyonluk servete sahip olan Kraldı. Fransa'daki tüm bankacıların toplam serveti, James Rothschild'inkinden 150 milyon daha azdı. Bu durum ona doğal olarak, istediği zaman hükümetleri devirebilecek kadar büyük bir güç verdi. Örneğin, Başbakan Thiers'in kabinesini devirdiği iyi bilinmektedir."[69]

Bismarck yönetimindeki Almanya'nın genişlemesi, 1828'den beri Rothschildların ajanı olarak bilinen Prusya İmparatoru'nun

---

[69] David Druck, *Baron Edmond de Rothschild*, (Özel baskı), N.Y. 1850.

Saray Bankacısı Samuel Bleichroder'e olan bağımlılığıyla eşlik etti. Daha sonra Almanya Şansölyesi olan Dr. von Bethmann Hollweg, Rothschildlarla evlilik bağı olan Frankfurtlu Moritz Bethmann'ın oğluydu. İmparator I. Wilhelm de, Bischoffsheim, Goldschmidt ve Frankfurtlu Sir Ernest Cassel'e büyük ölçüde güveniyordu. Cassel, İngiltere'ye göç etmiş ve daha sonra VII. Edward olacak olan Galler Prensi'nin kişisel bankacısı olmuştu. Cassel'in kızı Lord Mountbatten ile evlendi ve bu sayede aile, mevcut İngiliz Kraliyet Ailesi ile doğrudan bir bağ kurdu.

Josephson, *[70] * adlı kitabında, Philip Mountbatten'ın Cassel ailesi aracılığıyla Frankfurt'taki Meyer Rothschild'lerle akrabalık bağı olduğunu belirtmektedir. Dolayısıyla, İngiliz Windsor Hanedanı'nın * * Rothschild'lerle doğrudan bir aile bağı bulunmaktadır. 1901 yılında, Kraliçe Victoria'nın oğlu Edward, Kral VII. Edward olarak tahta çıktığında, Rothschild'lerle olan bağları yeniden tesis etmiştir.

Paul Emden, Behind The Throne adlı kitabında şöyle diyor:

"Edward'ın mesleğine hazırlığı annesininkinden oldukça farklıydı, bu nedenle o, annesi kadar 'hüküm sürmedi'. Neyse ki, Bağdat Demiryolu'nun inşa edildiği dönemde yanında olan adamları çevresinde tuttu... Danışman kadrosuna Leopold ve Alfred de Rothschild, Sassoon ailesinin çeşitli üyeleri ve hepsinden önemlisi özel mali danışmanı Sir Ernest Cassel eklendi."[71]

Cassel'in nispeten kısa bir sürede kazandığı muazzam servet, ona asla kötüye kullanmadığı muazzam bir güç verdi. Vickers Sons firmasını Naval Construction Company ve Maxim-Nordenfeldt Guns and Ammunition Company ile birleştirdi; bu birleşmeden dünya çapında bir firma olan Vickers Sons and Maxim ortaya çıktı. Rothschildlar gibi işadamları, Cassel'den tamamen farklı bir konumdaydı. Şirket demokratik ilkelerle yönetiliyordu ve çeşitli ortakların hepsi aile üyesi olmak zorundaydı. Büyük bir misafirperverlikle ve prenslere yakışır bir şekilde büyük beyler gibi bir hayat sürüyorlardı ve Edward VII'nin onları sempatik bulması doğaldı. Uluslararası aile ilişkileri ve daha da geniş iş bağlantıları

---

70 E.M. Josephson, *Franklin D. Roosevelt'in Garip Ölümü*, s. 39, Chedney Press, N.Y. 1948.

71 Paul Emden, *Behind The Throne*, Hoddard Stoughton, Londra, 1934.

sayesinde tüm dünyayı tanıyorlardı, herkes hakkında iyi bilgilendirilmişlerdi ve yüzeye çıkmayan konularda güvenilir bilgilere sahiptiler. Finans ve siyasetin bu birleşimi, en başından beri Rothschildların bir alamet-i farikası olmuştu. Rothschild Hanedanı, gazetelerde yazanlardan ve hatta Dışişleri Bakanlığı'na gelen raporlarda okunabileceklerden daha fazlasını her zaman biliyordu. Diğer ülkelerde de Rothschildların ilişkileri tahtın arkasına kadar uzanıyordu. Savaş sonrası yıllarda çok sayıda diplomatik yayın ortaya çıkana kadar, geniş bir kamuoyu, Alfred de Rothschild'in elinin savaş (I. Dünya Savaşı) öncesindeki yirmi yıl boyunca Orta Avrupa siyasetini ne kadar güçlü bir şekilde etkilediğini öğrenemedi."

Paranın kontrolüyle birlikte haber medyasının kontrolü de geldi. Associated Press'in başkanı Kent Cooper, otobiyografisi Barriers Down'da şöyle yazıyor:

"Rothschild Hanesi'ne bağlı uluslararası bankacılar, Avrupa'nın önde gelen üç haber ajansında hisse satın aldı."[72]

Böylece Rothschildlar, Londra merkezli Reuters Uluslararası Haber Ajansı'nın, Fransa'daki Havas'ın ve Almanya'daki Wolf'un kontrolünü satın aldı ve bu ajanslar Avrupa'daki tüm haberlerin yayılmasını kontrol ediyordu.

[73] 'ın Inside Europe adlı kitabında John Gunther, 1936'da, 1935'in sonunda herhangi bir Fransız başbakanının finansal oligarşinin bir yaratığı olduğunu ve bu finansal oligarşinin, altı tanesi bankacı olan ve Baron Edmond de Rothschild'in başını çektiği on iki naip tarafından yönetildiğini yazmıştır.

"Londra Bağlantısı"nın medya üzerindeki demir yumruğu, Ben J. Bagdikian'ın "Amerika'nın gördüklerini, duyduklarını ve okuduklarını kontrol eden 50 şirket hakkında şaşırtıcı bir rapor" olarak tanımlanan The Media Monopoly adlı son kitabında ortaya çıkarıldı.[74] Tekel aniden dergiyi kapatana kadar ülkenin en etkili dergisi olan Saturday Evening Post'un editörlüğünü yapan Bagdikian, haberleri kontrol eden elli şirket arasındaki karşılıklı

---

[72] Kent Cooper, *Barriers Down*, s. 21.

[73] John Gunther, *Inside Europe*, 1936.

[74] Ben H. Bagdikian, *Medya Tekeli*, Beacon Press, Boston 1983.

yönetim kurulu üyeliklerini ortaya koyuyor, ancak bunları onları kontrol eden beş Londra bankacılık evine kadar izlemekte başarısız oluyor. CBS'nin Washington Post, Allied Chemical, Wells Fargo Bank ve diğerleriyle iç içe olduğunu belirtir, ancak okuyucuya Brown Brothers Harriman'ın CBS'yi kontrol ettiğini veya Eugene Meyer ailesinin (Lazard Freres) Allied Chemical ve Washington Post'u, Kuhn Loeb Co.'nun ise Wells Fargo Bank'ı kontrol ettiğini söylemez. *The New York Times'ın* Morgan Guaranty Trust, American Express, First Boston Corporation ve diğerleriyle iç içe olduğunu gösteriyor, ancak bankacılık sektöründeki iç içe geçmişlikleri göstermiyor. Kitabının hiçbir yerinde Federal Rezerv Sisteminden bahsetmiyor, ki bu yokluğu dikkat çekicidir.

Bagdikian, medya tekelinin giderek daha fazla gazete ve dergiyi kapatmakta olduğunu belgelemektedir. Washington D.C., tek bir gazeteye (The Post) sahip olmasıyla dünya başkentleri arasında benzersizdir. Londra'da on bir, Paris'te on dört, Roma'da on sekiz, Tokyo'da on yedi ve Moskova'da dokuz günlük gazete bulunmaktadır. Yazar, 1982 tarihli World Press Encyclopaedia'dan alıntı yaparak, 1.000 kişi başına satılan günlük gazete sayısı açısından ABD'nin sanayileşmiş ülkeler arasında en alt sırada yer aldığını belirtmektedir. İsveç 572 ile listenin başında yer alırken, Amerika Birleşik Devletleri 287 ile en alt sıradadır. Amerikalılar, medyanın kötü şöhretli tekeli ve önyargıları nedeniyle medyaya karşı genel bir güvensizlik duymaktadır. Medya, oybirliğiyle çalışanlara daha yüksek vergiler, daha fazla kamu harcaması, totaliter yetkilere sahip bir refah devleti, Rusya ile yakın ilişkiler ve komünizme karşı çıkan herkese karşı şiddetli bir kınama çağrısında bulunmaktadır. Bu, "Londra Bağlantısı"nın programıdır. Bu program, manyakça bir ırkçılığı sergilemekte ve yüksek rahibesi Susan Sontag'ın "Beyaz ırk, tarihin kanseridir" sözünü slogan olarak benimsemektedir. Herkes kansere karşı olmalıdır. Medya tekeli, muhalifleriyle iki yoldan biriyle başa çıkmaktadır: ya sıradan bir insanın dava masraflarını karşılayamayacağı bir iftira saldırısı ya da gizli faaliyetlerini ifşa eden her türlü çalışmaya uygulanan standart muamele olan demir perde sessizliği.

Rothschild planı, 1773'te açıklanmasından bu yana tek bir siyasi veya ekonomik hareketle bile örtüşmese de, o tarihten bu yana tüm siyasi devrimlerde planın hayati unsurları görülebilir. LaRouche,[75] adresinde, Yuvarlak Masa'nın İngiltere'de Fabian Sosyalizmini desteklerken, Almanya'daki Yuvarlak Masa üyesi Dr. Hjalmar Schacht aracılığıyla Nazi rejimini desteklediğini ve İkinci Dünya Savaşı boyunca Yuvarlak Masa üyesi Amiral Canaris aracılığıyla Nazi hükümetini kullandıklarını, Allen Dulles'ın ise İsviçre'de Müttefikler için işbirliği içinde bir istihbarat operasyonu yürüttüğünü belirtmektedir.

[75] Lyndon H. LaRouche, Jr., *Dope, Inc.*, New Benjamin Franklin House Publishing Co., New York, 1978.

ALTINCI BÖLÜM

LONDRA BAĞLANTISI

"Görüyorsun ya, sevgili Coningsby, dünya, perde arkasında olmayanların hayal ettiklerinden çok farklı şahsiyetler tarafından yönetiliyor."[76] - Disraeli, Kraliçe Victoria döneminde İngiltere Başbakanı.

1775 yılında, Amerika'daki kolonistler Büyük Britanya'dan bağımsızlıklarını ilan ettiler ve ardından Amerikan Devrimi ile özgürlüklerini kazandılar. Siyasi özgürlüğe kavuşmuş olsalar da, mali bağımsızlık daha zorlu bir mesele oldu. 1791'de Alexander Hamilton, Avrupalı bankacıların talebi üzerine, İngiltere Merkez Bankası ile hemen hemen aynı yetkilere sahip bir merkez bankası olan ilk Birleşik Devletler Bankası'nı kurdu. Bu bankanın arkasındaki yabancı güçler, bir asırdan fazla bir süre sonra, Kongre'den Federal Rezerv Yasası'nı geçirmeyi başardılar ve sonunda ekonomimiz için para basma yetkisine sahip bir merkez bankasına kavuştular. Federal Rezerv Bankası, özel hissedarların mülkiyetinde olduğu için ne "Federal" ne de parayı rezervde tutmak yerine para yaratmayı amaçladığı için "Rezerv" idi; ancak o kadar büyük bir mali güce ulaştı ki, zamanla Amerika Birleşik Devletleri'nin halk tarafından seçilmiş hükümetinin yerini aldı. Federal Rezerv Sistemi aracılığıyla, Amerikan bağımsızlığı gizlice ama yenilmez bir şekilde yeniden İngiliz etki alanına çekildi.

[76] *Coningsby*, Disraeli, Longmans Co., Londra, 1881, s. 252.

Böylece Londra Bağlantısı, Amerika Birleşik Devletleri'nin politikasının hakemi haline geldi.

İngiltere'nin İkinci Dünya Savaşı'ndan sonra sömürge imparatorluğunu kaybetmesi nedeniyle, bir dünya siyasi gücü olarak etkisinin azaldığı görülüyordu. Esasen bu doğruydu. 1980'lerin İngiltere'si, 1880'lerin İngiltere'si değildir. Artık denizlere hükmetmemektedir; ikinci, belki de üçüncü sınıf bir askeri güçtür, ancak paradoksal bir şekilde, siyasi ve askeri gücü azaldıkça finansal gücü artmıştır. Capital City kitabında şunu okuyoruz: "Hangi ölçütü kullanırsanız kullanın, Londra dünyanın önde gelen finans merkezidir... 1960'larda Londra'nın hakimiyeti arttı..."[77]

Bu gerçeğin kısmi bir açıklaması şöyle veriliyor:

"Londra'daki Morgan Grenfell'in başkanı Daniel Davison, 'Amerikan bankaları, Londra'yı bugünkü üstünlüğüne ulaştıran gerekli parayı, müşterileri, sermayeyi ve becerileri getirdi... sadece Amerikan bankaları son çare kredi veren konumundadır. Amerika Birleşik Devletleri Merkez Bankası, *gerektiğinde dolar yaratabilir* ve bunu da yapmaktadır. Amerikalılar olmadan büyük dolar işlemleri gerçekleştirilemez. Onlar olmadan Londra, uluslararası bir finans merkezi olarak güvenilir olamaz."[78]

Dolayısıyla Londra, ABD Merkez Bankası'nın emriyle yaratılan muazzam miktarda sermayeyi yönetebildiği için dünyanın finans merkezidir. Peki bu nasıl mümkün olabilir? ABD'nin para politikalarının, faiz oranlarının, paranın hacmi ve değerinin ve tahvil satışlarının, Merkez Bankası Yönetim Kurulu'nun sembolik başkanı tarafından değil, New York Merkez Bankası tarafından belirlendiğini daha önce tespit etmiştik. Federal Rezerv Sistemi ve onun on iki eşit derecede özerk "bölgesel" bankasının sözde ademi merkeziyetçiliği, Federal Rezerv Yasası'nın 1913'te yürürlüğe girmesinden bu yana bir aldatmacadır. ABD para politikasının yalnızca New York Federal Rezerv Bankası'ndan kaynaklandığı iddiası da bir başka yanılgıdır. New York Federal Rezerv Bankası'nın kendisinin özerk olduğu ve herhangi bir dış müdahale

---

77 McRae ve Cairncross, *Capital City*, Eyre Methuen, Londra, 1963, s. 1.
78 Aynı eser, s. 225.

olmaksızın tüm ABD için para politikasını belirleme özgürlüğüne sahip olduğu iddiası ise özellikle yanlıştır.

New York Federal Rezerv Bankası'nın hisselerinin çoğunluğunun, First National Bank, National City Bank ve National Bank of Commerce adlı üç New York bankası tarafından satın alındığını bilmesek, bu özerkliğe inanabilirdik. 1914'te ve bugün bu bankaların başlıca hissedarlarının incelenmesi, Londra ile doğrudan bir bağlantı olduğunu ortaya koymaktadır.

1812'de National City Bank, tüzüğü süresi dolmuş ve faaliyetine son vermiş olan Bank of the United States'ın faaliyet gösterdiği aynı odada City Bank adıyla faaliyete başladı. Bu banka, artık meşru bir Amerikan tüzüğü altında faaliyet gösteren aynı hissedarların çoğunu temsil ediyordu. 1800'lerin başlarında, City Bank ile ilişkilendirilen en ünlü isim Moses Taylor (1806-1882) idi. Taylor'ın babası, Astor'un alıcı olduğu gerçeğini gizleyerek Astor'un çıkarları için mülk satın almakla görevli gizli bir ajandı. Bu taktik sayesinde Astor, birçok çiftliği ve ayrıca Manhattan'da potansiyel olarak değerli çok sayıda gayrimenkulü satın almayı başardı. Astor'un sermayesinin kürk ticaretinden geldiği söylense de, birçok kaynak onun yabancı çıkarları da temsil ettiğini göstermektedir. LaRouche, "[79] " (Astor Ailesi: Bir Amerikan İmparatorluğunun Yükselişi) adlı kitabında, Astor'un Bağımsızlık Savaşı öncesi ve sonrası yıllarda İngilizlere istihbarat sağladığı ve Kızılderilileri sınır bölgelerindeki Amerikan yerleşimcilerine saldırıp onları öldürmeye kışkırttığı karşılığında cömert bir ödül aldığını belirtir. Ona nakit ödeme yapılmadı, ancak İngilizlerin Çin ile yaptığı afyon ticaretinden bir pay verildi. Astor servetinin temelini oluşturan, bu kazançlı imtiyazdan elde edilen gelirdi.

Babasının Astor ailesiyle olan bağlantıları sayesinde, genç Moses Taylor 15 yaşında bir bankada çırak olarak iş bulmakta hiç zorlanmadı. Bu sayfalarda bahsedilen pek çok kişi gibi, o da kredi piyasasının ani daralması sırasında birçok Amerikalı iflas ederken en büyük fırsatları yakaladı. 1837 Panik Dönemi'nde, New York'taki ticari firmaların yarısından fazlası iflas ederken, o servetini ikiye katladı. 1855'te City Bank'ın başkanı oldu. 1857 Panik Dönemi'nde, City Bank birçok rakibinin iflasından kâr etti.

---

[79] Lyndon H. LaRouche, *Dope, Inc.*, New Benjamin Franklin House Publishing Co., N.Y. 1978.

George Peabody ve Junius Morgan gibi, Taylor da zor durumdaki hisseleri satın almak için bol miktarda nakit kaynağına sahip görünüyordu. Delaware Lackawanna Demiryolu'nun neredeyse tüm hisselerini hisse başına 5 dolara satın aldı. Yedi yıl sonra, hisse başına 240 dolara satılıyordu. Moses Taylor'ın serveti artık elli milyon dolardı.

Ağustos 1861'de Taylor, İç Savaş sırasında Birlik Hükümeti'ne finansman sağlamak üzere Kurul Başkanı olarak atandı. Komite, savaşı finanse etmek için hükümete %12 faizle 5.000.000 dolarlık bir teklif sunarak Lincoln'ü şaşkına çevirdi. Lincoln bu teklifi reddetti ve savaşın finansmanını, altınla desteklenen ve ABD Hazine Bakanlığı tarafından basılan meşhur "Greenback" banknotları aracılığıyla sağladı. Taylor, savaş boyunca servetini artırmaya devam etti ve ilerleyen yıllarda genç James Stillman onun himayesine girdi. 1882'de Moses Taylor öldüğünde, yetmiş milyon dolarlık bir miras bıraktı.[80] Damadı Percy Pyne, artık National City Bank adını alan City Bank'ın başkanlığını devraldı. Pyne felçliydi ve bankada işlerini zar zor yürütebiliyordu. Dokuz yıl boyunca banka durgunluk yaşadı; sermayesinin neredeyse tamamı Moses Taylor'ın mirasıydı. John D. Rockefeller'ın kardeşi William Rockefeller, bankaya ortak olmuştu ve bankanın ilerlemesini görmek için sabırsızlanıyordu. 1891'de Pyne'ı James Stillman lehine kenara çekilmeye ikna etti ve kısa süre sonra National City Bank, Rockefeller petrol gelirlerinin ana deposu haline geldi. William Rockefeller'ın oğlu William, James Stillman'ın kızı Isabel ile evlendi. New York bankacılık dünyasındaki pek çok kişi gibi, James Stillman'ın da İngiltere ile bir bağı vardı. Babası Don Carlos Stillman, İç Savaş sırasında İngiliz ajanı ve abluka kaçakçısı olarak Teksas'ın Brownsville kentine gelmişti. Don Carlos, New York'taki bankacılık bağlantıları sayesinde oğluna bir bankada çıraklık yapması için bir yer bulabilmişti. 1914'te, National City Bank yeni kurulan New York Federal Rezerv Bankası'nın hisselerinin neredeyse yüzde onunu satın aldığında, Moses Taylor'ın torunlarından ikisi, Moses Taylor Pyne ve Percy Pyne, National City

80 *The New York Times*, 24 Mayıs 1882'de Moses Taylor'ın 1861'de New York Şehri Birleşik Bankalar Kredi Komitesi'nin başkanı olduğunu belirtti. İki yüz milyon dolar değerinde menkul kıymet kendisine emanet edilmişti. 1861'de hükümetin savaşı sürdürme imkânına kavuşması, muhtemelen başka hiçbir kişiden çok ona borçludur.

hisselerinin 15.000 adedine sahipti. Moses Taylor'ın oğlu H.A.C. Taylor, National City Bank'ın 7699 hissesine sahipti. Shearman and Sterling hukuk bürosundan bankanın avukatı John W. Sterling de 6.000 adet National City Bank hissesine sahipti. Ancak James Stillman, bankanın toplam 250.000 hissesinin yaklaşık yüzde yirmisini oluşturan 47.498 hisseye sahipti. [Bkz. Grafik I]

1914 yılında New York Federal Rezerv Bankası hisselerinin en büyük ikinci alıcısı olan First National Bank, yönetim kurulunda Morgan temsilcileri bulunması nedeniyle genellikle ya da "Morgan Bank" olarak biliniyordu; ancak bankanın kurucusu George F. Baker 20.000 hisseye sahipti ve oğlu G.F. Baker, Jr. ise bankanın toplam 100.000 hissesinin yüzde yirmi beşini oluşturan 5.000 hisseye sahipti. George F. Baker Sr.'ın kızı, Londra'dan George F. St. George ile evlendi. St. George ailesi daha sonra Amerika Birleşik Devletleri'ne yerleşti ve kızları Katherine St. George, uzun yıllar boyunca önde gelen bir Kongre üyesi oldu. Dr. E.M. Josephson onun hakkında şöyle yazdı: "FDR'nin birinci dereceden kuzeni ve New Deal'cı olan Bayan St. George, 'Demokrasi bir başarısızlıktır' demişti."[81]

George Baker Jr.'ın kızı Edith Brevoort Baker, 1934'te Jacob Schiff'in torunu John M. Schiff ile evlendi. John M. Schiff şu anda Lehman Brothers Kuhn Loeb Company'nin onursal başkanıdır.

1914 yılında New York Federal Rezerv Bankası hisselerinin üçüncü büyük alıcısı, 250.000 hisse ihraç eden National Bank of Commerce oldu. J.P. Morgan, National Bank of Commerce'ın 24.700 hissesine sahip Equitable Life ve 17.294 hissesine sahip Mutual Life'daki kontrol hissesi aracılığıyla, ayrıca J.P. Morgan and Company (7.800 hisse), J.P. Morgan, Jr. (1100 hisse) ve Morgan'ın ortağı H.P. Davison (1100 hisse) aracılığıyla National Bank of Commerce'ın 10.000 hissesine daha sahipti. Federal Rezerv Yönetim Kurulu Başkanı Paul Warburg da National Bank of Commerce'ın 3000 hissesine sahipti. Ortağı Jacob Schiff ise National Bank of Commerce'ın 1.000 hissesine sahipti. Bu banka, aslında Londra'daki Junius S. Morgan Company ve Londra'daki N.M. Rothschild Company'nin bir yan kuruluşu olan Morgan ile,

81 E.M. Josephson, *Franklin D. Roosevelt'in Garip Ölümü*, Chedney Press, N.Y. 1948.

Rothschildların baş temsilcisi olarak da bilinen Kuhn, Loeb Company tarafından açıkça kontrol ediliyordu.

Finansçı Thomas Fortune Ryan da 1914 yılında National Bank of Commerce'ın 5.100 hissesine sahipti. Oğlu John Barry Ryan, Otto Kahn'ın kızıyla evlendi; Kahn, Kuhn, Loeb Company'de Warburg ve Schiff'in ortağıydı. Ryan'ın torunu Virginia Fortune Ryan ise, Londra ve New York'taki J. Henry Schroder Banking Corporation'ın şu anki başkanı Lord Airlie ile evlendi.

1914 yılında National Bank of Commerce'ın bir başka yöneticisi olan A.D. Juillard, A.D. Juillard Company'nin başkanı, New York Life ve Guaranty Trust'ın mütevellisiydi; bu kurumların tümü J.P. Morgan tarafından kontrol ediliyordu. Juillard, North British and Mercantile Insurance Company'nin yöneticisi olarak İngiltere ile de bağlantılıydı. Juillard, National Bank of Commerce'ın 2000 hissesine sahipti ve aynı zamanda Chemical Bank'ın da yöneticisiydi.

Matthew Josephson'ın The Robber Barons adlı kitabında Josephson, Morgan'ın 1900 yılına kadar New York Life, Equitable Life ve Mutual Life'ı domine ettiğini, bu şirketlerin bir milyar dolarlık varlığa sahip olduğunu ve yılda elli milyon dolarlık yatırım yapma kapasitesine sahip olduğunu anlatır. Josephson şöyle der:

"Bu gizli ittifaklar kampanyasında o (Morgan), National Bank of Commerce'in doğrudan kontrolünü ele geçirdi; ardından First National Bank'ın bir kısmının mülkiyetini elde ederek, bankanın başındaki çok güçlü ve muhafazakar finansçı George F. Baker ile ittifak kurdu; daha sonra hisse sahipliği ve birbiriyle bağlantılı yönetim kurulları aracılığıyla, ilk adı geçen bankaları diğer önde gelen bankalar olan Hanover, Liberty ve Chase ile birleştirdi."[82]

E.H. Harriman'ın dul eşi Mary W. Harriman da 1914 yılında Ulusal Ticaret Bankası'nın 5.000 hissesine sahipti. E.H. Harriman'ın demiryolu imparatorluğu, tamamen Kuhn, Loeb Company'den Jacob Schiff tarafından finanse edilmişti. Levi P. Morton da 1914 yılında Ulusal Ticaret Bankası'nın 1.500 hissesine sahipti. O, Amerika Birleşik Devletleri'nin yirmi ikinci başkan yardımcısı, eski ABD'nin Fransa Büyükelçisi ve New York'taki L.P. Morton Company, Morton-Rose and Company ile Londra'daki

[82] Matthew Josephson, *The Robber Barons*, s. 409.

Morton Chaplin'in başkanıydı. Equitable Life Insurance Company, Home Insurance Company, Guaranty Trust ve Newport Trust'ın yönetim kurulu üyesiydi.

Amerika Birleşik Devletleri Merkez Bankası Sisteminin aslında Londra'dan yönetildiği şeklindeki bu şaşırtıcı fikir, çoğu Amerikalı tarafından ilk duyulduğunda muhtemelen reddedilecektir. Ancak Minsky, "baskın çerçeve" teorisiyle ün kazanmıştır. O, herhangi bir durumda, o durumdaki her şeyin ilişkili olduğu ve bu durumun yorumlanabileceği bir "baskın çerçeve" olduğunu belirtmektedir. Federal Rezerv Sistemi'nin para politikası kararlarındaki "baskın çerçeve", bu kararların bunlardan en fazla fayda sağlayacak kişiler tarafından alınmasıdır. İlk bakışta, bunlar New York Federal Rezerv Bankası'nın ana hissedarları gibi görünebilir. Ancak, bu hissedarların hepsinin bir "Londra Bağlantısı" olduğunu gördük. The Capital City[83] 'da, İngiltere'nin finans merkezi olan Londra'da sadece on yedi firmanın ticari bankacılık faaliyetinde bulunmasına izin verildiğini gördüğümüzde, "Londra Bağlantısı"nın baskın güç olduğu daha da belirgin hale gelir. Bu firmaların tümü İngiltere Merkez Bankası tarafından onaylanmalıdır. Aslında, İngiltere Merkez Bankası başkanlarının çoğu bu on yedi firmanın ortaklarından gelmektedir. Clarke, bu on yedi firmayı sermaye büyüklüklerine göre sıralamaktadır. 2 numara Schroder Bank'tır. 6 numara, Morgan Hanesi'nin Londra şubesi ve aslında en baskın şubesi olan Morgan Grenfell'dir. Lazard Brothers 8 numara. N.M. Rothschild 9 numara. Brown Brothers Harriman'ın Londra şubesi olan Brown Shipley Company ise 14 numara. Londra'daki bu beş ticari bankacılık firması, aslında New York Federal Rezerv Bankası'ndaki kontrol hisselerine sahip olan New York bankalarını kontrol etmektedir.

Federal Rezerv Sistemi kararları üzerindeki kontrol, başka bir benzersiz duruma da dayanmaktadır. Her gün, diğer dört Londra bankacılık firmasının temsilcileri, o günün altın fiyatını belirlemek üzere Londra'daki N.M. Rothschild Company ofislerinde toplanır. Diğer dört bankacı, on yedi Londra ticaret bankacılığı firması listesinde 5. sırada yer alan Samuel Montagu Company, Sharps Pixley, Johnson Matheson ve Mocatta and Goldsmid'den gelmektedir.

---

[83] McRae ve Cairncross, *Capital City*, Eyre Methuen, Londra, 1963.

Şu anda dünyayı istila eden devasa kağıt piramit para ve banknot akımına rağmen, bir noktada her kredi uzatımı, ne kadar küçük olursa olsun, dünyanın herhangi bir yerindeki bir bankadaki altın mevduatına dayalı hale gelmek zorundadır. Bu faktör nedeniyle, her gün altın fiyatını belirleme gücüne sahip Londra ticaret bankacıları, güçlerine boyun eğmek zorunda olan ülkelerdeki para hacmi ve para fiyatının nihai hakemleri haline gelirler. Bunların en önemlisi de Amerika Birleşik Devletleri'dir.

Ne New York Federal Rezerv Bankası'nın ne de Federal Rezerv Yönetim Kurulu'nun hiçbir yetkilisi, bu Londra tüccar bankacılarının elinde bulunan dünyadaki paranın üzerinde yetki sahibi olamaz. Büyük Britanya, siyasi ve askeri gücünde gerileme yaşasa da, bugün en büyük finansal gücü elinde bulundurmaktadır. İşte bu nedenle Londra, günümüzün dünya finans merkezidir.

YEDİNCİ BÖLÜM

HITLER BAĞLANTISI

J. Henry Schroder Banking Company, Londra'daki seçkin Accepting Houses Committee'yi oluşturan on yedi tüccar bankacının listesinde, Capital City[84] 'de sermaye açısından 2. sırada yer almaktadır. Amerika Birleşik Devletleri'nde neredeyse hiç bilinmemesine rağmen, tarihimizde büyük bir rol oynamıştır. Bu listedeki diğerleri gibi, önce İngiltere Merkez Bankası tarafından onaylanması gerekmiştir. Ve Warburg ailesi gibi, von Schroder ailesi de bankacılık faaliyetlerine Almanya'nın Hamburg kentinde başlamıştır. Yüzyılın başında, 1900 yılında, Baron Bruno von Schroder şirketin Londra şubesini kurdu. Kısa süre sonra, 1902'de Frank Cyril Tiarks da ona katıldı. Tiarks, Hamburglu Emma Franziska ile evlendi ve 1912'den 1945'e kadar İngiltere Merkez Bankası'nın yöneticiliğini yaptı.

I. Dünya Savaşı sırasında, J. Henry Schroder Banking Company perde arkasında önemli bir rol oynadı. Hiçbir tarihçi, I. Dünya Savaşı'nın nasıl başladığına dair makul bir açıklama getirememiştir. Arşidük Ferdinand, Saraybosna'da Gavril Princeps tarafından suikasta kurban gitti, Avusturya Sırbistan'dan özür talep etti ve Sırbistan özür notu gönderdi. Buna rağmen Avusturya savaş ilan etti ve kısa süre sonra Avrupa'nın diğer ülkeleri de çatışmaya katıldı. Savaş başladıktan sonra, onu sürdürmenin kolay olmadığı anlaşıldı. Asıl sorun, Almanya'nın gıda ve kömür konusunda ciddi bir sıkıntı içinde olmasıydı ve Almanya olmadan savaş devam edemezdi. John Hamill, The Strange Career of Mr. Hoover ([85]) adlı kitabında, bu

[84] McRae ve Cairncross, *Capital City*, Eyre Methuen, Londra, 1963.

[85] John Hamill, *Bay Hoover'ın Garip Kariyeri*, William Faro, New York, 1931.

sorunun nasıl çözüldüğünü anlatıyor.[86] Hamill, 4 Mart 1915 tarihli Nordeutsche Allgemeine Zeitung gazetesinden şu alıntıyı yapıyor: "Ancak adalet, bu sorunun çözümünde Belçika'daki Alman yetkililerin üstlendiği önemli rolün kamuoyuna duyurulmasını gerektirir. Girişim onlardan geldi ve tedarik sorunu ancak Amerikan Yardım Komitesi ile sürdürdükleri sürekli ilişkiler sayesinde çözüldü." Hamill, "Belçika Yardım Komitesi işte bu amaçla kuruldu: Almanya'ya gıda sağlamak için." diyor.

Belçika Yardım Komisyonu, büyük bir Belçika bankası olan Societe Generale'nin müdürü Emile Francqui ve bir Londra madencilik girişimcisi olan Herbert Hoover tarafından kuruldu. Hoover, Francqui ile birlikte, Çin'deki Kaiping Kömür Şirketi skandalı başta olmak üzere, tüm yabancı işadamlarının Çin'den kovulmasını amaçlayan ve Boxer İsyanı'nı tetiklediği söylenen, ünlü mahkeme davalarına konu olmuş bir dizi skandala karışmıştı. Hoover, aleyhine verilen bir karar nedeniyle Londra Borsası'nda işlem yapmaktan men edilmişti ve ortağı Stanley Rowe on yıl hapis cezasına çarptırılmıştı. Bu geçmişiyle Hoover, insani yardım çalışmalarına atılmak için ideal bir seçim olarak görülüyordu.

Adı Amerika Birleşik Devletleri'nde pek bilinmese de, Emile Francqui, Herbert Hoover'ın servet kazanışının arkasındaki itici güçtü. Hamill (156. sayfada), Francqui'yi Kongo'daki yerlilere karşı işlenen birçok vahşetin sorumlusu olarak tanımlamaktadır. "Kullandıkları her mermi için bir adamın elini getirmek zorundaydılar." Francqui'nin korkunç sicili, daha sonra Belçika'daki Alman askerlerine yöneltilen, kadın ve çocukların ellerini kestikleri yönündeki suçlamanın kaynağı olabilir; ancak bu iddia asılsız çıktı. Hamill ayrıca Francqui'nin "1901'de Çin'deki Hankow-Canton demiryolu imtiyazını Amerikalılardan aldatarak elinden aldığını ve aynı zamanda Hoover'ın Kaiping kömür madenlerini 'ele geçirmede' daha fazla yardıma ihtiyaç duyması durumunda 'yanında durduğunu' söylüyor. Bu, Birinci Dünya Savaşı sırasında Belçika'nın 'yardım' dağıtımından tek başına sorumlu olan insancıl kişidir; bu yardımların satın alınması ve nakliyesini ise Hoover yapmıştır. Francqui, Hoover ile birlikte Çin

[86] Hamill'in kitabının kopyaları, Başkan Hoover'ın yeniden seçilme kampanyasının arifesinde yayınlandığı için hükümet ajanları tarafından sistematik olarak bulunup imha edildi.

Mühendislik ve Madencilik Şirketi'nde (Kaiping madenleri) yöneticiydi; Hoover bu şirket aracılığıyla 200.000 Çinli köle işçiyi Francqui'nin bakır madenlerinde çalışmak üzere Kongo'ya nakletti."

Hamill, 311. sayfada şöyle diyor: "Francqui, 16 Ekim 1914 tarihli Alman Genel Valisi von der Goltz'un izin mektubu ile, kendi bankası Societe Generale'de, tek kişilik bir gösteri olarak Belçika Yardım Bürosu'nu açtı.

18 Şubat 1930 tarihli New York Herald Tribune gazetesi, 26 Şubat 1930'da Kongre Üyesi Louis McFadden tarafından Temsilciler Meclisi'nde alıntılanarak şöyle yazdı: "Uluslararası Ödemeler Bankası'ndaki Belçika'nın iki yöneticisinden biri, hem Young hem de Dawes Plan Komiteleri'nin üyesi olan Societe Generale'den Emile Francqui olacaktır. Uluslararası bankanın yönetim kurulunda, eski Maliye Bakanı, Kongo ve Çin'de görev yapmış Emile Francqui'den daha renkli bir karakter olmayacak... O, Belçika'nın en zengin adamı ve Avrupa'nın en zengin on iki adamından biri olarak gösteriliyor."

Önemine rağmen, *The New York Times* Index, Francqui'den ölümünden önceki yirmi yıl boyunca sadece birkaç kez bahsetmiştir. 3 Ekim 1931'de *The New York Times,* Brüksel'deki Le Peuple gazetesinden alıntı yaparak Francqui'nin ABD'yi ziyaret edeceğini yazdı. "Başkan Hoover'ın bir dostu olarak Monsieur Francqui, Başkan'ı ziyaret etmekten geri kalmayacaktır."

30 Ekim 1931'de *The New York Times,* bu ziyareti "Hoover-Francqui Görüşmesi Gayri Resmiydi" başlığıyla haber yaptı. "Bay Francqui'nin Salı gecesini Başkan'ın kişisel konuğu olarak geçirdiği ve genel olarak dünya finans sorunları hakkında, tamamen gayri resmi bir şekilde konuştukları belirtildi. Bay Francqui, savaş sırasında Başkan Hoover'ın Belçika'daki görevleri sırasında onun yardımcısıydı. Ziyaretlerinin resmi bir önemi yoktu. Bay Francqui özel bir vatandaştır ve herhangi bir resmi görevde bulunmamaktadır."

Londra'da büyük davaların konusu olan Hoover-Francqui iş ilişkilerinden hiç bahsedilmiyor. Francqui'nin ziyareti muhtemelen finans dünyasını şaşkına çeviren Hoover'ın Alman Savaş Borçlarına İlişkin Ödeme Erteleme Kararı ile ilgiliydi. 15 Aralık 1931'de Başkan McFadden, Temsilciler Meclisi'ne Philadelphia'daki Public

Ledger gazetesinin 24 Ekim 1931 tarihli bir haberinden bahsetti: "ALMAN, HOOVER'IN SIRRINI AÇIKLADI. Amerikan Başkanı, 1930 yılının Aralık ayında, bir yıllık borç erteleme konusunda Alman hükümetiyle gizli görüşmeler yapıyordu." McFadden şöyle devam etti: "Hoover'ın açıklamasının arkasında, hem Almanya'da hem de Alman bankacıların Wall Street ofislerinde aylarca süren telaşlı ve gizli hazırlıklar vardı. Almanya, bir sünger gibi, Amerikan parasıyla doyurulmak zorundaydı. Bu plan, Hoover başkan olmadan önce başlamıştı, bu yüzden kendisinin seçilmesi gerekiyordu. Eğer Wall Street'teki Alman uluslararası bankacılar – yani Kuhn Loeb Company, J. & W. Seligman, Paul Warburg, J. Henry Schroder – ve onların uyduları bu işi halletmek için hazırda beklemiyor olsalardı, Herbert Hoover asla Amerika Birleşik Devletleri Başkanı seçilmezdi. Hoover'ın başkan seçilmesi, seçim masraflarını karşılayan büyük Kuhn Loeb Company bankasının yöneticileri olan Warburg Kardeşlerin etkisiyle gerçekleşti. Bu işbirliği karşılığında Hoover, Alman borçlarına moratoryum uygulanmasını vaat etti. Hoover, Kreuger'in Almanya'ya verdiği 125 milyon dolarlık krediyi Hoover Moratoryumu'nun kapsamı dışında tutmaya çalıştı. Kreuger'in dolandırıcılığının niteliği, Ocak ayında arkadaşı Hoover'ı Beyaz Saray'da ziyaret ettiğinde burada öğrenildi."

Hoover, Beyaz Saray'da sadece Francqui'yi değil, aynı zamanda yirminci yüzyılın en ünlü dolandırıcısı Ivar Kreuger'i de ağırladı.

Francqui 13 Kasım 1935'te öldüğünde, *The New York Times* onu "Kongo'nun bakır kralı" olarak anmıştır... Geçen yıl Belga üzerinde diktatörlük yetkileri elde eden Francqui, bir kriz sırasında ülkeyi altın standardında tuttu. 1891'de Kongo'ya bir keşif gezisi düzenledi ve burayı Kral Leopold için ele geçirdi. Avrupa'nın en zengin on iki adamı arasında yer alan büyük bir servete sahip olan Francqui, muazzam bakır yataklarını ele geçirdi. 1926'da Devlet Bakanı, 1934'te ise Maliye Bakanı olarak görev yaptı. Hükümete sunduğu hizmetler karşılığında hiçbir zaman bir sent bile ücret almamış olması onun gurur kaynağıydı. Şanghay'da başkonsolos olarak görev yaptığı dönemde, özellikle Kaiping kömür madenleri ve Tientsin Demiryolu için demiryolu imtiyazı olmak üzere değerli imtiyazlar elde etti. Societe Generale de Belgique ve Lloyd Royal Belge'nin yöneticisi ve La Banque Nationale de Belgique'nin naibi olarak görev yaptı."

The Times, Francqui'nin Hoover ile olan iş ortaklıklarından bahsetmiyor. Francqui gibi Hoover da "devlet hizmetinden" ücret almayı reddetti ve Ticaret Bakanı ve ABD'n i Başkanı olarak maaşını devlete iade etti.

13 Aralık 1932'de Başkan McFadden, sözleşmelerin ihlali, ABD'nin mali kaynaklarının yasadışı olarak israf edilmesi ve Eugene Meyer'i Federal Rezerv Kurulu'na ataması dahil olmak üzere birçok sayfayı kapsayan ağır suçlar ve hafif suçlar nedeniyle Başkan Hoover aleyhine bir azil kararı sundu. Karar ertelendi ve Temsilciler Meclisi tarafından hiçbir zaman yürürlüğe konulmadı.

McFadden, Hoover'ın Alman Savaş Borçları Moratoryumunu eleştirirken, Hoover'ın "Alman" destekçilerine atıfta bulunmuştu. "Londra Bağlantısı"nın tüm başlıca isimleri Almanya kökenli olsa da (çoğu Frankfurt'tan), Hoover'ın ABD Başkanlığı adaylığını destekledikleri sırada, Hoover'ın kariyerinin büyük bir bölümünde yaptığı gibi, Londra'dan faaliyet gösteriyorlardı.

Ayrıca, Hoover hiçbir zaman "Almanya yanlısı" olmadığından, Hoover'ın moratoryumu Almanya'ya "yardım" amaçlı değildi. Almanya'nın savaş borçlarına ilişkin moratoryum, Almanya'nın yeniden silahlanma için fonlara sahip olması açısından gerekliydi. 1931'de, gerçekten ileri görüşlü diplomatlar İkinci Dünya Savaşı'nı öngörüyorlardı ve "saldırgan" olmadan savaş olamazdı.

Hoover, Rothschildlar adına gizli ajan olarak dünyanın çeşitli yerlerinde bir dizi madencilik projesini hayata geçirmiş ve bunun karşılığında Rothschildların en önemli şirketlerinden biri olan İspanya ve Bolivya'daki Rio Tinto Madenleri'nde yönetim kurulu üyeliği ile ödüllendirilmişti. Francqui ve Hoover, Birinci Dünya Savaşı sırasında Almanya'ya erzak temin etmek gibi görünüşte imkansız bir göreve kendilerini adadılar. Başarıları, 13 Mart 1915 tarihli Nordeutsche Allgemeine Zeitung gazetesinde yer aldı; gazetede, Belçika'dan demiryolu ile büyük miktarda gıda maddesinin geldiği belirtildi. Schmoller'in 1916 tarihli Mevzuat, İdare ve Politik Ekonomi Yıllığı, o yıl Belçika'dan Almanya'ya bir milyar pound et, bir buçuk milyar pound patates, bir buçuk milyar pound ekmek ve yüz yirmi bir milyon pound tereyağı sevk edildiğini göstermektedir. Belçika'da birkaç yıl boyunca küçük bir hastane işleten vatansever bir İngiliz kadın olan Edith Cavell, 15 Nisan 1915 tarihinde Londra'daki Nursing Mirror dergisine bir mektup yazarak

"Belçika Yardım" malzemelerinin Alman ordusunu beslemek için Almanya'ya sevk edildiğinden şikayet etti. Almanlar, Bayan Cavell'i önemsiz biri olarak gördüler ve ona aldırış etmediler, ancak Londra'daki İngiliz İstihbarat Servisi, Bayan Cavell'in keşfinden dehşete düştü ve Almanlardan onu casus olarak tutuklamalarını talep etti.

İngiliz İstihbarat Servisi başkanı ve Kuhn Loeb Company'nin ortağı Sir William Wiseman, savaşın devamının tehlikeye gireceğinden korktu ve Almanlara gizlice Bayan Cavell'in idam edilmesi gerektiğini bildirdi.

Almanlar isteksizce onu tutukladı ve savaş esirlerinin kaçmasına yardım etmekle suçladı. Bu suçun olağan cezası üç ay hapis idi, ancak Almanlar Sir William Wiseman'ın taleplerine boyun eğdi ve Edith Cavell'i kurşuna dizdi, böylece Birinci Dünya Savaşı'nın başlıca şehitlerinden birini yaratmış oldu.

Edith Cavell ortadan kaldırıldıktan sonra, "Belçika Yardım" operasyonu devam etti; ancak 1916'da Alman elçiler, sadece gıda kıtlığı nedeniyle değil, mali sorunlar nedeniyle de Almanya'nın askeri operasyonlarını sürdüremeyeceğine inandıkları bilgisini vererek Londra yetkililerine tekrar başvurdu. Daha fazla "acil yardım" gönderildi ve Almanya, Kasım 1918'e kadar savaşta kaldı. Hoover'ın başlıca iki yardımcısı, Batı Kıyısı'ndan eski bir kereste nakliye memuru olan Prentiss Gray ve Duluth'tan bir tahıl satıcısı olan Julius H. Barnes'tı. Her iki adam da savaştan sonra New York'taki J. Henry Schroder Banking Corporation'da ortak oldular ve başta tahıl ve şeker olmak üzere büyük servetler edindiler.

Amerika Birleşik Devletleri'nin savaşa girmesiyle birlikte, Barnes ve Gray, Herbert Hoover'ın yönetiminde olan yeni kurulan ABD Gıda İdaresi'nde önemli görevlere atandılar. Barnes, 1917'den 1918'e kadar ABD Gıda İdaresi Tahıl Şirketi'nin başkanı oldu ve Gray ise Deniz Taşımacılığı şefi oldu. J. Henry Schroder'ın bir başka ortağı olan G. A. Zabriskie ise ABD Şeker Dengeleme Kurulu'nun başına getirildi. Böylece, Birinci Dünya Savaşı sırasında Londra Bağlantısı, tahıl ve şeker "Çarları" aracılığıyla ABD'deki tüm gıda kaynaklarını kontrol altına aldı. ABD Gıda İdaresi'nde yolsuzluk ve skandallara dair pek çok şikayet olmasına rağmen, hiç kimse hakkında dava açılmadı. Savaştan sonra, J. Henry Schroder Company'n 'daki ortakları, artık Küba şeker endüstrisinin çoğuna sahip olduklarını fark ettiler. Ortaklardan biri olan M.E. Rionda, Cuba Cane Corporation'ın başkanı ve Manati Sugar Company, American British and Continental Corporation ve diğer firmaların yöneticisiydi. Firmanın kıdemli ortağı Baron Bruno von Schroder, North British and Mercantile Insurance Company'nin yöneticisiydi. Babası, Hamburglu Baron Rudolph von Schroder, yine Schroder firmasından F.C. Tiarks ile birlikte Brezilya'nın en büyük kahve şirketlerinden biri olan Sao Paulo Coffee Ltd.'nin yöneticisiydi.[87]

Savaştan sonra, ABD Şeker Dengeleme Kurulu'na başkanlık ederek ABD'nin şeker çarı olan Zabriskie, Empire Biscuit, Southern Baking Corporation, Columbia Baking ve diğer firmalar gibi ABD'nin en büyük fırıncılık şirketlerinden birkaçının başkanı oldu.

Hoover, ABD Gıda İdaresi'ndeki baş yardımcısı olarak, kısa süre sonra Kuhn Loeb Company'nin ortağı olacak ve Kuhn Loeb'den Jerome Hanauer'in kızıyla evlenecek olan Lewis Lichtenstein Strauss'u seçti. Belçika Yardım Komisyonu, ABD Gıda İdaresi ve savaştan sonra Amerikan Yardım İdaresi'ndeki seçkin insani yardım hizmetleri boyunca, Hoover'ın en yakın yardımcısı, Fransa'nın Pontgibaud kentinde doğan Edgar Rickard idi. Who's Who'da, kendisinin "Belçika Yardım Komisyonu dahil olmak üzere tüm savaş ve savaş sonrası kuruluşlarda Herbert Hoover'ın Birinci Dünya Savaşı idari asistanı" olduğunu belirtmiştir. Ayrıca 1914-1924 yılları arasında ABD Gıda İdaresi'nde görev yapmıştır. Hoover'ın en yakın arkadaşlarından biri olarak kaldı ve genellikle Rickard'lar ile Hoover'lar tatillerini birlikte geçirirlerdi. Hamill, Hoover'ın Coolidge döneminde Ticaret Bakanı olduktan sonra, arkadaşına Hazeltine Radio patentlerini verdiğini ve bunun karşılığında ona yılda bir milyon dolar telif ücreti ödediğini anlatır.

1928'de "Londra Bağlantısı", Herbert Hoover'ı ABD başkanlığına aday göstermeye karar verdi. Tek bir sorun vardı; Herbert Hoover ABD'de doğmuş ve bu nedenle Anayasa'ya göre başkanlık görevine uygun olmasına rağmen, Stanford'daki üniversiteyi bitirdikten hemen sonra yurtdışına çıktığı için ABD'de

[87] *New York Times*, 11 Ekim 1923'te şöyle yazdı: "İngiltere Merkez Bankası Başkanı Frank C. Tiarks, Londra'daki J. Henry Schroder bankasının şubesinin açılışını hazırlamak için burada iki hafta geçirecek."

hiçbir zaman bir iş adresi ya d 'da bir ev adresi olmamıştı. Sonuç olarak, başkanlık kampanyası sırasında Herbert Hoover, Amerika adresi olarak Edgar Rickard'ın ofisi olan New York, 42 Broadway, Suite 2000'i gösterdi. Suite 2000, tahıl devi ve J. Henry Schroder Banking Corporation'ın ortağı Julius H. Barnes tarafından da paylaşılıyordu.

Herbert Hoover, Amerika Birleşik Devletleri başkanı seçildikten sonra, eski Londra çevresinden biri olan Eugene Meyer'i Federal Rezerv Kurulu Başkanı olarak atamakta ısrar etti. Meyer'in babası, Paris'teki Lazard Freres ve Londra'daki Lazard Brothers'ın ortaklarından biriydi. Meyer, Baruch ile birlikte I. Dünya Savaşı sırasında Amerika Birleşik Devletleri'nin en güçlü adamlarından biriydi ve eşsiz bir güç kullanan ünlü Üçlü İttifak'ın bir üyesiydi; Meyer Savaş Finans Kurumu Başkanı, Bernard Baruch Savaş Sanayii Kurulu Başkanı ve Paul Warburg ise Federal Rezerv Sistemi Başkanıydı.

Eugene Meyer'in uzun süredir eleştirmeni olan Temsilciler Meclisi Bankacılık ve Para Komitesi Başkanı Louis McFadden'ın, 17 Aralık 1930 tarihli *The New York Times* gazetesinde yer alan habere göre, Temsilciler Meclisi'nde yaptığı konuşmada Hoover'ın Meyer'i atamasını eleştirmiş ve "O, Rothschild'ların çıkarlarını temsil ediyor ve Fransız Hükümeti ile J.P. Morgan arasındaki irtibat görevlisi" olduğunu iddia etmişti. 18 Aralık'ta *The Times*, "Herbert Hoover'ın derin endişe duyduğunu" ve McFadden'ın konuşmasının "talihsiz bir olay" olduğunu bildirdi. 20 Aralık'ta *The Times*, "McFadden Yine" başlığı altında yayınladığı başyazısında, "Bu konuşma, Meyer'in Federal Rezerv Başkanı olarak Senato tarafından onaylanmasını garantilemelidir. Konuşma, McFadden'ın konuşmalarının genellikle olduğu gibi tutarsızdı" yorumunda bulundu. *The Times*'ın öngördüğü gibi, Meyer Senato tarafından usulüne uygun olarak onaylandı.

Beyaz Saray'da bir dostu olmasıyla yetinmeyen J. Henry Schroder Corporation, kısa süre sonra II. Dünya Savaşı'nı başlatmaktan başka bir şey olmayan daha büyük uluslararası maceralara atıldı. Bu, kritik bir dönüm noktasında Adolf Hitler'in Almanya'da iktidara gelmesi için finansman sağlanarak gerçekleştirilecekti. Fritz Thyssen, Henry Ford ve J.P. Morgan dahil olmak üzere pek çok iş adamı Hitler'e finansman sağladığı için övgü aldı; ancak onlar ve diğerleri, 1920'lerde, kazanma şansı olan ancak ortadan kaybolup bir daha haber alınamayan diğerleri için yaptıkları gibi, Hitler'in siyasi kampanyalarına milyonlarca dolar sağladılar. 1932 yılının Aralık ayında, Alman sahnesini izleyen birçok gözlemciye göre, Hitler'in de unutulmaya yüz tutması kaçınılmaz görünüyordu. Ulusal kampanyalarda başarılı olmasına rağmen, her zamanki kaynaklarından gelen tüm parayı harcamış ve şimdi ağır borçlarla karşı karşıya kalmıştı. Otto Lehmann-Russbeldt, Aggression adlı kitabında bize şunu anlatıyor: "Hitler, 4 Ocak 1933'te Berlin'deki Schroder Bank'ta bir toplantıya davet edildi. Almanya'nın önde gelen sanayicileri ve bankacıları, Hitler'in mali zorluklarını aşımasına yardım etti ve özel ordusunun idamesi nedeniyle üstlendiği devasa borcu ödemesini sağladı. Karşılığında Hitler, sendikaların gücünü kıracağına söz verdi. 2 Mayıs 1933'te sözünü yerine getirdi."[88]

4 Ocak 1933 tarihli toplantıya, Schroder Bankası'nı temsil eden New York hukuk firması Sullivan and Cromwell'den Dulles kardeşler, John Foster Dulles ve Allen W. Dulles de katılmıştı. Dulles kardeşler önemli toplantılara sık sık katılırlardı. 1919 Paris Barış Konferansı'nda ABD'yi temsil etmişlerdi; John Foster Dulles, Eisenhower'ın Dışişleri Bakanı olarak görev başında vefat ederken, Allen Dulles ise uzun yıllar Merkezi İstihbarat Teşkilatı'nın (CIA) başına geçmişti. Onları savunanlar, Hitler'i Almanya Şansölyesi olarak göreve getiren toplantıya Dulles kardeşlerin katılımını savunmaya nadiren girişmişler, bunun hiç olmamış gibi davranmayı tercih etmişlerdir. Bir biyografi yazarı olan Leonard Mosley, Dulles kitabında bu konuyu dolaylı olarak geçiştirerek şöyle demiştir:

"Her iki kardeş de, Sullivan ve Cromwell'in 1930'ların başında büyük ilgi gösterdiği Almanya'da uzun süreler geçirmişlerdi; burada çeşitli eyalet hükümetlerini, bazı büyük sanayi gruplarını, Reich'ta çıkarları olan bir dizi büyük Amerikan şirketini ve bazı zengin şahısları temsil etmişlerdi."[89]

Allen Dulles daha sonra J. Henry Schroder Company'nin yöneticisi oldu. Ne o ne de J. Henry Schroder, Nazi yanlısı veya Hitler yanlısı olduğundan şüphelenilemezdi; kaçınılmaz gerçek

---

88 Otto Lehmann-Russbeldt, *Aggression*, Hutchinson & Co., Ltd., Londra, 1934, s. 44.

89 Leonard Mosley, *Dulles*, Dial Publishing Co., New York 1978, s. 88.

şuydu ki, Hitler Almanya Şansölyesi olmasaydı, kârlarını ikiye katlayacak olan İkinci Dünya Savaşı'nın çıkma olasılığı çok azdı.[90]

Büyük Sovyet Ansiklopedisi'nde şöyle yazıyor: "Schroder Bros. bankası (Hitler'in bankacısıydı) 1846'da kuruldu; bugünkü ortakları, Amerika Birleşik Devletleri ve İngiltere'deki şubeleriyle bağlantılı olan von Schroeder baronlarıdır."[91][92]

Londra'daki "The Daily Herald" gazetesinin finans editörü, 30 Eylül 1933'te "Bay Norman'ın Nazilere (İngiltere) Merkez Bankası'nın desteğini verme kararı" hakkında yazdı. John Hargrave, Montagu Norman'ın biyografisinde şöyle diyor:

"Norman'ın, Threadneedle Street'teki kalesinden finansal alanda faaliyet göstererek, Hitlerizmin siyasi iktidarı ele geçirmesine ve sürdürmesine yardımcı olmak için elinden gelen her şeyi yaptığı kesindir." [yani İngiltere Merkez Bankası -- Ed.

En yakın arkadaşı İngiliz Gizli Servisi Hava İstihbarat Şefi Binbaşı F.W. Winterbotham olan gazeteci Baron Wilhelm de Ropp, Nazi filozofu Alfred Rosenberg'i Londra'ya getirdi ve onu Savaş Bakanı Lord Hailsham, *The Times* gazetesi editörü Geoffrey Dawson ve İngiltere Merkez Bankası Başkanı Norman ile tanıştırdı.

Norman ile görüştükten sonra Rosenberg, Londra'daki Schroder Bankası'nın temsilcisiyle bir araya geldi. Schroder Bankası'nın genel müdürü F.C. Tiarks, aynı zamanda İngiltere Merkez Bankası'nın da yöneticisiydi. Hargrave şöyle diyor (s. 217): "1934'ün başlarında, seçkin bir grup finansçı, penceresi olmayan duvarların ardındaki Norman'ın odasında toplandı. Lazard Brothers'ın ortağı Sir Robert Kindersley, Charles Hambro, F.C.

---

[90] Ezra Pound, 18 Nisan 1943'te Radio Rome'da yayınlanan bir programda şöyle demiştir: "...ve Amerika'daki insanlar, bu savaşla yetinmeyip şimdiden bir sonraki savaşı hedefliyorlar. İtiraz etme zamanı şimdidir."

[91] *The Great Soviet Encyclopaedia*, Macmillan, Londra, 1973, cilt 2, s. 620.

[92] *New York Times*, 11 Ekim 1944'te şöyle yazdı: "Senatör Claude Pepper, Vali Dewey'in dış ilişkiler danışmanı John Foster Dulles'ı, Sullivan ve Cromwell hukuk bürosuyla bağlantısı ve 1933'te Hitler'e mali yardımda bulunması nedeniyle eleştirdi. Pepper, 4 Ocak 1933'te Franz von Papen ile Hitler'in Köln'deki Baron Schroder'in evinde yaptıkları görüşmeyi anlattı ve o andan itibaren Nazilerin iktidara yürüyüşünü sürdürebildiklerini belirtti."

Tiarks, Sir Josiah Stamp (aynı zamanda İngiltere Merkez Bankası yönetim kurulu üyesi). Başkan Norman, Avrupa'daki siyasi durumdan bahsetti. Yeni bir güç ortaya çıkmıştı; büyük bir 'istikrar gücü', yani Nazi Almanyası. Norman, çalışma arkadaşlarına Avrupa'ya finansman sağlama planlarına Hitler'i de dahil etmelerini tavsiye etti. Buna karşı çıkan olmadı."

Antony C. Sutton, *Wall Street and the Rise of Hitler (Wall Street ve Hitler'in Yükselişi)* adlı kitabında şöyle yazıyor: "Nazi Baron Kurt von Schroeder, İkinci Dünya Savaşı devam ederken ve Amerika Birleşik Devletleri Almanya ile savaş halindeyken, 1944 yılında I.T.T.'nin Heinrich Himmler'in SS örgütüne aktardığı paranın aracısı olarak hareket etti."[93] 1889 doğumlu Kurt von Schroeder, 1788'de kurulmuş olan Köln Bankhaus, J.H. Stein & Co.'nun ortağıydı. 1933'te Naziler iktidara geldikten sonra, Schroeder Uluslararası Ödemeler Bankası'nda Almanya temsilcisi olarak atandı. 1940 yılında Kilgore Komitesi, Schroeder'in Hitler yönetimi üzerindeki etkisinin o kadar büyük olduğunu, Nazi işgali sırasında Pierre Laval'ı Fransız hükümetinin başına atattığını belirtti. Kilgore Komitesi, Kurt von Schroeder'in 1940'larda Deutsche Reichsbahn Başkanı, Reich Ekonomi İşleri Kurulu, SS Kıdemli Grup Lideri, Reich Posta Ofisi Konseyi, Deutsche Reichsbank ve diğer önde gelen bankalar ve sanayi grupları dahil olmak üzere bir düzineden fazla önemli unvanı listeledi. Schroeder, Almanya'daki tüm International Telephone and Telegraph iştiraklerinin yönetim kurulunda görev yaptı.

1938'de Londra'daki Schroder Bankası, Büyük Britanya'daki Alman finansal temsilcisi oldu. Schroder'in New York şubesi, 1936'da Rockefeller'larla birleşerek 48 Wall Street adresinde Schroder, Rockefeller, Inc. adını almıştı. Schroder'den Carlton P. Fuller bu firmanın başkanı, Avery Rockefeller ise başkan yardımcısıydı. Yıllardır J. Henry Schroder'in perde arkasındaki ortağı olan Fuller, Bechtel Corporation inşaat firmasını kurmuştu; bu firmanın (izinli) çalışanları şu anda Reagan yönetiminde Savunma Bakanı ve Dışişleri Bakanı olarak öncü bir rol oynamaktadır.

---

93 Antony C. Sutton, *Wall Street And The Rise Of Hitler*, 76 Press, Seal Beach, California, 1976, s. 79.

Ladislas Farago, *The Game of the Foxes* ([94]) adlı kitabında, çift taraflı ajan Baron William de Ropp'un İkinci Dünya Savaşı öncesinde en üst kademelere sızdığını ve Hitler'in İngiliz meseleleri konusunda de Ropp'a gizli danışmanı olarak güvendiğini bildirmiştir. Hitler, İngiltere'yi işgal etmeyi reddettiğinde de Ropp'un tavsiyesine uymuştu.

Victor Perlo, The Empire of High Finance (Yüksek Finans İmparatorluğu) adlı kitabında şöyle yazıyor:

"Hitler hükümeti, Londra'daki Schroder Bank'ı İngiltere ve Amerika'daki mali temsilcisi yaptı. Hitler'in kişisel banka hesabı, Schroder Bank'ın Alman iştiraki olan J.M. Stein Bankhaus'taydı. İngiliz J. Henry Schroder Company'den F.C. Tiarks, iki diğer ortağıyla birlikte Anglo-German Fellowship'in bir üyesiydi ve şirket olarak da üyelikleri vardı."[95]

Hikaye, Perlo'nun tahmin ettiğinden çok daha öteye gidiyor. J. Henry Schroder, Amerika Önce Hareketi'nin İngiliz muadili olan Anglo-German Fellowship'in ta kendisiydi ve aynı zamanda ülkelerinin Almanya ile gereksiz bir savaşa girmesini istemeyen vatanseverleri de kendine çekiyordu. 1930'larda, İkinci Dünya Savaşı'nın patlak vermesine kadar, Schroder ailesi Anglo-German Fellowship'e para akıttı; bunun sonucunda Hitler, İngiltere'de birçok önde gelen politikacı ve finansçıdan oluşan büyük bir Alman yanlısı beşinci kolu olduğuna ikna oldu. 1930'larda İngiltere'deki iki farklı siyasi grup, İngiltere'nin Almanya'ya karşı savaşa girmesini öfkeyle talep eden Winston Churchill liderliğindeki Savaş Partisi ile Neville Chamberlain liderliğindeki Yatıştırma Partisi idi. Münih'ten sonra Hitler, Chamberlain grubunun İngiltere'deki baskın parti olduğuna, Churchill'in ise önemsiz bir kışkırtıcı olduğuna inanıyordu. Kendi finansal destekçileri olan Schroder ailesi, Uzlaşma Partisi'ni desteklediğinden, Hitler savaş olmayacağına inanıyordu. Chamberlain'in Hitler'i kandırma amacına ulaştığı için, Uzlaşma Partisi'nin destekçilerinin Chamberlain'i bir kenara atıp Churchill'i başbakan yapacağından

---

94 Ladislas Farago, *Tilkilerin Oyunu*, 1973

95 Victor Perlo, *Yüksek Finans İmparatorluğu*, International Publishers, 1957, s. 177.

şüphelenmiyordu. Münih'ten "zamanımızda barış" olacağına inanarak ayrılan sadece Chamberlain değil, Hitler de vardı.

Schroders'ın Hitler'i bu inanca kaptırmayı başarması, İkinci Dünya Savaşı'nın en kafa karıştırıcı sorularından birkaçını açıklıyor. Hitler, İngiliz Ordusu'nu yok edebilecekken neden Dunkirk'ten çekilip evlerine dönmelerine izin verdi? İngiliz Ordusu'na son darbeyi indirmek isteyen generallerinin çılgınca tavsiyelerine rağmen, Hitler, İngiltere'deki sözde geniş destekçilerini kendinden uzaklaştırmak istemediği için geri durdu. Aynı nedenle, askeri üstünlüğü olduğu bir dönemde İngiltere'yi işgal etmeyi reddetti; Anglo-Alman Kardeşliği grubunun kendisiyle barış yapmaya hazır olduğuna inandığı için bunun gerekli olmayacağına inanıyordu. Rudolf Hess'in İngiltere'ye uçuşu, Schroder grubunun barış yapmaya ve Sovyetlere karşı ortak bir bağ kurmaya hazır olduğunu teyit etme girişimiydi. Rudolf Hess, savaştan yıllar sonra bugün hâlâ hapiste çürümeye devam ediyor; çünkü serbest bırakılırsa, savaşı sona erdirmek için Anglo-German Fellowship üyeleriyle, yani Schroder grubuyla temasa geçmek üzere İngiltere'ye gittiğini ifade edecektir.[96]

Bunun tamamen eski tarih olduğunu ve günümüzün siyasi manzarasıyla hiçbir ilgisi olmadığını düşünenler varsa, Kaliforniya, Sacramento'dan John Lowery Simpson'ın adını hatırlatmak isteriz. Simpson, 1952 tarihli Who's Who in America'da ilk kez yer alsa da,

---

96 Aşağıdaki haberler *The New York Times'tan* alınmıştır: 21 Ekim 1945, "Lüksemburg radyosunda bu akşam yapılan bir yayında, Nazi partisinin yükselişine finansal destek sağlayan eski bankacı Baron Kurt von Schroder'in bir Amerikan esir kampında teşhis edilerek tutuklandığı bildirildi." 1 Kasım 1945, "İngiliz Ordusu Karargahı: Askeri Hükümet yetkililerinin bugün yaptığı açıklamaya göre, 55 yaşındaki bankacı ve Heinrich Himmler'in dostu Baron Kurt von Schroder, savaş suçlusu olarak yargılanıp yargılanmayacağına dair karar verilene kadar Düsseldorf'ta gözaltında tutuluyor." 29 Şubat 1948, "Üçüncü Dünya Savaşı'nı Önleme Derneği, dün Alman Nazi bankacı Kurt von Schroder'in neden müttefik askeri mahkemesi tarafından savaş suçlusu olarak yargılanmadığına dair acil bir soruşturma talep etti. Dernek sekreteri C. Monteith Gilpin, von Schroder'in geçen Kasım ayında İngiliz Bölgesi'ndeki Bielefeld'deki bir Alman denazifikasyon mahkemesi tarafından üç ay hapis cezasına ve 1500 Reichsmark para cezasına çarptırıldığını belirterek, von Schroder'in müttefik adaletinden neden kaçmasına izin verildiği ve kendi yetkililerimizin neden von Schroder'in bir Müttefik askeri mahkemesi tarafından yargılanmasını talep etmedikleri sorusunun sorulması gerektiğini söyledi. "Von Schroder, Hitler veya Goering kadar suçludur."

1915'ten 1917'ye kadar Herbert Hoover'ın emrinde Belçika Yardım Komisyonu'nda görev yaptığını belirtmektedir; 1917'den 1918'e kadar ABD Gıda İdaresi'nde, 1919'da Amerikan Yardım Komisyonu'nda ve 1919'dan 1921'e kadar Viyana'daki P.N. Gray v. Company'de görev yapmıştır. Gray, ABD Gıda İdaresi'nin Deniz Taşımacılığı Şefi idi ve bu görevi, savaştan sonra kendi nakliye şirketini kurmasını sağlamıştır. Diğer Hoover insani yardımseverleri gibi Simpson da J. Henry Schroder Bankacılık Şirketi'ne (Adolf Hitler'in kişisel bankacıları) ve J. Henry Schroder Tröst Şirketi'ne katıldı. Ayrıca, bu yatırım fonu dünyanın en büyük inşaat şirketi haline gelen Bechtel Incorporated'ı desteklediğinde, Schroder-Rockefeller Company'nin ortağı oldu. Simpson, Bechtel Company, Bechtel International ve Canadian Bechtel'in finans komitesi başkanlığını yaptı. Simpson, İkinci Dünya Savaşı sırasında Bechtel-McCone'un savaş üretimi alanındaki çıkarlarına danışmanlık yaptığını belirtmektedir. 1943-44 yıllarında İtalya'daki Müttefik Kontrol Komisyonu'nda görev yaptı. Albay Edward Mandell House'un adını aldığı tüccar ailesinden Margaret Mandell ile evlendi ve önce vali, sonra da başkan adayı olarak Kaliforniyalı bir şahsiyeti destekledi. Sonuç olarak, Simpson ve J. Henry Schroder Company'nin hizmetinde, eski Bechtel çalışanı Caspar Weinberger Savunma Bakanı olarak görev yapmaktadır. Dışişleri Bakanı olarak da yine bir Bechtel çalışanı olan George Pratt Schultz görev yapmaktadır; Schultz aynı zamanda Standard Oil'in mirasçısıdır ve bu da Schroder-Rockefeller şirketi arasındaki bağları teyit etmektedir. Böylece "muhafazakar" Reagan yönetimi, Schroder Company'den bir Savunma Bakanı, Schroder-Rockefeller'dan bir Dışişleri Bakanı ve babası Brown Brothers Harriman'ın kıdemli ortağı olan bir başkan yardımcısına sahiptir.

Heritage Vakfı, Reagan yönetiminin politika oluşturma sürecinde de önemli bir rol oynamıştır. Şimdi ise Heritage Vakfı'nın, İngiliz İstihbaratı tarafından yönetilen Tavistock Enstitüsü ağının bir parçası olduğunu görüyoruz. Finansal kararlar hâlâ İngiltere Merkez Bankası'nda alınmaktadır ve İngiltere Merkez Bankası'nın başkanı kimdir? 1962'den 1972'ye kadar Londra ve New York'taki J. Henry Schroder Co. şirketinin başkanlığını yapan ve daha sonra İngiltere Merkez Bankası Başkanı olan Sir Gordon Richardson. "Londra Bağlantısı" hiç bu kadar sağlam bir şekilde ABD Hükümeti'nin dizginlerini elinde tutmamıştı.

3 Temmuz 1983'te *The New York Times*, son on yıldır İngiltere Merkez Bankası Başkanı olan Gordon Richardson'ın yerine National Westminster Bank'ın Başkanı Robert Leigh-Pemberton'ın geçtiğini duyurdu. National Westminster Bank'ın yönetim kurulu üyeleri listesi, İngiliz yönetici sınıfının "Who's Who"su gibidir. Bu isimler arasında, İngiltere Merkez Bankası tarafından yetkilendirilmiş on yedi ayrıcalıklı firmadan biri olan Antony Gibbs & Son'un da Başkanı olan Lord Aldenham; British Broadcasting System'ın Başkanı Sir Walter Barrie; Uluslararası bankacıların yetiştirildiği Londra Ekonomi Okulu'nun müdürü ve Yeni Zelanda Denizcilik Şirketi'nin başkanı F.E. Harmer; 1937-45 yılları arasında İngiltere Kralı'nın özel sekreteri Sir E.C. Mieville; Salisbury Markisi, Lord Cecil, Lord Privy Seal (Cecil ailesi, Orta Çağ'dan beri İngiltere'nin üç yönetici ailesinden biri olarak kabul edilmektedir); Lord Leathers, Purfleet Baronu, 1941-45 yılları arasında Savaş Ulaştırma Bakanı, William Cory şirketler grubunun başkanı; Imperial Chemical Industries'den (İngiliz DuPont'u) Sir W.H. Coates ve W.J. Worboys; Dudley Kontu, British Iron & Steel başkanı, Sir W. Benton Jones, United Steel ve diğer birçok çelik şirketinin başkanı; Sir G.E. Schuster, Bank of New Zealand; East India Coal Company; A. d'A. Willis, Ashanti Goldfields ve birçok banka, çay şirketi ve diğer firmalar; V.W. Yorke, Mexican Railways Ltd. başkanı.

New York'ta Federal Rezerv Bankası hisselerine sahip bir iştiraki bulunan Schroders'ın eski başkanı Richardson'ın yerine, New York'ta Federal Rezerv Bankası hisselerine sahip bir iştiraki bulunan National Westminster'ın başkanı geçti. Equitable Life Assurance Society'nin (J.P. Morgan) yöneticisi Robert Leigh Pemberton, Exeter Markizesi'nin (Cecil Burghley ailesi) kızıyla evlendi. Böylelikle, Londra Bağlantısı'nın kontrolü sürekli olarak yürürlükte kalmaktadır.

J. Henry Schroder Bank and Trust'ın mevcut yöneticilerinin listesi, Birinci Dünya Savaşı'ndan bu yana devam eden uluslararası etkiyi göstermektedir. George A. Braga aynı zamanda Czarnikow-Rionda Company'nin yöneticisi, Francisco Sugar Company'nin başkan yardımcısı, Manati Sugar Company'nin başkanı ve New Tuinicui Sugar Company'nin başkan yardımcısıdır. Akrabası Rionda B. Braga, Francisco Sugar Company'nin başkanı ve Manati Sugar Company'nin başkan yardımcısıdır. Schroder'in şeker üzerindeki kontrolü, I. Dünya Savaşı sırasında Herbert Hoover yönetimindeki ABD Gıda İdaresi ve Kuhn, Loeb, Company'den Lewis L. Strauss'a kadar uzanır. Schroder'in avukatları Sullivan and Cromwell hukuk bürosudur. Bu firmanın John Foster Dulles'ı, Hitler'e finansman sağlanmasına ilişkin tarihi anlaşma sırasında hazır bulunmuş ve daha sonra Eisenhower yönetimind 'ın Dışişleri Bakanı olmuştur. Sullivan and Cromwell'den Alfred Daretzki Jr. da Manati Şeker Şirketi ve Francisco Şeker Şirketi'nin yönetim kurulu üyesidir.

J. Henry Schroder'in bir diğer yöneticisi ise Almanya'nın Berlin kentinde doğan, Sullivan and Cromwell'in ortağı ve Schroder Trust Company'nin yöneticisi Norris Darrell, Jr. Wall Street'teki Paul, Weiss, Rifkind and Wharton hukuk firmasının ortağı Bayless Manning de J. Henry Schroder'in yönetim kurulu üyesidir. 1971-1977 yılları arasında Dış İlişkiler Konseyi'nin başkanlığını yapmış olan Manning, Yale Law Review dergisinin baş editörüdür.

ABD hükümetinin önde gelen "silahsızlanma müzakerecisi" Paul H. Nitze, Schroder's Inc. şirketinin yöneticisidir. Standard Oil servetinden gelen Phyllis Pratt ile evlenmiştir; Phyllis'in babası, Dış İlişkiler Konseyi'nin bulunduğu binayı Pratt ailesinin malikanesi olarak bağışlamıştır.

SEKİZİNCİ BÖLÜM

BİRİNCİ DÜNYA SAVAŞI

"Para, tüm kaçak malların en kötüsüdür." - William Jennings Bryan

Artık Federal Rezerv Sistemi olmasaydı Birinci Dünya Savaşı'nın yaşanmayabileceği açıktır. Hiçbiri tesadüfi olmayan garip bir olaylar dizisi yaşanmıştır. Theodore Roosevelt'in "Bull Moose" adaylığı olmasaydı, popüler Başkan Taft yeniden seçilirdi ve Woodrow Wilson tekrar unutulup giderdi.[97] Wilson seçilmeseydi, Federal Rezerv Yasası olmayabilirdi ve Birinci Dünya Savaşı önlenebilirdi. Avrupa ülkeleri, hükümet kararlarını belirleyen merkez bankalarının politikası gereği, büyük daimi ordular bulundurmaya yönlendirilmişti. Nisan 1887'de Quarterly Journal of Economics dergisi şu hususu belirtmişti:

"Avrupa'nın kamu borçlarının ayrıntılı bir incelemesi, yıllık 5.343 milyon dolarlık (beş buçuk milyar) faiz ve itfa fonu ödemelerini göstermektedir. M. Neymarck'ın vardığı sonuç, Bay Atkinson'ınkine çok benzemektedir. Avrupa'nın mali durumu o kadar karmaşıktır ki, hükümetler, tüm korkunç risklerine rağmen savaşın, böylesine istikrarsız ve maliyetli bir barışı sürdürmekten daha tercih edilebilir olup olmadığını sorgulayabilirler. Avrupa'nın askeri hazırlıkları savaşla sonuçlanmazsa, devletlerin iflasıyla

97 NOT: S. 34. "House, bana gizli bir anda, 'Wilson, Teddy Roosevelt tarafından seçildi' dedi." *Tarihin En Tuhaf Dostluğu, Woodrow Wilson ve Albay House*, George Sylvester Viereck, Liveright, N.Y. 1932.

sonuçlanabilir. Ya da, bu tür çılgınlıklar ne savaşa ne de yıkıma yol açarsa, o zaman kesinlikle endüstriyel ve ekonomik devrime işaret ederler."

1887'den 1914'e kadar, ağır silahlı ancak iflas etmiş Avrupa ülkelerinden oluşan bu istikrarsız sistem ayakta kalırken, Amerika Birleşik Devletleri ise bir borçlu ülke olmaya devam etti; yurt dışından borç para alıyordu ancak çok az uluslararası kredi veriyordu, çünkü bir merkez bankamız ya da "kredi seferberliği" mekanizmamız yoktu. Rothschildlar tarafından geliştirilen ulusal kredi sistemi, 19. yüzyıl boyunca Avrupa'daki çatışmaları finanse etmeye yaradı, çünkü bu krediler birkaç ülkedeki Rothschild şubelerine yayılmıştı. 1900 yılına gelindiğinde, Avrupa ülkelerinin büyük bir savaşı karşılayamayacağı açıktı. Büyük daimi orduları, zorunlu askerlik sistemi ve modern silahları vardı, ancak ekonomileri bu devasa harcamaları karşılayamıyordu. Federal Rezerv Sistemi 1914'te faaliyete geçti ve Amerikan halkını Müttefiklere yirmi beş milyar dolarlık bir kredi vermeye zorladı; bu kredi geri ödenmedi, ancak New Yorklu bankacılara önemli miktarda faiz ödendi. Amerikan halkı, siyasi veya ekonomik bir anlaşmazlığımız olmayan Alman halkına karşı savaşmaya zorlandı. Dahası, Amerika Birleşik Devletleri dünyadaki en büyük Alman nüfusuna sahip ülkeydi; vatandaşlarının neredeyse yarısı Alman kökenliydi ve çok az bir farkla Almanca, ulusal dil olarak reddedilmişti.[98] Almanya'nın Türkiye Büyükelçisi Baron Wangeheim, Amerika Birleşik Devletleri'nin Türkiye Büyükelçisi Henry Morgenthau'ya, Amerika Birleşik Devletleri'nin neden Almanya'ya savaş açmak istediğini sordu. "Biz Amerikalılar," diye yanıtladı Morgenthau, başkanı olduğu Harlem emlakçıları grubu adına konuşarak, "ahlaki bir ilke uğruna savaşa giriyoruz." J.P. Morgan, savaşın başlangıcında Büyük Britanya'ya verdiği 400.000.000 dolarlık avansı ödemek için Birinci Özgürlük Kredisi'nin gelirini aldı. Bu krediyi karşılamak için, menkul kıymetlere karşı senet ihraç etmeyi öngören Aldrich-Vreeland Yasası hükümleri uyarınca 68.000.000 dolarlık senet ihraç edildi; bu hüküm sadece bu sefer kullanıldı. Senetler, Federal Rezerv Bankaları faaliyete geçer geçmez tedavülden kaldırıldı ve yerine Federal Rezerv Senetleri geçti.

98 1787 Anayasa Konvansiyonu.

1915 ve 1916 yıllarında Wilson, Müttefiklere kredi vermeye devam ederek, kendisi için Beyaz Saray'ı satın alan bankacılara sadakatini korudu. Dışişleri Bakanı William Jennings Bryan, "Para, tüm kaçak malların en kötüsüdür" diyerek sürekli itirazda bulundu. 1917 yılına gelindiğinde, Morganlar ve Kuhn, Loeb Company, Müttefiklere bir buçuk milyar dolarlık kredi vermişti. Bankacılar ayrıca, bizi Dünya Savaşı'na dahil etmek için çalışan bir dizi "barış" örgütünü de finanse ettiler. Belçika Yardım Komisyonu, Almanlara karşı zulüm hikayeleri uydururken, bir Carnegie örgütü olan Barışın Uygulanması Birliği, Washington'da savaşa girmemiz için kışkırtma yapıyordu. Bu örgüt daha sonra Carnegie Uluslararası Barış Vakfı haline geldi ve 1940'larda Alger Hiss tarafından yönetildi. Bir yazar,[99], savaşla sonuçlanmayan hiçbir "barış hareketi" görmediğini iddia etti.

ABD'nin İngiltere Büyükelçisi Walter Hines Page, bu görevi üstlenmeye maddi olarak gücü yetmediğinden şikayet etti ve National City Bank'ın başkanı Cleveland H. Dodge tarafından kendisine yıllık yirmi beş bin dolarlık harçlık verildi. H.L. Mencken, 1916'da Page'i bir İngiliz ajanı olmakla açıkça suçladı, ki bu haksızlıktı. Page, yalnızca bankacıların ajanıydı.

5 Mart 1917'de Page, Wilson'a gizli bir mektup gönderdi. "Yaklaşan bu krizin yarattığı baskı, İngiliz ve Fransız hükümetleri için Morgan Finans Ajansı'nın kapasitesini aştığını düşünüyorum... Müttefiklere verebileceğimiz en büyük yardım bir kredi olurdu. Almanya ile savaşa girmedikçe, hükümetimiz elbette böyle doğrudan bir kredi veremez."

Rothschildlar, ajanları Warburgların neden olduğu finansal kaosa rağmen Almanya'nın savaşa devam etme kabiliyetinden şüphe duyuyorlardı. Warburglar, Kaiser'e finansman sağlıyorlardı ve Paul Warburg'un kardeşi Max, Alman Gizli Servisi'nin başı olarak Lenin'in treninin hatlardan geçmesine ve Rusya'da Bolşevik Devrimi'ni gerçekleştirmesine izin vermişti. Donanma Müsteşarı Franklin D. Roosevelt'e göre, Amerika'nın ağır sanayisi bir yıldır savaşa hazırlanıyordu. Hem Kara Kuvvetleri hem de Donanma'n

[99] NOT: Emmett Tyrell, Jr., *Richmond Times Dispatch*, 15 Şubat 1983 "Bu yüzyıldaki her barış hareketinin ardından bir savaş geldi."

Departmanları, 1916'nın başından beri büyük miktarlarda savaş malzemesi satın alıyordu. Cordell Hull, Anılarında şöyle diyor:

"Çatışma, gelir vergisi ilkesinin daha da geliştirilmesini zorunlu kıldı. Tek büyük vergilendirilmemiş gelir kaynağını hedefleyen gelir vergisi kanunu, savaşın gerekliliklerini karşılamak için tam zamanında yürürlüğe girmişti. Ayrıca çatışma, yine tam zamanında Federal Rezerv Sisteminin yürürlüğe girmesine de yardımcı oldu."[100]

Biri şunu sorabilir: Tam zamanında kimin için? Kesinlikle Avrupa savaşı için "kredinin seferber edilmesine" veya savaşı finanse etmek için gelir vergisi yasasının çıkarılmasına ihtiyacı olmayan Amerikan halkı için değil. Hull'un açıklaması, "kamu görevlilerimizin" entrikalarına nadir bir bakış sunuyor.

Journal of Political Economy dergisinin Ekim 1917 tarihli notlarında şöyle denmektedir:

"Savaşın Federal Rezerv Bankaları'nın işleri üzerindeki etkisi, bu bankaların personelinin büyük ölçüde genişletilmesini ve buna bağlı olarak giderlerin artmasını gerektirmiştir. Elbette bu bağlamda hizmetlerine yönelik bu kadar erken ve kapsamlı bir talebi öngöremeyen Federal Rezerv Yasası'nın hazırlayıcıları, Federal Rezerv Bankaları'nın hükümetin mali temsilcileri olarak hareket etmesini öngörmüşlerdi."

Bankacılar, 1887'den beri, silahlandırma ve "savunma" programlarıyla zaten iflas ettirdikleri ülkeler arasında bir Avrupa savaşını finanse edebilmek için ABD'nin bir merkez bankası planını yürürlüğe koymasını bekliyorlardı. Merkez bankası mekanizmasının en zorlu işlevi savaş finansmanıdır.

13 Ekim 1917'de Woodrow Wilson önemli bir konuşma yaptı ve şunları söyledi:

"Amerika Birleşik Devletleri'ndeki banka rezervlerinin tam anlamıyla seferber edilmesi açıkça zorunludur. (Müttefik kredilerinin) yükü ve ayrıcalığı, ülkedeki her bankacılık kurumu tarafından paylaşılmalıdır. Bankaların bu konuda işbirliği yapmasının şu anda vatanseverlik görevi olduğuna ve Federal

---

[100] Cordell Hull, *Anılar*, Macmillan, New York, 1948, cilt 1, sayfa 76.

Rezerv Sistemi'ndeki üyeliğin vatanseverliğin açık ve önemli bir kanıtı olduğuna inanıyorum."

E.W. Kemmerer şöyle yazıyor: "Hükümetin mali temsilcileri olarak, federal rezerv bankaları, savaşa girdikten sonra ülkeye paha biçilmez değerde hizmetler sundu. Altın kaynaklarımızın korunmasında, döviz işlemlerimizin düzenlenmesinde ve mali kaynaklarımızın merkezileştirilmesinde büyük katkı sağladılar. Savaş, eski merkezi olmayan ve modası geçmiş bankacılık sistemimizle karşı karşıya kalmış olsaydık neler olabileceğini düşününce insan ürperiyor."

Kemmerer'in titremesi, "eski bankacılık sistemimizi" korusaydık, Dünya Savaşı'nı finanse edemeyeceğimizi ve savaşa katılamayacağımızı göz ardı ediyor.

Woodrow Wilson bile, dünyayı demokrasi için kurtarma mücadelesine inanmıyordu. Daha sonra şöyle yazdı: "Birinci Dünya Savaşı, ekonomik rekabet meselesiydi."

Senatör McCumber tarafından savaşa girme koşulları hakkında sorgulanan Wilson'a, "Almanya, vatandaşlarımıza karşı hiçbir savaş eylemi veya haksızlık yapmasaydı, bu savaşa girer miydik?" diye soruldu.

"Öyle düşünüyorum," diye yanıtladı Wilson.

"Yine de savaşa girer miydik?" diye sordu McCumber.

"Evet," dedi Wilson.

Wilson, 1917'deki Savaş Mesajında, o talihsiz ülkede orta sınıfı yoğun bir şekilde katleden Rus komünistlerine inanılmaz bir övgü ekledi.

"Son birkaç haftadır Rusya'da yaşanan harika ve cesaret verici olaylar, dünya barışına dair umutlarımıza güven kattı. İşte Onur Birliği için uygun bir ortak."[101]

O zamandan beri altmış altı milyon vatandaşını en barbarca şekilde katleden kana susamış bir rejime yönelik Wilson'ın övgüsü, onun gerçek sempatisini ve gerçek destekçilerini, yani Rusya'daki kanlı tasfiyeyi finanse eden bankacıları ortaya koyuyor. Komünist

[101] Woodrow Wilson'ın Resmi Belgeleri, Dodd & Baker, cilt 5, s. 12-13.

Devrim şüpheye düştüğünde, Wilson, devrilmekte olan Bolşevik rejimini kurtarmak için Özel Acil Savaş Fonu'ndan yüz milyon dolarlık bir miktarla kişisel elçisi Elihu Root'u Rusya'ya gönderdi.

Kuhn, Loeb Company'nin Rusya'da komünizmin kurulmasındaki rolünü belgeleyen kaynaklar burada alıntılanamayacak kadar kapsamlıdır, ancak bu konuyla ilgili literatürde tipik bir örneği kısaca aktarıyoruz. General Arsene de Goulevitch, Czarism and the Revolution (Çarlık ve Devrim) adlı kitabında şöyle yazıyor:

"Rusya İmparatorluğu'nun eski ABD Büyükelçisi Bakmetiev, Bolşeviklerin zaferden sonra 1918-1922 yılları arasında Kuhn, Loeb Company'ye 600 milyon ruble altın aktardığını söylüyor."

Birinci Dünya Savaşı'na girdikten sonra, Woodrow Wilson, ABD hükümetini seçim kampanyasını destekleyen üçlü bir gruba, Paul Warburg, Bernard Baruch ve Eugene Meyer'e devretti. Baruch, ABD'deki her fabrika üzerinde yaşam ve ölüm yetkisine sahip Savaş Sanayii Kurulu'nun başına atandı. Eugene Meyer, savaşı finanse eden kredi programından sorumlu Savaş Finans Kurumu'nun başına atandı. Paul Warburg ise ülkenin bankacılık sistemini kontrol ediyordu.[102]

1915 ve 1916 yıllarında Amerikan halkının ezici çoğunluğunun İngiliz karşıtı ve Alman yanlısı olduğunu bilen İngiliz müttefiklerimiz, savaşın yürütülmesinde Paul Warburg ve Kuhn, Loeb Company'nin öne çıkmasını biraz endişeyle izlediler. Kardeşi Max Warburg o sırada Alman Gizli Servisi'nin başkanı olarak görev yaptığı için, onun yönetimdeki yüksek konumundan rahatsızdılar. 12 Aralık 1918 tarihinde, Birleşik Devletler Donanma Gizli Servisi'nin Bay Warburg hakkındaki raporu şöyleydi:

"WARBURG, PAUL: New York Şehri. Alman, vatandaşlığa kabul edilmiş, 1911'de 1912'de Kaiser tarafından madalya ile onurlandırılmış, Federal Rezerv Kurulu başkan yardımcısıydı. Almanya'nın Lenin ve Troçki iç 'de sağladığı büyük meblağları idare etti. Almanya'nın casusluk sisteminin lideri olan bir kardeşi var."

---

[102] NOT: *New York Times*, 10 Ağustos 1918; "Bay (Paul) Warburg, Savaş Finans Kurumu'nu kuran planın yazarıydı."

Garip bir şekilde, Almanya ile savaş halindeyken çok daha önce derlenmiş olması gereken bu raporun tarihi 12 Aralık 1918'dir. Ateşkes imzalandıktan sonra. Ayrıca, raporda Paul Warburg'un Mayıs 1918'de Federal Rezerv Kurulu'ndan istifa ettiği bilgisi yer almıyor; bu da raporun, Paul Warburg'un teorik olarak kardeşinin Almanya Gizli Servisi'ni kontrol etmesi nedeniyle vatana ihanet suçlamasıyla karşı karşıya kalabileceği Mayıs 1918'den önce derlendiğini gösteriyor.

New York'ta yaşayan Paul Warburg'un kardeşi Felix, Berlin'deki Prusya Hayat Sigorta Şirketi'nin yöneticisiydi ve muhtemelen çok sayıda sigortalı müşterisinin savaşta ölmesini istemezdi. 26 Eylül 1920'de *The New York Times*, Jacob Schiff'in ölüm ilanında Kuhn, Loeb and Company'ye atıfta bulunarak şöyle yazdı: "Dünya Savaşı sırasında, şirketin bazı üyeleri danışmanlık sıfatıyla hükümetle sürekli temas halindeydi. Şirket, Federal Rezerv Sisteminin organizasyonu ve oluşumu ile ilgili olarak düzenlenen konferanslara katıldı."

1920 tarihli Schiff'in ölüm ilanı, Jacob Schiff'in de Warburglar gibi I. Dünya Savaşı sırasında Almanya'da iki erkek kardeşi olduğunu ilk kez ortaya çıkardı: Frankfurt am Main'da yaşayan Philip ve Ludwig Schiff, onlar da Alman hükümetinin bankacıları olarak faaliyet gösteriyorlardı! Bu, hafife alınacak bir durum değildi; zira Atlantik'in her iki yakasında da söz konusu bankacılar, savaşın gidişatında hiçbir etkisi olmayan önemsiz kişiler değildi. Aksine, Kuhn, Loeb ortakları I. Dünya Savaşı sırasında Amerika Birleşik Devletleri'nde en yüksek hükümet görevlerinde bulunurken, Almanya'da Max ve Fritz Warburg ile Philip ve Ludwig Schiff, hükümetin en üst düzey konseylerinde yer alıyordu. Max Warburg'un Anılarından: "Kaiser masayı şiddetle yumrukladı ve 'Her zaman haklı olmak zorunda mısın?' diye bağırdı, ancak ardından Max'ın mali konulardaki görüşlerini dikkatle dinledi."[103]

Haziran 1918'de Paul Warburg, Woodrow Wilson'a özel bir not yazdı: "Almanya'da bankacı olan iki kardeşim var. Onlar da doğal olarak şu anda benim ülkeme hizmet ettiğim gibi, kendi ülkelerine elinden gelen en iyi şekilde hizmet ediyorlar."[104]

---

103 Max Warburg, *Max Warburg'un Anıları*, Berlin, 1936.

104 David Farrar, *The Warburgs*, Michael Joseph, Ltd., Londra, 1974.

Ne Wilson ne de Warburg durumu endişe verici bulmadı ve Paul Warburg, I. Dünya Savaşı tüm şiddetiyle sürerken Federal Rezerv Yönetim Kurulu'ndaki görev süresini tamamladı.

Kuhn, Loeb & Company'nin geçmişi, George Conroy tarafından editörlüğü yapılan "Truth Magazine" dergisinde ortaya çıkarılmıştı:

"Bay Schiff, Atlantik'in bu yakasında Rothschild'lerin çıkarlarını temsil eden büyük özel bankacılık kuruluşu Kuhn, Loeb & Co.'nun başkanıdır. Kendisi bir finans stratejisti olarak tanımlanmaktadır ve yıllardır Standard Oil olarak bilinen büyük ve kişisel olmayan gücün finans bakanı olarak görev yapmaktadır.

Harrimanlar, Gouldlar ve Rockefellerlarla tüm demiryolu girişimlerinde el ele çalışmış ve Amerika'nın demiryolu ve finans dünyasında egemen bir güç haline gelmiştir.

Louis Brandeis, avukat olarak büyük yeteneği ve daha sonra ortaya çıkacak diğer nedenlerden dolayı, Schiff tarafından New England'daki hırsını gerçekleştirmek için bir araç olarak seçilmiştir. Görevi, New Haven sistemine olan kamu güvenini sarsacak ve menkul kıymetlerinin fiyatında düşüşe neden olacak bir kışkırtma yürütmek, böylece onları yıkıcıların satın alması için piyasaya sürmekti."[105]

Burada Schiff'in avukatı Brandeis'ten bahsediyoruz çünkü Woodrow Wilson'ın doldurmasına izin verilen ilk ABD Yüksek Mahkemesi üyeliği, Kuhn, Loeb'in avukatı Brandeis'e verildi.

ABD Gıda İdaresi, Kuhn Loeb Şirketi'nin ortağı Jerome Hanauer'in kızı Alice Hanauer ile evlenerek Kuhn Loeb Şirketi'ne dahil olan Hoover'ın direktörü Lewis Lichtenstein Strauss tarafından yönetiliyordu; bununla kalmayıp, en kritik alan olan askeri istihbarat alanında da İngiliz Gizli Servisi şefi Sir William Wiseman, Kuhn, Loeb & Company'nin ortağıydı. Wiseman, Wilson'ın alter egosu Albay House ile çok yakın çalışıyordu. "House ve Wiseman arasında çok geçmeden siyasi sır kalmadı ve

---

[105] "Truth Magazine", George Conroy, editör, Boston, 16 Aralık 1912 tarihli sayı.

karşılıklı anlayışları, İngilizlerle olan yakın işbirliğimizin büyük ölçüde ortaya çıkmasına neden oldu."[106]

House'un Wiseman ile işbirliğinin bir örneği, House'un müzakere ettiği ve ABD'nin Müttefikler tarafında I. Dünya Savaşı'na girmesini taahhüt eden gizli bir anlaşmaydı. 1916'da "bizi savaştan uzak tuttuğu" için Wilson'ı Beyaz Saray'a geri getiren seçimden on ay önce, Albay House, Wilson adına İngiltere ve Fransa ile ABD'nin Müttefikler adına müdahale etmesini taahhüt eden gizli bir anlaşma müzakere etti. 9 Mart 1916'da Wilson bu taahhüdü resmen onayladı.[107]

Woodrow Wilson'ın on ay önce bizi İngiltere ve Fransa'nın yanında savaşa dahil etmeye söz vermişken, "Bizi savaştan uzak tuttu" sloganıyla ülke çapında yürüttüğü kampanya, onun ikiyüzlü doğasını daha iyi gösteren başka bir şey olamazdı. Bu, kariyerinin gerçeklerini öğrenenlerin ona neden bu kadar hor baktığını açıklıyor. H.L. Mencken, Wilson'ın "Hıristiyan alçağın mükemmel bir örneği" olduğunu ve "kemiklerini kazıp zar yapmamız" gerektiğini yazdı.

The New York Times'a göre, Paul Warburg'un istifa mektubunda, İsviçre Gizli Servisi'nde bir kardeşi olduğu için bazı itirazlar yapıldığı belirtiliyordu. *The New York Times* bu bariz yalanı hiçbir zaman düzeltmedi, belki de Kuhn, Loeb Company'nin gazetenin hisselerinin çoğunluğuna sahip olması nedeniyle. Max Warburg İsviçreli değildi ve Alman Gizli Servisi başkanı olarak görev yaptığı süre boyunca muhtemelen İsviçre Gizli Servisi ile temas kurmuş olsa da, *The New York Times'ın* sorumlu hiçbir editörü, Max Warburg'un Alman olduğu, ailesinin bankasının Hamburg'da bulunduğu ve Alman Hükümeti'nde bir dizi üst düzey görevde bulunduğu gerçeğinden habersiz olamazdı. Versay Barış Konferansı'nda Almanya'yı temsil etti ve kendi dininden olanların zulüm gördüğü bir dönemde, 1939 yılına kadar Almanya'da barış içinde kaldı. Yaklaşan savaş sırasında Almanya'ya bombalar

---

[106] Edward M. House, *Albay House'un Özel Belgeleri*, Charles Seymour tarafından düzenlenmiş, Cilt II, s. 399. Houghton, Mifflin Co.

[107] George Sylvester Viereck, *The Strangest Friendship in History, Woodrow Wilson and Col. House*, s. 106.

yağarken zarar görmemek iç 'dan ayrılmak üzere, Max Warburg'un tüm servetiyle birlikte New York'a gitmesine izin verildi.

I. Dünya Savaşı'nın başlangıcında, Kuhn, Loeb Company, Alman denizcilik çıkarlarının başka bir kontrol altına geçirilmesinde rol oynamıştı. Birleşik Krallık'ın ABD Büyükelçisi Sir Cecil Spring-Rice, Lord Grey'e yazdığı bir mektupta şöyle demiştir:

"Bir başka konu da bayrağın Hamburg-Amerika gemilerine devredilmesi meselesidir. Bu şirket fiilen Alman hükümetinin bir kuruluşudur. Gemiler hükümetin amaçları doğrultusunda kullanılmaktadır; İmparator bizzat büyük bir hissedardır ve Kuhn, Loeb Company adlı büyük bankacılık evi de öyle. Bu bankanın bir üyesi (Warburg), henüz vatandaşlığa kabul edilmiş olmasına rağmen New York'ta çok önemli bir göreve atanmıştır. Kendisi, Başkan'ın damadı olan Hazine Bakanı ile iş ilişkisi içindedir. Hamburg Amerika Shipping Company adına müzakereleri yürüten kişi de odur."[108]

13 Kasım 1914'te Sir Valentine Chirol'a yazdığı bir mektupta Spring-Rice şöyle yazmıştır (s. 241, cilt 2)

"Bugün bana, *The New York Times'ın* (Alman) İmparatorunun özel himayesindeki Kuhn, Loeb ve Schiff tarafından fiilen satın alındığı söylendi. Kuhn, Loeb ve Schiff ile yakın akrabalık bağı olan Warburg, Ballin (Hamburg) Amerika hattının ortağı olan Hamburg'un tanınmış Warburg'unun kardeşidir ve Federal Rezerv Kurulu'nun bir üyesidir, hatta daha doğrusu "o" üyedir. O, yönetimin mali politikasını fiilen kontrol etmektedir ve Paish & Blackett (İngiltere) esas olarak onunla müzakere etmek zorunda kalmıştır. Elbette bu, Almanya ile müzakere etmekle tamamen aynıydı. Söylenen her şey Almanya'nın malıydı."

Albay Garrison, Roosevelt, Wilson ve Federal Rezerv Yasası adlı kitabında, "Kuhn Loeb Company bankası aracılığıyla, Amerikan iş dünyasının ve Amerikan vatandaşlarının kaderi üzerinde Alman İmparatoru'nun eline güçlü bir silah verilmiş olacaktı."[109]

---

[108] Sir Cecil Spring-Rice'ın Mektupları ve Dostlukları, s. 219-220.

[109] Albay Elisha Garrison, Roosevelt, *Wilson and the Federal Reserve Law*, Christopher Publishing House, Boston, 1931, s. 260.

Garrison, Hamburg Amerika olayına atıfta bulunuyordu.

Woodrow Wilson'ın, kişisel geçmişleri acımasız spekülasyon ve kişisel kazanç peşinde koşmakla dolu üç adamın eline ülkeyi teslim etmeyi gerekli görmesi ya da Almanya ile savaş sırasında, 1911'de vatandaşlığa kabul edilmiş bir Alman göçmeni, Polonya'dan gelen bir göçmenin oğlu ve Fransa'dan gelen bir göçmenin oğlunu en güvenilir kişiler olarak görmesi tuhaf görünüyordu. Bernard Baruch, 1890 yılında A.A. Housman & Co. için çalışırken Wall Street'te ilk kez dikkatleri üzerine çekti.

1896'da, Amerika Birleşik Devletleri'nin altı büyük tütün şirketini Consolidated Tobacco Company altında birleştirdi ve James Duke ile American Tobacco Trust'ı bu birleşmeye katılmaya zorladı. Baruch'un kurduğu ikinci büyük tröst, bakır endüstrisini o zamandan beri kontrol eden Guggenheim ailesinin eline geçirdi. Baruch, Rothschild ailesi adına Amerika'nın demiryolu sistemini kontrol eden Schiff'in paravanı olan Edward H. Harriman ile çalıştı. Baruch ve Harriman ayrıca yeteneklerini birleştirerek New York Şehri ulaşım sistemi üzerinde kontrol elde ettiler; bu sistem o zamandan beri tehlikeli bir mali durumda.

1901'de Baruch, kardeşi Herman ile birlikte New York'ta Baruch Brothers bankacılık şirketini kurdu. 1917'de Baruch, Savaş Sanayii Kurulu Başkanlığına atandığında, şirketin adı Hentz Brothers olarak değiştirildi.

13 Eylül 1937'de Nye Komitesi'nde ifade veren Bernard Baruch, "Tüm savaşların kökeni ekonomiktir" dedi. Savaşların nedeni olarak özellikle öne sürülen dini ve siyasi anlaşmazlıklar bu kadar.[110]

"New Yorker" dergisinde yer alan bir profilde, Washington'da sahte bir barış söylentisi yayıldıktan sonra, Baruch'un I. Dünya Savaşı sırasında bir günde yedi yüz elli bin dolar kar elde ettiği bildirildi. "Who's Who"da Baruch, I. Dünya Savaşı sırasında Müttefikler'in tüm alımlarını yürüten Komisyon'un bir üyesi

---

[110] NOT: Baruch bu ifadesinde ayrıca, "Savaş sırasında üç büyük yatırımı gerçekleştirdim: Alaska Juneau Gold Mining Company (ortağım Eugene Meyer ile birlikte), Texas Gulf Sulphur ve Atolia Mining Company (tungsten)." dedi. Illinois Milletvekili Mason, 21 Şubat 1921'de Temsilciler Meclisi'nde Baruch'un savaş sırasında bakırdan 50 milyon dolardan fazla para kazandığını söyledi.

olduğunu belirtir. Aslında Baruch, Komisyonun ta kendisiydi. Amerikan vergi mükelleflerinin parasını yılda on milyar dolarlık bir hızla harcadı ve aynı zamanda Mühimmat Fiyat Sabitleme Komitesinin de en etkili üyesiydi. Hükümetin savaş malzemelerini satın aldığı fiyatları o belirliyordu. Bu siparişlerin, kendisinin ve ortaklarının Amerikan üreticiler üzerinde diktatörce bir hakimiyete sahip olduğu firmalara gitmediğini varsaymak naiflik olur.[111]

1935'teki Nye Komitesi duruşmalarında Baruch, "Başkan Wilson bana herhangi bir endüstriyi veya fabrikayı devralma yetkisi veren bir mektup verdi. United States Steel'in Başkanı Yargıç Gary ile sorun yaşıyorduk ve ona o mektubu gösterdiğimde, 'Sanırım bunu halletmemiz gerekecek' dedi ve halletti."

Bazı Kongre üyeleri, Baruch'un savaş zamanında Amerikan sanayisi üzerinde yaşam ve ölüm yetkisini kullanma niteliklerine sahip olup olmadığını merak ediyordu. O bir imalatçı değildi ve hiç fabrikaya girmişliği yoktu. Kongre Komitesi önüne çağrıldığında Bernard Baruch, mesleğinin "spekülatör" olduğunu belirtti. Bir Wall Street kumarbazı, Amerikan Sanayisinin Çarı yapılmıştı.

---

[111] Baruch, Savaş Sanayii Kurulu'nun başkan yardımcısı olarak, kendisi gibi Wall Street spekülatörü olan Clarence Dillon'ı (Lapowitz) seçti. Bkz. biyografiler.

THE NEW YORK TIMES.
WEDNESDAY, SEPTEMBER 23, 1914.

BANKS' STOCK LIST FULL OF SURPRISES

Many Names Associated by Public with Big Stockholdings Not Found.

HETTY GREEN'S 30 SHARES

Frank Vanderlip Missing from Among Large Interests in National City.

Publication yesterday of lists of stockholders in some of New York City's largest banks aroused considerable interest in the financial district, as much because of the absences of expected names as of the amounts of the principal holdings. The date at which the lists were compiled was not made known, and important changes may have taken place since, although as a rule there is little activity in bank shares and the controlling interests in most institutions have been in the same hands for many years.

Among the surprises in the lists, as published by Dow, Jones & Co., was the discovery that Hetty Green, often spoken of as a very important factor in the conduct of the Chemical National, owns only 31 of the 30,000 shares of that institution. Frank Vanderlip, President of the National City Bank, is not down among the principal shareholders, while James Stillman, Chairman of the Board of Directors, holds 47,498 shares of the total of 250,000. Mr. Stillman is also a large holder in the Hanover and the Citizens' Central. J. P. Morgan & Co. have the biggest holdings of any firm.

The shareholders, capitalization, number of shares, dividends, and book value, follow:

National City Bank—Capital, $25,000; total stockholders, 1,013; book value, $280; par value, $100; annual dividend, 10 per cent. Stock also includes $10,000,000 capital of National City Company, which pays annual dividend of 6 per cent.

James Stillman	47,498	W. A. Rockefeller	16
J. P. Morgan & Co.	14,000	A. T. Russell	8,287
W. Rockefeller	10,000	*H. A. C. Taylor	7,699
M. T. Pyne	8,287	J. W. Sterling	6,087
Percy Pyne	8,287	U. S. Trust Co., New York	4,500
J. D. Rockefeller	1,750	J. P. Morgan, Jr.	1,000
J. S. Rockefeller	100		

*Trustee.

National Bank of Commerce—Capital, $25,000,000; total stockholders, 3,013; book value, $180; par value, $100; annual dividend, 8 per cent.

Equitable Life	24,700	A. D. Juilliard	2,000
Mutual Life	17,284	J. J. Gerdan	1,606
G. F. Baker	10,000	J. P. Goodhart & Co.	1,287
North. Finance Corporation	9,800	J. N. Jarvine	1,285
J. P. Morgan & Co.	7,800	F. A. V. Twombly	1,250
Mary W. Harriman	5,650	Kidder, Peabody & Co.	1,125
E. J. Berwind	5,850	J. P. Morgan, Jr.	1,100
T. F. Ryan	5,100	L. P. Morton	1,500
R. W. Winthrop Co., agents	4,900	H. B. Davison	1,100
S. J. Saltus	4,787	W. W. Astor	1,000
T. A. Reynolds	3,175	J. H. Schiff	1,000
*P. M. Warburg	3,000	V. P. Snyder	1,000
A. J. Hemphill	2,000	G. Whittell	1,000
		E. T. Nichols	1,000

*Since sold his holdings.

First National—Capital, $10,000,000; total stockholders, 626; book value, $539; par value, $100; annual dividend, 40 per cent. Of this 28 per cent. is paid on bank's stock and 12 per cent. on stock of First Security Company.

G. F. Baker	20,000	G. F. Baker, Jr.	5,000
J. P. Morgan & Co.	13,900	J. J. Hill	4,000
H. C. Fahnestock	10,000	North'n Fin. Co.	1,700
Garland, Dodson & Ehmer, Tr. of est. of J. A. Garland	6,500	P. L. Hine	1,400
		H. B. Davison	1,010
		Mary C. Thompson	9,000

Chase National—Capital, $5,000,000; total shareholders, 309; book value, $299; par value, $100; annual dividend, 20 per cent.

G. F. Baker	13,408	H. W. Cannon	1,400
A. H. Wiggin	6,482	G. B. Schley	500
C. A. Edwards	3,000	S. Miller	500
A. B. Hepburn	2,872	J. J. Mitchell	500
J. J. Hill	1,500	Faith Moore	500
L. G. Thompson	1,500	W. H. Porter	300
E. Tuck	1,500	F. S. Thompson, U. S. T. Co., Tr.	1,000
Trustees Princeton Univ.	1,000		

Hanover National—Capital, $3,000,000; total stockholders, 404; book value, $579; par value, $100; annual dividend, 18 per cent.

Wm. Woodward	6,800	Bessemer Invest. Co.	523
James Stillman	4,000	Wm. J. Clark	423
Wm. Rockefeller	1,540	Wm. J. Halls	410
Wm. Barbour	1,200	C. Wodsworth	750
Jas. M. Donald	1,023	Robt. M. Goelet	400

23 Eylül 1914 tarihli The New York Times'ta yayınlanan bir makalenin kopyası. Listede, 1914'te Sistem kurulduğunda New York Federal Rezerv Bankası'nın 203.053 hissesinin %40'ını satın alan beş New York bankasının başlıca hissedarları yer almaktadır. Böylece bu Federal Rezerv Bankası'nın kontrolünü ele geçirdiler ve o günden beri elinde tutuyorlar.

26 Temmuz 1983 Salı günü itibarıyla, hayatta kalan en büyük beş New York bankası, New York Federal Rezerv Bankası'ndaki hisselerinin oranını %53'e çıkarmıştır.

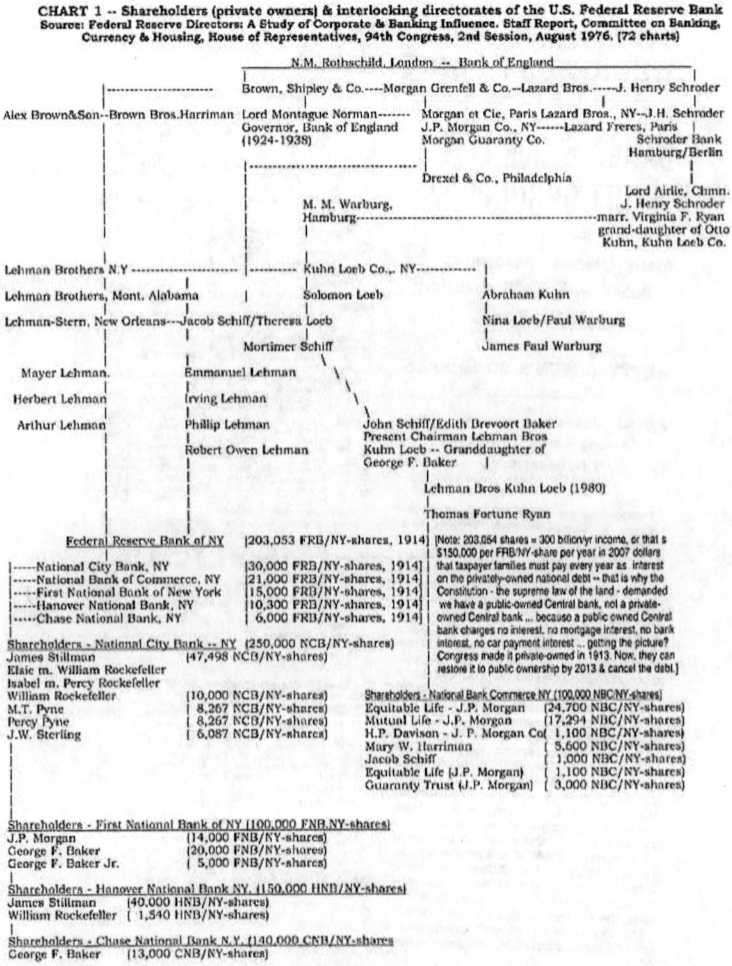

GRAFİK I

Grafik I, Rothschild ailesi ile İngiltere Merkez Bankası arasındaki doğrusal bağı ve banka hisselerindeki payları ve New York'taki bağlı şirketleri aracılığıyla nihai olarak Federal Rezerv Bankalarını kontrol eden Londra bankacılık evlerini ortaya koymaktadır. New York'taki iki başlıca Rothschild temsilcisi olan J.P. Morgan Co. ve Kuhn, Loeb & Co., Federal Rezerv Yasası'nın taslağının hazırlandığı Jekyll Island Konferansı'nı düzenleyen, planın Kongre tarafından yasalaştırılması için sonraki başarılı kampanyayı yöneten ve 1914'te New York Federal Rezerv

Bankası'nın kontrol hisselerini satın alan şirketlerdi. Bu şirketlerin üst düzey yöneticileri, 1914 yılında Federal Rezerv Yönetim Kurulu ve Federal Danışma Konseyi'ne atandı.

1914 yılında, mevcut bankalarda (örneğin New York City'deki bankalarda) kontrol hisselerine sahip birkaç aile (kan bağı veya iş ilişkisi olan), bu bankaların Federal Rezerv bölgesel bankalarında kontrol hisseleri satın almasına neden oldu.

1976 Ağustos tarihli Temsilciler Meclisi Bankacılık Komitesi Personel Raporu'ndaki grafik ve metinlerin incelenmesi ile 12 bölgesel Federal Rezerv Bankası'nın mevcut hissedar listesi, aynı aile kontrolünü göstermektedir.

Baruch'un eski ortağı Eugene Meyer (Alaska-Juneau Gold Mining Co.), daha sonra Baruch'un bir ahmak olduğunu ve Meyer'in, ailesinin bankacılık bağlantıları (Lazard Freres) sayesinde Baruch'un yatırım kariyerine rehberlik ettiğini iddia etmiştir. Bu iddialar, 4 Haziran 1983 tarihli The Washington Post'un ellinci yıl dönümü baskısının başyazısında yer aldı ve Meyer'in editörü Al Friendly, "Meyer dahil Washington'daki her gazeteci, Bernard M. Baruch'un kendini öven bir sahtekar olduğunu biliyordu" şeklinde bir veda mesajı verdi.

Üçlü İttifak'ın üçüncü üyesi Eugene Meyer, Paris ve New York'taki uluslararası bankacılık evi Lazard Freres'in ortağının oğluydu. Baruch, My Own Story kitabında Meyer'in Savaş Finans Kurumu'nun başına nasıl geldiğini şöyle açıklıyor: "Birinci Dünya Savaşı'nın başlangıcında," diyor, "Eugene Meyer Jr.'ı aradım... O, kamu hizmetine girme konusunda keskin bir arzusu olan, en yüksek dürüstlüğe sahip bir adamdı."[112]

Ülke, kamu hizmetinde bulunmak isteyen kişilerden büyük zarar gördü, çünkü bu kişilerin arzuları genellikle makam tutkularının çok ötesine geçiyordu. Aslında Meyer ve Baruch, 1915'te Alaska-Juneau Gold Mining Company adlı bir Alaska girişimini yürütmüş ve diğer finansal planlarda birlikte çalışmışlardı. Meyer'in ailesinin şirketi Lazard Freres, uluslararası altın hareketlerinde uzmanlaşmıştı.

[112] Bernard Baruch, *My Own Story*, Henry-Holt Company, New York, 1957, s. 194.

Eugene Meyer'in War Finance Corporation'daki yönetimi, bu ülkede kısmen kaydedilmiş en şaşırtıcı finansal operasyonlardan birini oluşturur. "Kısmen kaydedilmiş" diyoruz, çünkü daha sonraki Kongre soruşturmaları, her gece defterlerin ertesi günkü incelemeye sunulmadan önce değiştirildiğini ortaya çıkardı. Temsilciler Meclisi Bankacılık ve Para Komitesi Başkanı Louis McFadden, 1925'te ve Meyer'in Federal Rezerv Kurulu Başkanı olarak önerildiği 1930'da, Meyer'e yönelik iki soruşturmada yer aldı. Hükümet Tahvillerinin İmhasını Soruşturma Özel Komitesi, 2 Mart 1925 tarihinde "Hükümet Tahvillerinin Hazırlanması ve İmhası - 68. Kongre, 2. Oturum, Rapor No. 1635: s. 2" başlıklı raporu sunmuştur. "1 Temmuz 1924 tarihine kadar, 50 ila 10.000 dolar arasında değişen değerlerde 2314 çift yinelenen tahvil ve 4698 çift yinelenen kupon itfa edilmiştir. Bu yinelenmelerin bir kısmı hatadan, bir kısmı ise dolandırıcılıktan kaynaklanmaktadır."

Bu soruşturmalar, Birinci Dünya Savaşı'nın sonunda Eugene Meyer'in neden Allied Chemical and Dye Corporation'ın ve daha sonra ülkenin en etkili gazetesi olan The Washington Post'un kontrolünü satın alabildiğini açıklayabilir. Her biri 10.000 dolar değerinde olan tahvillerin "biri devlet için, biri benim için" şeklinde çoğaltılması, hatırı sayılır bir meblağ oluşturdu.

Bu Duruşmaların 6. sayfası. "20 Haziran 1920'den önceki bu Hazine işlemleri (alış ve satışlar için yapılan ödemeler dahil), Savaş Finans Kurumu (Genel Müdür Eugene Meyer) tarafından yürütülmüş olup, büyük ölçüde Savaş Finans Kurumu Genel Müdürü tarafından yönetilmiştir ve Hazine ile yapılan ödemeler esas olarak kendisi tarafından Hazine Müsteşar Yardımcısı ile gerçekleştirilmiştir, ve kayıtlar, Hazine'nin Savaş Finans Kurumu aracılığıyla satın aldığı 1.894 milyon doların üzerinde tahvil (1.894.000.000,00 $) için hükümetin ödediği bedelin temelinin piyasa fiyatı olmadığını ve tahvilin maliyeti artı faiz olmadığını, ayrıca uzlaşmaya dahil olan unsurların yazışmalarda açıklanmadığını göstermektedir. Savaş Finans Kurumu genel müdürü, kendisinin ve bir Hazine Müsteşar Yardımcısı'nın (Kuhn, Loeb Co.'nun ortağı ve kızı Lewis L. Strauss ile evli olan Jerome J. Hanauer) fiyat üzerinde anlaştıklarını ve bunun, Savaş Finans Kurumu tarafından satın alınan tahvillerle ilgili olarak bir Hazine Müsteşar Yardımcısı tarafından belirlenen keyfi bir rakam olduğunu belirtmiştir.

Bu işlemlerin yapıldığı dönem boyunca ve oldukça yakın bir tarihe kadar, Savaş Finans Kurumu'nun genel müdürü Eugene Meyer, Jr., özel sıfatıyla New York City, Wall Street No. 14'te bir ofis işletiyordu ve Savaş Finans Kurumu aracılığıyla Hükümete yaklaşık 70 milyon dolarlık tahvil sattı, ayrıca Savaş Finans Kurumu aracılığıyla yaklaşık 10 milyon dolarlık tahvil satın aldı ve bu tahvillerin tamamı olmasa da çoğunun faturalarını Savaş Finans Kurumu genel müdürü olarak resmi sıfatıyla onayladı.

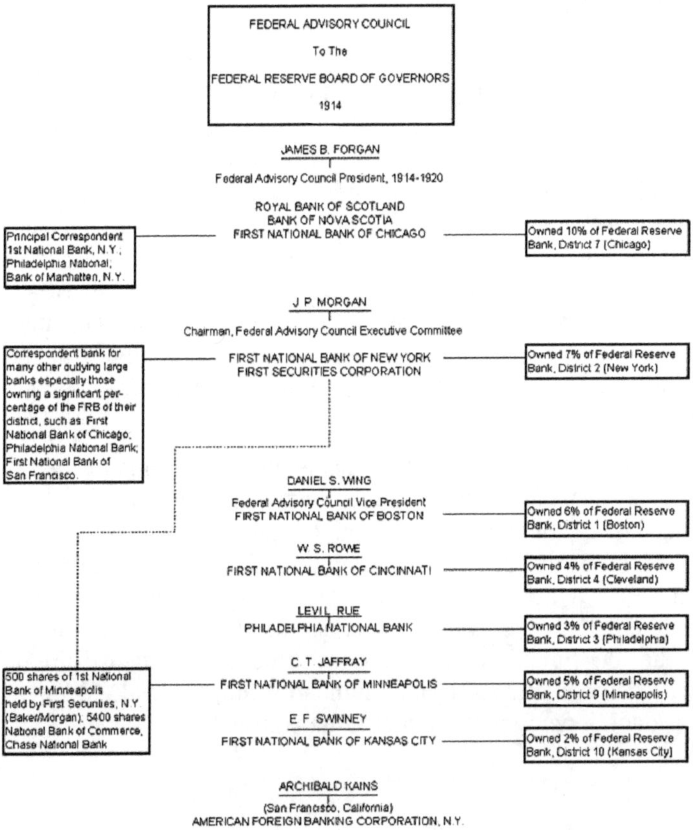

CHART II

Bu tablo, 1914 yılında Federal Danışma Konseyi'nin ilk üyeleri olarak seçilen yetkililerin geçmişlerinde ortaya çıkan, birbiriyle iç içe geçmiş banka yönetim kurullarını göstermektedir. Başlıca isimler, 1910'daki Jekyll Adası Konferansı'nda ve 1913'te Federal Rezerv Yasası'nın Kongre tarafından yasalaştırılması için yürütülen kampanya sırasında hazır bulunan veya temsil edilen bankacılardı. Bu yetkililer, New York Federal Rezerv Bankası'nın kontrol hisselerini satın alan New York bankalarındaki en büyük hisse sahiplerini temsil ediyorlardı ve aynı zamanda diğer Federal Rezerv bölgelerindeki bankaların başlıca muhabir bankalarıydılar; bu bankalar da Federal Danışma Konseyi'nde kendilerini temsil edecek yetkililerini seçtiler.

Az önce bahsedilen bu işlemler açık oturumda komiteye bildirildiğinde, genel müdür komite huzuruna çıktı ve bu işlemler üzerinden komisyon ödendiğini, bu komisyonların da genel müdür tarafından seçilen ve aracı kurumunun verdiği emirleri yerine getiren brokerlere ödendiğini belirtti. Komiteye bu bilginin açıklanmasından hemen sonra, genel müdür, War Finance Corporation'ın defterlerini denetlemek üzere Ernst and Ernst adlı yeminli mali müşavirleri görevlendirdi. Bu defterlerin incelenmesi tamamlandıktan sonra, yeminli mali müşavirler komiteye, genel müdürün aracı kurumunun aldığı tüm paraların hesaplandığını bildirdi.

Komite tarafından yapılan incelemeyle eş zamanlı olarak, yukarıda bahsedilen yeminli muhasebeciler her gece incelemelerini sürdürürken, komiteniz tarafından bu işlemleri kapsayan kayıt defterlerinde tahrifat ve değişiklikler yapıldığı ortaya çıktı ve bu durum Savaş Finans Kurumu'nun hazinecisinin dikkatine sunulduğunda, o da komiteye değişiklikler yapıldığını itiraf etti. Komite, bu süreçte kayıt defterlerinin ne ölçüde değiştirildiğini tespit edememiştir. 1921 Haziranından sonra, yaklaşık 10 milyar dolar değerinde menkul kıymet imha edilmiştir."

CHART 2
J. Henry Schroder
Baron Rudolph Von Schroder
Hamburg - 1858 - 1934
Baron Bruno Von Schroder
Hamburg - 1867 - 1940
F. C. Tiarks
1874-1952
marr. Emma Franziska
(Hamburg)
J. Henry Schroder, 1902
Dir. Bank of England
Dir. Anglo-Iranian Oil Co.
Helmut B. Schroder
J. Henry Schroder Banking Co. N.Y.
J. Henry Schroder Trust Co. N.Y.

Allen Dulles
Sullivan & Cromwell
Director -- CIA

John Foster Dulles
Sullivan & Cromwell
U.S. Secretary of State
Rockefeller Foundation

Prentiss Gray
Belgian Relief Comm.
Chief Marine Transportation
U.S. Food Administration WW I
Manati Sugar Co. American &
British Continental Corp.

Lord Airlie
Chairman; Virginia Fortune
Ping Coal Mines, Tientsin
Ryan daughter of Otto Kahn
of Kuhn, Loeb Co.

M. E. Rionda
Pres., Cuba Cane Sugar Co.
Manati Sugar Co. & many other
sugar companies.

G. A. Zabriskie
Chmn U.S. Sugar Equalization Board
Board 1917-18, Pres Empire
Biscuit Co., Columbia Baking
Co., Southern Baking Co.

Emile Francqui
Belgian Relief Comm. Kai
Ping Coal Mines, Tientsin
Railroad, Congo Copper,
Banque Nationale de Belgique

Suite 2000 42 Broadway, NY

Edgar Richard
Belgium Relief Comm
Amer Relief Comm
U.S. Food Admin
1918-24, Hazeltine Corp.

Julius H. Barnes
Belgium Relief Comm
Pres. Grain Corp.
U.S. Food Admin
1917-18, C.B Pitney
Bowes Corp, Manati
Sugar Corp.

Herbert Hoover
Chmn Belgium Relief
U.S. Food Admin
Sec of Commerce 24-28
Kaiping Coal Mines
Congo Copper
U.S. President, 1929-32

John Lowery Simpson
Sacramento, Calif Belgium Relief
Comm. U. S. Food Administration
Prentiss Gray Co. J. Henry Schroder
Trust, Schroder-Rockefeller, Chmn
Fin Comm, Bechtel International
Co. Bechtel Co. (Casper Weinberger
Sec of Defense; George P. Schultz
Sec of State (Reagan Admin)
SS Senior Group Leader

Baron Kurt Von Schroder
Schroder Banking Corp. J.H. Stein
Bankhaus (Hitler's personal bank
account) served on board of all
German subsidiaries of ITT
Bank for International Settlements

Himmler's Circle of Friends (Nazi Fund)
Schroder-Rockefeller & Co., NY
Deutsche Reichsbank, pres.
Avery Rockefeller, J. Henry Schroder
Banking Corp., Bechtel Co., Bechtel
International Co., Canadian Bechtel Co.

Sir Gordon Richardson
Governor, Bank of England
1973-PRESENT C.B. of J. Henry Schroder N.Y.
Schroder Banking Co., New York, Lloyds Bank
Rolls Royce

CHART 3
David Rockefeller, Chairman, Chase Manhattan Corp

Chase Manhattan Corp. Officer & Director Interlocks

Private Investment Co. for America	Allied Chemicals Corp.
Firestone Tire & Rubber Co.	General Motors
Orion Multinational Services Ltd	Rockefeller Family & Associates
ASARCO. Inc	Chrysler Corp.
Southern Peru Copper Corp.	Intl' Basic Economy Corp.
Industrial Minerva Mexico S.A.	R.H. Macy & Co.
Continental Corp.	Selected Risk Investments S.A.
Honeywell Inc.	Omega Fund, Inc.
Northwest Airlines, Inc.	Squibb Corp.
Northwestern Bell Telephone Co.	Olin Foundation
Minnesota Mining & Mfg Co (3M)	Mutual Benefit Life Ins. Co. NJ
American Express Co.	AT&T
Hewlett Packard	Pacific Northwestern Bell Co.
FMC Corporation	BeachviLime Ltd.
Utah Intl' Inc.	Eveleth Expansion Co.
Exxon Corporation	Fidelity Union Bancorporation
International Nickel/Canada	Cypress Woods Corp.
Federated Capital Corp.	Intl' Minerals & Chemical Corp.
Equitable Life Assurance Soc U.S.	Burlington Industries
Federated Dept Stores	Wachovia Corporation
General Electric	Jefferson Pilot Corp.
Scott Paper Co.	R. J. Reynolds Industries Inc.
American Petroleum Institute	United States Steel Corp.
Richardson Merril Inc.	Metropolitan Life Insurance Co.
May Department Stores Co.	Norton-Simon Inc.
Sperry Rand Corporation	Stone-Webster Inc.
San Salvador Development Co.	Standard Oil of Indiana

Chart 4
Alan Pifer, President, Carnegie Corp. of NY

Carnegie Corp. Trustee Interlocks----------|

Rockefeller Center, Inc	J. Henry Schroder Trust Co.
The Cabot Corp.	Paul Revere Investors, Inc.
Fed. Reserve Bank of Boston	Qunlpeco, Inc.
Owens Corning Fiberglas	
New England Telephone Co.	
Fisher Scientific Co.	
Mellon National Corporation	
Equitable Life Assurance Society	
Twentieth Century Fox Corp.	
J. Henry Schroder Banking Corp.	

Chart 5
Maurice F. Granville, Chairman, Texaco Incorporated

Texaco Officer & Director Interlocks---Liggett & Myers, Inc.

London ----	Arabian American Oil Co.	St John del Ray Mining Ltd.
Connection --	Brown Brothers Harriman	National Steel Corp.
----	Brown Harriman & Intl' Banks Ltd.	Massey-Ferguson Ltd.
	American Express	Mutual Life Insurance Co.
	Amer. Express	Intl' Bank Mass Mutual Income Invest
	Anaconda Copper	United Services Life Ins. Co.
	Rockefeller Foundation	Fairchild Industries
	Owens-Corning Fiberglas	Blount, Inc.
	Nat I City Bank (Cleveland)	William Wrigley Jr. Co
I.M. Roths- ---	Sun Life Assurance Co.	Nat I Blvd. Bank of Chicago
child &	General Reinsurance	Lykes Youngstown Corp.
Sons, Ltd.	General Electric (NBC)	Inmount Corp.

<>

errata

A lot of people during my presidency ...and, during both Presidents Bush, attack the Bush Dynasty ...because, *they* co-owned Hamburg Amerika shipping company. Horse-pucky. History says, the financial panic of 1897 forced Union Pacific Railroad into bankruptcy. So, in 1898, Edward H. Harriman and Robert Lovett bought that railroad for 110 million dollars, in a deal brokered by New York-based Kuhn Loeb

J. Henry Schroder Bankacılık Şirketi'nin çizelgesi, 20. yüzyılın tüm tarihini kapsar; 1915-1918 yılları arasında Almanya'ya erzak sağlayan ve 1916'da Almanya'yı barış aramaktan vazgeçiren programı (Belçika Yardım Komisyonu) içerir; 1933'te İkinci Dünya Savaşı'nı mümkün kılmak için Hitler'e finansman sağlar; Herbert Hoover'ın başkanlık kampanyasına destek vermiş; ve hatta şu anda, bağlı şirketi Bechtel Corporation'ın iki üst düzey yöneticisi, Reagan yönetiminde Savunma Bakanı ve Dışişleri Bakanı olarak görev yapmaktadır.

1973'ten beri İngiltere Merkez Bankası'nın başkanı olan Sir Gordon Richardson, (Rothschild Hanesi tarafından kontrol edilen) İngiltere Merkez Bankası Başkanı, New York'taki J. Henry Schroder ve Schroder Banking Corporation'ın yanı sıra Londra'daki Lloyd's Bank ve Rolls Royce'un da başkanlığını yapmıştır. New York'ta Sutton Place'de bir konutu bulunan Richardson, "The London Connection"ın başkanı olarak dünyanın en etkili bankacısı olarak nitelendirilebilir.

Daha sonra bir ABD başkanını hırsızlık olayından haberi olduğu gerekçesiyle Beyaz Saray'dan kovacak olan, Eugene Meyer'in *Washington Post* gazetesi (kızı Katherine Graham'ın yönetiminde) idi. Meyer'in War Finance Corporation'ın yönetiminde olduğu dönemde yüz milyonlarca dolarlık tahvillerin kopyalanması, Kongre soruşturması sırasında defterlerin tahrif edilmesi ve Meyer'in bu durumdan milyonlarca dolar ile çıkıp bu parayla Allied Chemical Corporation, *The Washington Post* ve diğer mülkleri satın alması gerçeği hakkında ne düşünmeliyiz? Bu arada, Meyer'in ailesine ait bankacılık şirketi Lazard Brothers, Kennedy ailesinin serveti de dahil olmak üzere birçok siyasi şahsiyetin servetini bizzat yönetmektedir.

Warburg, Baruch ve Meyer'in yanı sıra, J.P. Morgan Co. ve Kuhn, Loeb Co.'nun bir sürü ortağı, çalışanı ve uydusu, 1917'den sonra Amerikan halkının kaderini yönetmek üzere Washington'a geldi.

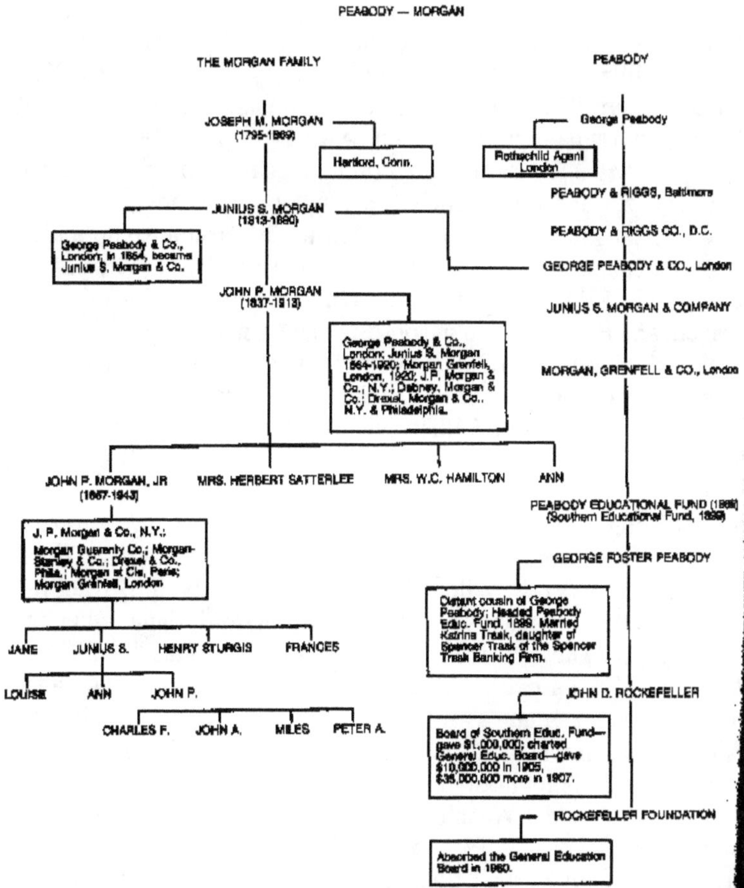

CHART IV

Peabody-Morgan şeması, kurulduklarından beri merkezi Londra'da bulunan bu önde gelen bankacılık firmalarının Londra bağlantısını göstermektedir. Peabody serveti, 1865'te bir Eğitim Fonu kurdu; bu fon daha sonra 1905'te John D. Rockefeller tarafından Genel Eğitim Kurulu'na dahil edildi ve bu kurul da 1960'ta Rockefeller Vakfı tarafından devralındı.

Vatandaşlarımıza tahvil satan Liberty Loans, nominal olarak ABD Hazine Bakanlığı'nın yetki alanındaydı ve Wilson'ın Hazine Bakanı William G. McAdoo'nun liderliğindeydi. McAdoo, 1902'de Kuhn, Loeb Co. tarafından Hudson-Manhattan Demiryolu Şirketi'nin başına getirilmişti. Paul Warburg, savaş sırasında Kuhn Loeb Co. şirketinin çoğunu Washington'da yanında bulunduruyordu. Kuhn, Loeb Co.'nun ortağı Jerome Hanauer, Liberty Loans'tan sorumlu Hazine Müsteşar Yardımcısıydı. Savaş sırasında Hazine'nin iki müsteşar yardımcısı S. Parker Gilbert ve Roscoe C. Leffingwell'di. Hem Gilbert hem de Leffingwell, Cravath and Henderson hukuk bürosundan Hazine'ye gelmişlerdi ve Hazine'de Kuhn, Loeb Co. için görevlerini yerine getirdikten sonra o firmaya geri dönmüşlerdi. Cravath ve Henderson, Kuhn Loeb Co.'nun avukatlarıydı. Gilbert ve Leffingwell daha sonra J.P. Morgan Co.'da ortak oldular. Bu ülkede ve Meksika'da en büyük demiryolu mülk sahiplerinden biri olan Kuhn, Loeb Company, Birinci Dünya Savaşı sırasında Woodrow Wilson'a Birleşik Devletler Demiryolu İdaresi'ni kurdurarak çıkarlarını korudu. Genel Müdür, Para Denetçisi William McAdoo'ydu. Warburg, 1918'de bu yapıyı, Federal Ulaşım Konseyi adını verdiği daha sıkı bir organizasyonla değiştirdi. Bu iki organizasyonun amacı, demiryolu işçilerinin Kuhn, Loeb'in ABD Hükümeti'nden aldığı milyonlarca dolarlık savaş zamanı kârından bir kısmını ücret olarak almaya çalışması durumunda, savaş sırasında Kuhn, Loeb Company'ye karşı grevlerin önlenmesiydi.

Savaş sırasında Washington'da bulunan önemli bankacılar arasında, hızla yükselen New York'taki Lehman Brothers, Bankers firmasının sahibi Herbert Lehman da vardı. Lehman, derhal Ordu Genelkurmayına atandı ve albay rütbesi verildi.

Lehmanlar, "savaştan kâr elde etme" konusunda önceden deneyime sahipti; bu, çift anlamlı bir deyim ve Baruch'un en sevdiği ifadelerden biriydi. Arthur D. Howden Smith, *Men Who Rule America (Amerika'yı Yöneten Adamlar)* adlı kitabında, İç Savaş sırasındaki Lehmanlar hakkında şöyle yazıyor: "Onlar genellikle her iki taraf için de ajan ve aracıydılar; gizli iletişim için aracılık ediyorlardı ve Konfederasyon için pamuk ve uyuşturucu ile ilgili birçok yasadışı işlemi yürütüyorlardı; Kuzey için de bilgi tedarikçisiydiler. Lehmanlar, Konfederasyon'un ilk başkenti

Montgomery'de bulunan Mayer, New Orleans't 'ın Henry'si ve New York'taki Emanuel ile ortaya çıkan her kâr fırsatından yararlanmak için ideal bir konumdaydılar. Neredeyse hiçbir fırsatı kaçırmamış görünüyorlar."[113]

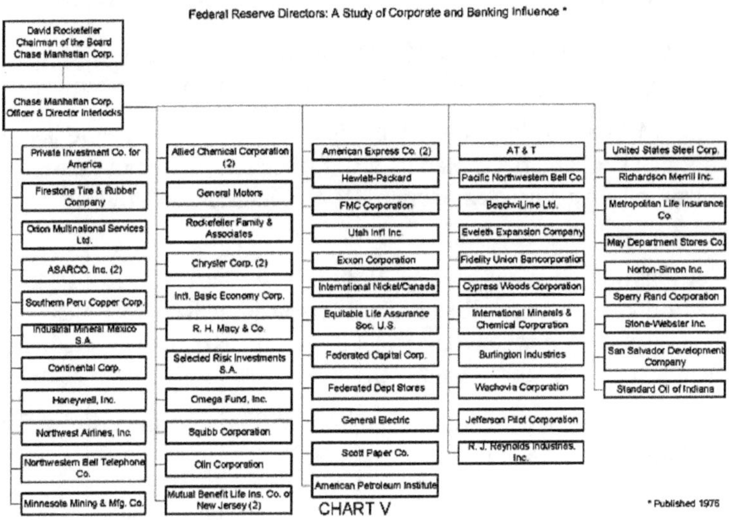

David Rockefeller şeması, New York Federal Rezerv Bankası, Indiana Standard Oil, General Motors, Allied Chemical Corporation (Eugene Meyer ailesi) ve Equitable Life (J.P. Morgan) arasındaki bağlantıyı göstermektedir.

Birinci Dünya Savaşı sırasında yapılan diğer atamalar şunlardı:

Armour et paketleme tröstünün direktörü J.W. McIntosh, 1918'de Birleşik Devletler Ordusu'nun İkmal Şefi olarak atandı. Daha sonra Coolidge yönetimi sırasında Para Denetçisi ve Federal Rezerv Kurulu'nun doğal üyesi oldu.

Harding yönetimi döneminde, ABD Denizcilik Kurulu'nun Maliye Direktörü olarak görev yapan McIntosh, Kurul'un gemileri maliyetlerinin yüzde birine Dollar Lines'a satıp ardından bu şirketin ödemelerini yerine getirmemesine göz yumduğu süreçte üzerine

---

113 Arthur D. Howden Smith, *Men Who Rule America,* Bobbs Merrill, N.Y. 1935, s. 112.

düşen görevi yerine getirdi. Kamu hizmetinden ayrıldıktan sonra, J.W. McIntosh New York'taki J.W. Wollman Co. menkul kıymetler komisyonculuğu şirketinin ortağı oldu.

Federal Rezerv Kurulu Başkanı W.P.G. Harding, Eugene Meyer yönetimindeki Savaş Finans Kurumu'nun da genel müdürüydü.

1923-24 yıllarında Federal Rezerv Kurulu üyesi olan George R. James, Savaş Sanayii Kurulu'nun Pamuk Bölümü Başkanı olmuştu.

J.P. Morgan Co.'nun kıdemli ortağı Henry P. Davison, Amerikan halkından bağış olarak toplanan 370 milyon dolarlık nakit paranın kontrolünü ele geçirmek amacıyla 1917'de Amerikan Kızıl Haçı'nın başına atandı.

Atlanta'lı bankacı ve 1938-39 yıllarında Roosevelt yönetimindeki Federal Rezerv Kurulu Başkanı Ronald Ransom, 1918 yılında Amerikan Kızıl Haçı'nın Dış Hizmetler Personel Sorumlusu olarak görev yapmıştı.

Para Birimi Denetçisi John Skelton Williams, Amerikan Kızıl Haçı'nın Ulusal Hazinedarı olarak atandı.

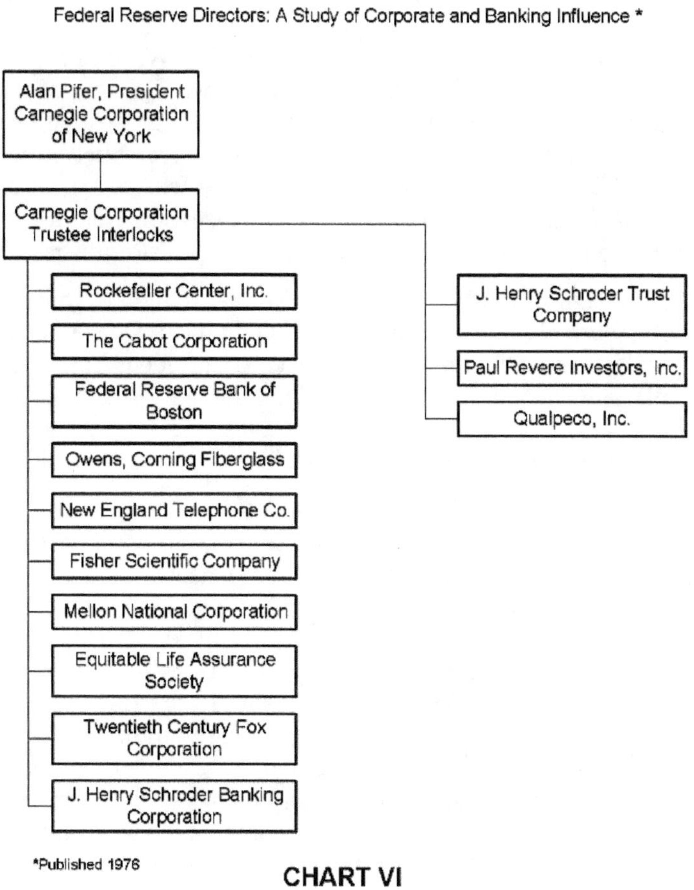

CHART VI

Bu tablo, New York Federal Rezerv Bankası, J. Henry Schroder Banking Corp., J. Henry Schroder Trust Co., Rockefeller Center, Inc., Equitable Life Assurance Society (J.P. Morgan) ve Boston Federal Rezerv Bankası arasındaki bağlantıları göstermektedir.

Federal Rezerv Yasası'nı imzalayan ve Almanya'ya savaş ilan eden büyük liberal Başkan Woodrow Wilson, bugün halkın savunucusu olarak anılan bir adam için tuhaf bir kariyere sahipti. 1912 ve 1916 başkanlık kampanyalarında başlıca destekçisi, New York National City Bank'ı kontrol eden Kuhn Loeb'd 'dan

Cleveland H. Dodge'dı. Dodge aynı zamanda Winchester Arms Company ve Remington Arms Company'nin de başkanıydı. Bu büyük demokratın siyasi kariyeri boyunca Başkan Wilson ile çok yakındı. Wilson, 12 Şubat 1914'te Meksika'ya silah sevkiyatı üzerindeki ambargoyu kaldırdı, böylece Dodge, Carranza'ya bir milyon dolar değerinde silah ve mühimmat gönderebilecek ve Meksika Devrimi'ni destekleyebilecekti. Meksika Ulusal Demiryolları Sisteminin sahibi olan Kuhn, Loeb Co., Huerta'nın yönetiminden memnun kalmamış ve onu görevden aldırmıştı.

1915'te İngiliz donanma gemisi Lusitania batırıldığında, gemide Dodge'ın fabrikalarından gelen mühimmat yüklüydü. Dodge, halkı Almanya'ya karşı kışkırtmak için büyük çaba sarf eden "Lusitania Kurbanlarının Hayatta Kalanları Fonu"nun başkanı oldu. Dodge, fabrikalarındaki grevcilere karşı profesyonel gangsterler kullanmasıyla da kötü şöhretliydi, ancak liberal Wilson'ın bundan hiç rahatsız olduğu görülmüyor.

Wilson'ın kendine özgü liberalizmine dair bir başka ipucu, Chaplin'in Wobbly adlı kitabında bulunabilir. Kitapta, "savaşa karşı konuşup yazdığı" için Atlanta Hapishanesi'ne gönderilen, yaşlı ve hasta Eugene Debs'in Wilson'a gönderdiği af dilekçesinin üzerine Wilson'ın "REDDEDİLDİ" yazdığını anlatır. Debs'in suçlandığı şey "savaşı sözlü ve yazılı olarak kınaması"ydı. Bu, Wilson diktatörlüğü için vatana ihanetti ve Debs hapse atıldı. Sosyalist Parti'nin başkanı olarak Debs, Atlanta Hapishanesi'nden başkanlık seçimlerine aday oldu; bunu yapan tek kişi oydu ve bir milyondan fazla oy aldı. O dönemde birçok Amerikalının dürüst bir hükümet arzusunu temsil eden Sosyalist Parti'nin liderliğinin, Princeton Üniversitesi'nde Woodrow Wilson'ın eski öğrencisi ve hayranı olan Norman Thomas'ın zayıf ellerine geçmesi ironikti. Thomas'ın liderliğinde Sosyalist Parti artık hiçbir şeyi temsil etmiyordu ve etkisi ve prestijinde sürekli bir düşüş yaşadı.

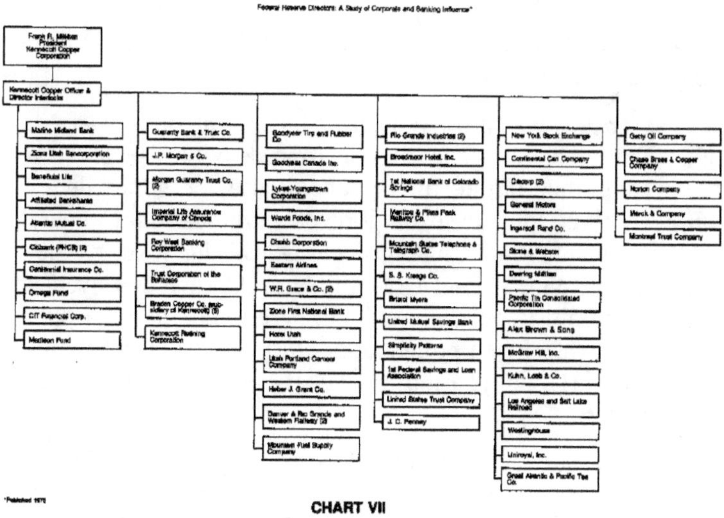

CHART VII

Bu grafik, New York Federal Rezerv Bankası ile Citibank, Guaranty Bank and Trust Co. (J.P. Morgan), J.P. Morgan Co., Morgan Guaranty Trust Co., Alex Brown & Sons (Brown Brothers Harriman), Kuhn Loeb & Co., Los Angeles ve Salt Lake RR (Kuhn Loeb Co. tarafından kontrol ediliyor) ve Westinghouse (Kuhn Loeb Co. tarafından kontrol ediliyor) arasındaki bağlantıları göstermektedir.

Wilson, House ve Wiseman gibi Bolşevik Devrimi'ne derinlemesine dahil olmaya devam etti. House Intimate Papers'ın 3. cildinin 421. sayfasında, 1 Mayıs 1918'de Londra'dan Sir William Wiseman'ın House'a gönderdiği bir telgraf yer almaktadır; bu telgrafta, Bolşevik güçlerinin örgütlenmesine yardımcı olmak için Bolşeviklerin daveti üzerine müttefiklerin müdahalesi önerilmektedir.

Yarbay Norman Thwaites, anı kitabı Velvet and Vinegar'da şöyle diyor: "1917-20 yılları arasında hassas kararlar alınması gerektiğinde sık sık Bay (Otto) Kahn'a danışırdım; onun sakin yargısı ve siyasi ve ekonomik eğilimlere ilişkin neredeyse doğaüstü öngörüsü son derece yardımcı oluyordu. Yakından ilişkili olduğum bir diğer dikkate değer kişi, Barış Konferansı'nda İngiliz delegasyonunun Amerikan işleri danışmanı ve savaş sırasınd 'da

Amerikan ve İngiliz hükümetleri arasındaki irtibat subayı olan Sir William Wiseman'dı. O, Downing Street ile ilişkilerinde bu ülkenin Albay House'una daha çok benziyordu."[114]

1917 yazında Woodrow Wilson, Col. House'u Müttefikler Arası Savaş Konferansı'na gönderilecek Amerikan Savaş Heyeti'nin başına atadı; bu, tarihte bir Avrupa konseyine gönderilen ilk Amerikan heyeti idi. House, bu görevde yardımcısı olarak damadı Gordon Auchincloss'u atadığı için eleştirildi. Kuhn, Loeb Company'nin avukatı Paul Cravath, Amerikan Savaş Heyeti'nin üçüncü sorumlusuydu. Sir William Wiseman, konferanslarda Amerikan Savaş Heyeti'ne rehberlik etti. Viereck, The Strangest Friendship in History (Tarihin En Tuhaf Dostluğu) adlı kitabında şöyle yazıyor:

"Amerika'nın savaşa girmesinden sonra, Northcliffe'e göre, Albay'a ve Beyaz Saray'a her zaman erişimi olan tek kişi Wiseman'dı. Wiseman, Albay'ın yaşadığı evde bir daire kiraladı. David Lawrence, 53. Cadde'deki evi (New York City) şakayla karışık bir şekilde Amerikan 10 Downing Caddesi olarak adlandırdı....

[114] Yarbay Norman Thwaites, Velvet and Vinegar, Grayson Co., Londra, 1932.

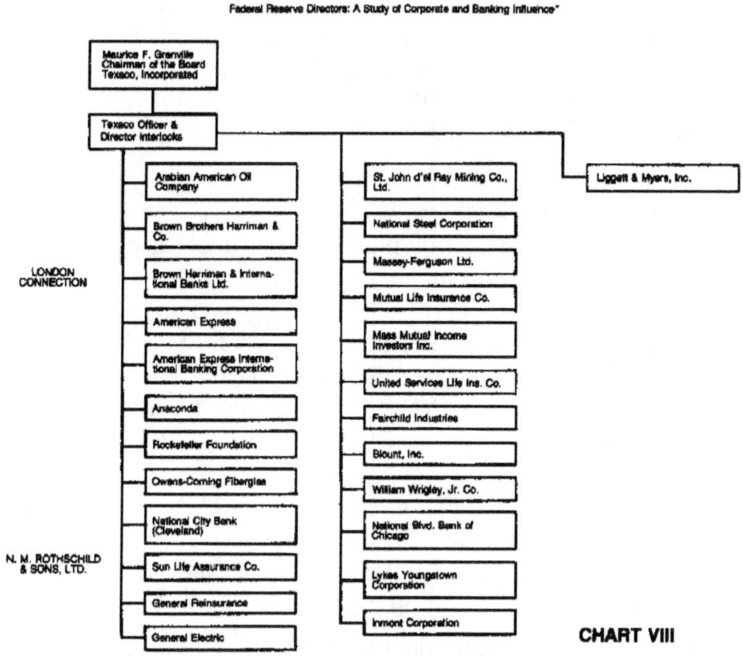

Bu tablo, New York Federal Rezerv Bankası, Brown Brothers Harriman, Sun Life Assurance Co. (N.M. Rothschild and Sons) ve Rockefeller Vakfı arasındaki bağlantıyı göstermektedir.

Albay House'un sadece Sir William Wiseman ile kullandığı özel bir şifresi vardı. Albay House "Bush", Morganlar "Haslam" ve Troçki "Keble" idi.[115]

Böylece, İngiliz ve Amerikan hükümetlerinin bu iki "gayri resmi" danışmanı, başkalarının anlayamayacağı, yalnızca aralarında kullandıkları bir şifreye sahipti. Daha da tuhaf olan ise, uluslararası Komünist casusluk teşkilatının uzun yıllar boyunca Albay House'un *Philip Dru, Administrator* adlı kitabını resmi şifre kitabı olarak kullanmış olmasıydı. François Coty şöyle yazıyor:

---

115 George Sylvester Viereck, The Strangest Friendship in History, Woodrow Wilson and Col. House, Liveright, N.Y. 1932, s. 172.

"Lenin'in Çin'deki ajanı Gorodin'in, Albay House tarafından yayınlanan Philip Dru, Administrator kitabının bir kopyasını yanında taşıdığı iddia ediliyordu ve Çin'de yaşayan bir şifre uzmanı, bu yazara Gorodin'in bu kitaba sürekli erişiminin amacının, mesajları şifrelemek ve deşifre etmek için kullanmak olduğunu söyledi."[116]

Ateşkesin ardından Woodrow Wilson, Barış Konferansı'na katılacak Amerikan Heyeti'ni topladı ve Paris'e doğru yola çıktı. Genel olarak, Wilson'ın politikalarını her zaman yönlendirmiş olan bankacılardan oluşan, son derece uyumlu bir gruptu. Ona, Bernard Baruch, J.P. Morgan Co.'dan Thomas W. Lamont, J & W Seligman bankacılarından Albert Strauss (Wilson tarafından Federal Rezerv Yönetim Kurulu'nda Paul Warburg'un yerine seçilmişti), J.P. Morgan ve Morgan'ın avukatları Frank Polk ile John W. Davis eşlik ediyordu. Onlara Walter Lippmann, Felix Frankfurter, Yargıç Brandeis ve diğer ilgili taraflar eşlik ediyordu. Mason'ın Brandeis biyografisinde şöyle deniyor: "1919 Haziranında Paris'te Brandeis, Paul Warburg, Albay House, Lord Balfour, Louis Marshall ve Baron Edmond de Rothschild gibi dostlarıyla bir araya geldi."

Nitekim Baron Edmond de Rothschild, Amerikan Heyetinin önde gelen üyelerine cömert bir ev sahipliği yaptı ve hatta Paris'teki malikanesini onlara tahsis etti; ancak daha alt düzeydeki üyeler, Albay House ve 201 kişilik kişisel hizmetkâr kadrosuyla birlikte zarif Hotel Crillon'da kalmak zorunda kaldı.

[116] Francois Coty, Tearing Away the Veil, Paris, 1940.

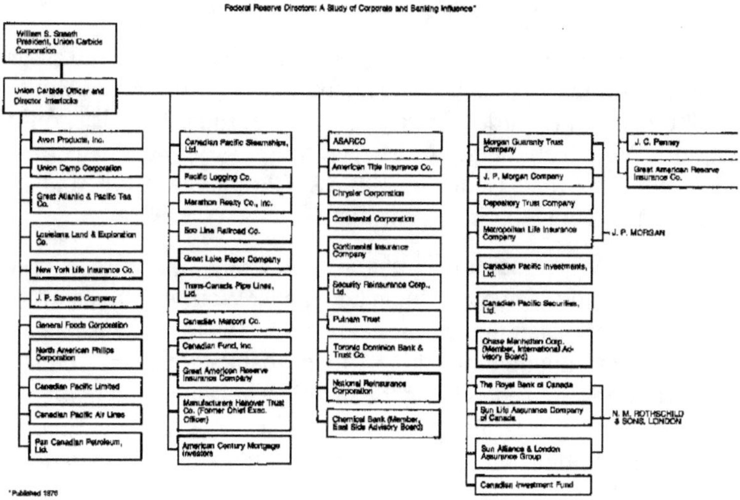

CHART IX

Bu tablo, New York Federal Rezerv Bankası ile J.P. Morgan Co., Morgan Guaranty Trust Co. ve Royal Bank of Canada, Sun Life Assurance Co. of Canada, Sun Alliance ve London Assurance Group'un Rothschild iştirakleri arasındaki bağlantıları göstermektedir.

Baruch daha sonra Senato Dış İlişkiler Komitesi'nin Graham Komitesi önünde şu ifadeyi verdi: "Barış misyonunda ekonomi danışmanıydım.

GRAHAM: Oradayken Başkan'a sık sık danışmanlık yaptınız mı?

BARUCH: Ne zaman tavsiyemi istese, ona tavsiyede bulundum. Tazminat maddeleriyle ilgim vardı. Ekonomik Bölüm olarak adlandırdıkları bölümden sorumlu Amerikan Komiseriydim. Ham metallerden sorumlu Yüksek Ekonomi Konseyi üyesiydim.

GRAHAM: Antlaşmayı müzakere eden beyefendilerle birlikte konseyde yer aldınız mı?

BARUCH: Evet efendim, bazen.

GRAHAM: Beşli'nin katıldığı toplantılar hariç mi? (Beşli, beş müttefik ülkenin liderleridir).

BARUCH: "Ve sık sık o toplantılara da katıldım."

Paul Warburg, Wilson'a Barış Müzakereleri Amerikan Komisyonu'nda baş mali danışmanı olarak eşlik etti. Alman heyetinin başında kardeşi Max Warburg'u görünce hoş bir sürpriz yaşadı; Max Warburg, M.M. Warburg Company'den Carl Melchior'u, William Georg von Strauss'u, Franz Urbig'i ve Mathias Erzberger'i de beraberinde getirmişti.

Thomas W. Lamont, özel olarak basılan anıları Across World Frontiers'da şöyle diyor: "Alman heyetinde, Warburg firmasından, tesadüfen biraz tanıdığım ve gayri resmi olarak konuşmaktan memnuniyet duyduğum iki Alman bankacı vardı; çünkü müttefiklerin kabul edebileceği bir tazminat anlaşması sunmak için ciddiyetle çaba gösteriyor gibi görünüyorlardı."[117] Lamont, İngiliz heyetinin baş danışmanı Sir William Wiseman'ı görmekten de memnun oldu.

Konferanstaki bankacılar, Wilson'ı uluslararası para işlemlerini kolaylaştırmak için uluslararası bir hükümete ihtiyaç duyduklarına ikna ettiler. Cilt IV, s. 52, Intimate Papers of Col. House, Sir William Wiseman'ın 16 Ağustos 1918'de Lord Reading'e gönderdiği bir mesajı aktarıyor: "Başkanın gözünde iki ana ilke var; bir Milletler Cemiyeti olmalı ve bu Cemiyet güçlü olmalı."

Hayal dünyasında yaşıyor gibi görünen Wilson, birçok kişiye uluslararası bir diktatörlük gibi görünen bir yapıya, zor kazanılmış bağımsızlıklarını devretmeleri için yürüttüğü kampanya sırasında Amerikan vatandaşları tarafından yuhalandığında şok oldu. Hemen depresyona girdi ve yatak odasına çekildi. Eşi, Col. House'a karşı Beyaz Saray'ın kapılarını derhal kapattı ve 25 Eylül 1919'dan 13 Nisan 1920'ye kadar, yakın bir arkadaşı olan "askeri yardımcısı" Col. Rixey Smith'in yardımıyla Amerika Birleşik Devletleri'ni yönetti. Herkes bu görüşmelerden dışlandığı için, ikiliden hangisinin Başkan, hangisinin Başkan Yardımcısı olarak görev yaptığını kimse bilemedi.

Woodrow Wilson'ın hayranları, on yıllar boyunca Bernard Baruch tarafından yönlendirildi; Baruch, Woodrow Wilson'ın tanıdığı en büyük adam olduğunu söylemişti. Wilson'ın Federal Rezerv' 'a yaptığı atamalar ve bu kurumun Birinci Dünya Savaşı'nı

[117] Thomas W. Lamont, Across World Frontiers, (Özel baskı) 1950, s. 138.

finanse etme sorumluluğu, ayrıca Wilson'ın savaş sırasında Amerika Birleşik Devletleri'ni göçmen üçlüsüne teslim etmesi, onu Amerikan tarihinin en önemli tek yıkım faili gibi gösterdi.

Fransız halkı tarafından sokaklarda yuhalanıp alay edildiği ve Versay sarayında Orlando ile Clemenceau tarafından alay konusu olduğu, başarısızlıkla sonuçlanan Avrupa gezisinin ardından Woodrow Wilson'ın eve dönüp yatağa yatması şaşırtıcı değildir. Doğrudan sorumlu olduğu Avrupa'daki yıkım ve ölüm manzarası, belki de onun dayanabileceğinden daha büyük bir şoktu. İtalyan Bakan Pentaleoni, şu satırları yazarak Avrupa halklarının duygularını dile getirdi:

"Woodrow Wilson, artık herkesin nefretine maruz kalarak ortadan kaybolan bir tür Pecksniff'tir."

Amerika'nın talihsizliği, devlet destekli basın ve eğitim sistemimizin, dünya çapında bu kadar çok ölüm ve acıya neden olan bir adamı yüceltmeye adanmış olmasıdır.

Finans karteli, o kritik yıllarda yalnızca küçük çaplı aksilikler yaşadı. 12 Şubat 1917'de *The New York Times gazetesi*, "Federal Rezerv Kurulu'nun beş üyesi, Temsilciler Meclisi Bankacılık ve Para Komitesi'nin Cumhuriyetçi üyesi Temsilci Charles A. Lindbergh tarafından Meclis'te görevden alınma talebiyle karşı karşıya kaldı" diye haber yaptı. Lindbergh'e göre, 'komplo 1906'da başladı; o zamanlar merhum J.P. Morgan, Federal Rezerv Kurulu'nun şu anki üyesi Paul M. Warburg, National City Bank ve diğer bankacılık firmaları, büyük iş dünyasının çıkarları doğrultusunda para yasası çıkarılması ve bu yasayı yönetmek üzere özel bir kurulun atanması için 'komplo kurdular'; amaçları, kitleleri endüstriyel kölelere dönüştürmekti. Söz konusu komplocular gerçekten de komplo kurdular ve şu anda da, tüm tröstleri ticareti ve ticaretin kısıtlanması ve kontrolü altında tek bir büyük tröstte birleştirmek amacıyla, komplocuların her türlü büyük işletmeyi koordine etmelerine ve büyük işletmeler üzerinde kontrolü ellerinde tutmalarına imkan verecek şekilde Federal Rezerv Kurulu'nun yönetilmesini sağlamak için komplo kuruyorlar." Temsilciler Meclisi, görevden alma önergesini uygulamaya koymadı.

New York Times, 10 Ağustos 1918'de şöyle haber verdi: "Bay Warburg'un görev süresi dolduğu için, Federal Rezerv Kurulu'ndan gönüllü olarak emekli oldu." Dolayısıyla, Bay Warburg'un, savaşta olduğumuz bir yabancı ülke olan Almanya'nın Gizli Servisi'ndeki 'da bir kardeşi olduğu için Federal Rezerv Kurulu'ndan ayrıldığına dair önceki imalar, emekliliğinin nedeni değildi. Her halükarda, Federal Rezerv İdaresi'nden ayrılmadı, çünkü hemen J.P. Morgan'ın Federal Danışma Konseyi'ndeki koltuğunu devraldı ve bu görevden sonraki on yıl boyunca Federal Rezerv Sistemi'ni yönetmeye devam etti.

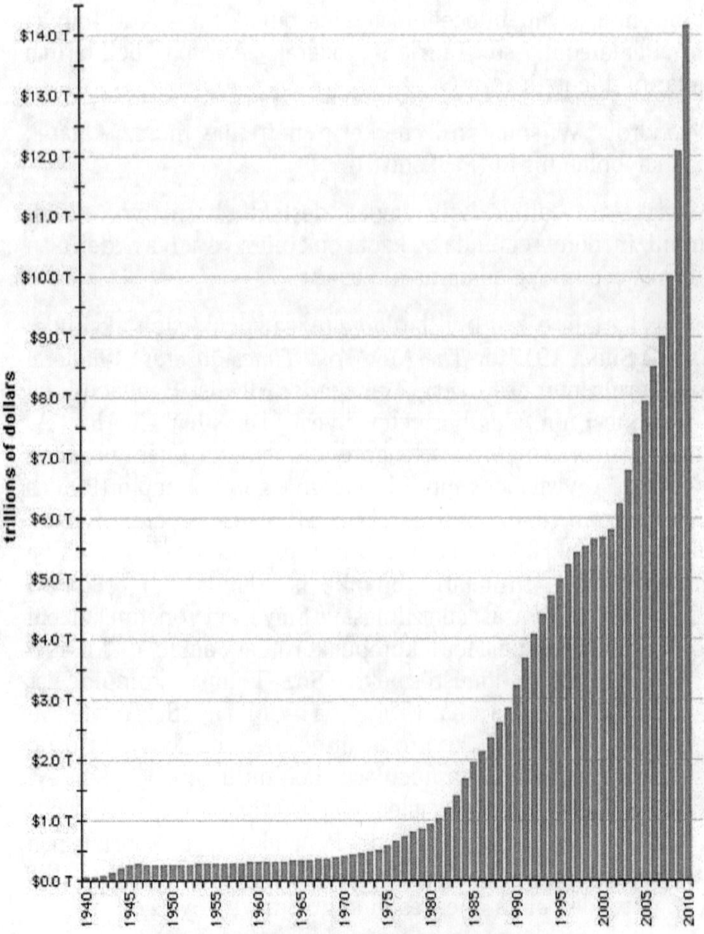

National Debt from 1940 to Present

Source: U.S. National Debt Clock
http://www.brillig.com/debt_clock/

DOKUZUNCU BÖLÜM

TARIM KRİZİ

Paul Warburg 1918'de Federal Rezerv Yönetim Kurulu'ndan istifa ettiğinde, onun yerini J & W Seligman uluslararası bankacılık evinin ortağı Albert Strauss aldı. Bu bankacılık evi, Küba ve Güney Amerika'da büyük çıkarları vardı ve bu ülkelerdeki birçok devrimin finansmanında önemli bir rol oynadı. En kötü şöhretli tanıtımı, 1933'teki Senato Finans Komitesi soruşturması sırasında, J & W Seligman'ın o ülkenin bir krediyi kabul etmesini sağlamak için Peru Cumhurbaşkanı'nın oğlu Juan Leguia'ya 415.000 dolarlık rüşvet verdiği ortaya çıktığında gerçekleşti.

"Who's Who"ya göre Albert Strauss'un yönetim kurulu üyeliklerinin kısmi listesi, onun şu görevlerde bulunduğunu göstermektedir: Cuba Cane Sugar Corporation Yönetim Kurulu Başkanı; Brooklyn Manhattan Transit Co., Coney Island Brooklyn RR, New York Rapid Transit, Pierce-Arrow, Cuba Tobacco Corporation ve Eastern Cuba Sugar Corporation yönetim kurulu üyesi.

Vali Delano, Ağustos 1918'de orduda albay rütbesine atanmak üzere istifa etti. Savaş 11 Kasım 1918'de sona erdi.

William McAdoo'nun Hazine Bakanı olarak yerine 1918'de Carter Glass geçti. Strauss ve Glass, 1920-21 Tarım Bunalımının ortaya çıkmasına neden olan 18 Mayıs 1920 tarihli Federal Rezerv Kurulu'nun gizli toplantısında hazır bulundular.

1913'te Federal Rezerv Yasası büyük bir tantanayla duyurulurken, bu yasa hakkındaki en büyük yalanlardan biri, çiftçilere göz kulak olacağına dair verilen sözdü. Aslında, bu yasa birkaç büyük bankacı dışında kimseye göz kulak olmadı. Harvard'lı ekonomist Prof. O.M.W. Sprague, Şubat 1914 tarihli Quarterly Journal of Economics dergisinde şöyle yazmıştı:

"Federal Rezerv Yasası'nın temel amacı, bu ülkede olağan dışı bankacılık ihtiyaçlarını karşılamak için her zaman yeterli para ve kredi arzının olmasını sağlamaktır."

Bu ifadede çiftçilere yardımcı olacak hiçbir şey yoktur.

Birinci Dünya Savaşı, 1917-1918 yıllarında New York Borsası'ndaki ağır sanayi hisselerinin durumu, dolaşımdaki para miktarındaki artış ve 1918 yılı boyunca gerçekleşen muazzam banka takas işlemlerinden de anlaşılacağı üzere, bu ülkeye genel bir refah getirmişti. Bu refah döneminde kontrolünden kaçan muazzam miktardaki para ve krediyi geri kazanmak, Federal Rezerv Sistemi'nin göreviydi. Bu, 1920-21 Tarım Bunalımı ile gerçekleştirildi.

Paul Warburg'un hala başkan olduğu 1917-18 yıllarında Federal Rezerv Açık Piyasa Komitesi'nin faaliyetleri, bankacıların ve ticari kabullerin alımlarında muazzam bir artış olduğunu göstermektedir. Yetenekli Eugene Meyer Jr.'ın liderliğinde, ABD Hükümeti menkul kıymetlerinin alımında da büyük bir artış yaşandı. Savaşın sonunda, piyasanın çok istikrarsız olduğu 1919'daki borsa spekülasyonlarının büyük bir kısmı, devlet tahvillerini teminat göstererek Federal Rezerv Bankalarından ödünç alınan fonlarla finanse edildi. Böylece Federal Rezerv Sistemi, önce enflasyona neden olarak, ardından iskonto oranını yükselterek paranın değerini artırarak Büyüklük Dönemini başlattı.

1914'te Federal Rezerv Bankası faiz oranları yüzde 6'dan yüzde 4'e düşmüş, 1916'da yüzde 3'e kadar gerilemiş ve 1920'ye kadar bu seviyede kalmıştı. Düşük faiz oranının nedeni, milyar dolarlık Özgürlük Tahvillerini piyasaya sürme gerekliliğiydi. Her Liberty Kredisi kampanyasının başında, Federal Rezerv Kurulu, kampanyaya nakit ivme kazandırmak amacıyla açık piyasa işlemleri yoluyla New York para piyasasına 100 milyon dolar aktardı. Liberty Tahvillerinin en önemli rolü, savaş sırasında piyasaya sürülen büyük miktardaki para ve kredinin yol açtığı değişim aracının (hesap birimi) dolaşımındaki artışı emmekti. İşçilere yüksek ücretler ödeniyordu ve çiftçiler, ürünlerinden o zamana kadar hiç görmedikleri kadar yüksek fiyatlar alıyordu. Bu iki grup, Liberty Bonds'a yatırmadıkları milyonlarca dolarlık nakit biriktirdi. Bu para, ABD'nin para ve kredisini kontrol eden Wall Street grubu 'in elinden fiilen çıkmıştı. Onlar bu parayı geri istiyorlardı ve işte bu yüzden 1920-21 Tarım Bunalımı yaşandı.

Paranın büyük bir kısmı, Federal Rezerv Sistemi'nin bir parçası olmayı reddeden Orta Batı ve Batı'daki küçük kırsal bankalara yatırılmıştı; bu bölgelerin çiftçileri ve çiftlik sahipleri, paralarının kontrolünü bir grup uluslararası finansçıya devretmek için hiçbir geçerli neden görmüyorlardı. Federal Rezerv Sisteminin ana görevi, bu küçük kırsal bankaları çökertmek ve savaş sırasında çiftçilere ödenen parayı geri almak, yani onları fiilen mahvetmekti ve bunu da yapmaya başladı.

İlk olarak, çiftçileri birikmiş paralarını uzun vadeli kredilerle araziye yatırmaya teşvik eden bir Federal Çiftlik Kredisi Kurulu kuruldu ve çiftçiler de bunu yapmaya can atıyordu. Ardından 1919 ve 1920 yıllarında bu ülkede ve Avrupa'da enflasyonun seyrini izlemesine izin verildi. Avrupa'daki enflasyonun amacı, Müttefiklerin Amerikan halkına olan savaş borçlarının büyük bir kısmını silmekti; bu ülkedeki amacı ise, daha yüksek ücretler ve üretim primleri şeklinde çalışanlara dağıtılmış olan fazla parayı geri çekmekti. Fiyatlar gittikçe yükselirken, işçilerin biriktirdiği paranın değeri gittikçe azaldı ve bu durum onlara haksız bir yük bindirdi; oysa mülk sahibi sınıflar, arazi ve imalat ürünlerinin değerindeki muazzam artış nedeniyle enflasyondan zenginleşti. Böylece işçiler fiilen yoksullaştı, ancak bir sınıf olarak daha tutumlu ve daha kendi kendine yeten çiftçilere daha sert davranılması gerekti.

G.W. Norris, 20 Mart 1920 tarihli "Collier's Magazine" dergisinde şöyle demiştir: "Söylentilere göre, Federal Rezerv Kurulu'nun iki üyesi, Aralık 1919'da bazı New Yorklu bankacılar ve finansçılarla samimi bir görüşme gerçekleştirmiştir. Bunun hemen ardından, borsadaki işlemlerde belirgin bir düşüş yaşandı ve şirket tanıtımları durdu. Federal Rezerv Sisteminin arazi ve emtia spekülasyonunu teşvik etmek için kötüye kullanıldığına dair kanıtlar ortaya çıktıkça, ülkenin diğer bölgelerinde de aynı yönde adımlar atıldığı anlaşılıyor."

Senato Bankacılık ve Para Komitesi Başkanı Senatör Robert L. Owen, 1939'daki Senato Gümüş Duruşmalarında şu ifadeyi verdi:

"1920'nin başlarında çiftçiler son derece refah içindeydi. Hükümetin talebi üzerine ipoteklerini ödüyor ve çok sayıda yeni arazi satın alıyorlardı – bunu yapmak için borç para almışlardı – ve ardından 1920'de meydana gelen ani kredi ve para daralmasıyla iflas ettiler. 1920'de yaşananlar, olması gerekenin tam tersiydi. Federal Rezerv Kurulu, savaşın yarattığı kredi fazlasını yıllar boyunca tasfiye etmek yerine, kamuoyuna açıklanmayan bir toplantı düzenledi. 18 Mayıs 1920'de bir araya geldiler ve bu gizli bir toplantıydı. Bütün gün görüşmeler yaptılar; tutanaklar altmış sayfa tuttu ve 19 Şubat 1923 tarihli Senato Belgesi 310'da yer aldı. A Sınıfı Direktörler, yani Federal Rezerv Danışma Konseyi toplantıda hazır bulundu, ancak iş dünyasını, ticareti ve tarımı temsil eden B Sınıfı Direktörler toplantıda yer almadı. ABD halkını temsil eden C Sınıfı Direktörler de toplantıda yer almadı ve davet edilmedi.

Orada sadece büyük bankacılar vardı ve o gün yaptıkları çalışma, bir sonraki yıl ulusal geliri on beş milyar dolar azaltan, milyonlarca insanı işsiz bırakan ve arazi ve çiftliklerin değerini yirmi milyar dolar düşüren bir kredi daralmasına yol açtı."

1920 yılında Hazine Bakanı olarak Kurul üyesi olan Carter Glass, 1928'de yayınlanan otobiyografisi Adventure in Constructive Finance'de şöyle yazdı: "Gazeteciler elbette orada değildi, çünkü olmamaları gerekiyordu ve dünyadaki hiçbir banka yönetim kurulu toplantısında asla bulunmazlar."[118]

Senatör LaFollette'in, Federal Rezerv Kurulu'nun hiçbir üyesinin herhangi bir banka, tröst şirketi veya sigorta şirketinin yetkilisi, yöneticisi veya hissedarı olamayacağına dair 1913 tarihli Federal Rezerv Yasası'na yönelik önerdiği değişiklik kabul edilirse, Kurul'da tamirciler ve tarım işçileriyle kalacağımızdan şikayet eden Carter Glass'tı. 'daki tamirciler ve tarım işçileri, Federal Rezerv Kurulu'nun gizli toplantısında Glass, Strauss ve Warburg'un yaptığı kadar ülkeye zarar veremezdi.

Iowa Senatörü Brookhart, o gizli toplantıda Federal Danışma Konseyi Başkanı da olan Paul Warburg'un, beş kişilik bir komiteyi Eyaletlerarası Ticaret Komisyonu'na göndererek demiryolu ücretlerinde artış talep edilmesi yönünde bir karar aldırdığını ifade etti. Amerika Birleşik Devletleri'ndeki demiryolu hatlarının çoğuna sahip olan Kuhn, Loeb Co. şirketinin başkanı olarak, savaş sırasında ABD hükümetinin ödediği devasa kârları çoktan özlemeye

[118] Carter Glass, Yapıcı Finansman Macerası, Doubleday, N.Y. 1928.

başlamıştı ve Amerikan halkına yeni fiyat artışları dayatmak istiyordu.

Senatör Brookhart ayrıca şunları ifade etti:

"Paris'te Myron T. Herrick'in ofisine gittim ve ona kooperatif bankacılığı hakkında araştırma yapmak için geldiğimi söyledim. Bana şöyle dedi: 'Avrupa ülkelerini gezdikçe, Amerika Birleşik Devletleri'nin, yasalarla halkının bir kooperatif sistemi kurmasını yasaklayan dünyadaki tek medeni ülke olduğunu göreceksin. New York'a gittim ve yaklaşık iki yüz kişiyle konuştum. Kooperatifçilik hakkında konuştuktan ve trenimi beklerken – kooperatif bankacılığından özel olarak bahsetmedim, genel olarak kooperatifçilikten bahsettim – bir adam beni kenara çekip şöyle dedi: 'Bence Paul Warburg, bugüne kadar yetiştirdiğimiz en büyük finansçı. O, sizin kooperatif fikirlerinize sandığınızdan çok daha fazla inanıyor ve kooperatif işiyle ilgili birine danışmak isterseniz, danışmanız gereken kişi odur, çünkü o size inanıyor ve ona güvenebilirsiniz.' Birkaç dakika sonra Bay Warburg'un yanına yönlendirildim ve bana şöyle dedi: 'Bu kooperatif fikri konusunda kesinlikle haklısınız. Büyük bankacıların sizin tarafınızda olduğunu bilmenizi isterim. Bunu şimdi bilmenizi istiyorum ki, kooperatif bankacılığı konusunda bir şey başlatıp onları aleyhinize çevirmeyesiniz." Ben de, 'Bay Warburg, hazırlıklarımı tamamladım ve yarın, kooperatif ulusal bankaların kurulmasını onaylayan Lant Tasarısı'na bir değişiklik önerisi sunacağım,' dedim. Bu, o zamanlar kooperatif ulusal bankaların kurulmasını onaylamak üzere beklemede olan ara kredi yasasıydı. Bay Warburg ile konuşmam bu kadarla sınırlıydı ve o zamandan beri hiç görüşmedik."

Bay Wingo, 1920 yılının Nisan, Mayıs, Haziran ve Temmuz aylarında imalatçılara ve tüccarlara kredilerde çok büyük bir artışa izin verildiğini ifade etti. Bu, bu dönemde tüm kredilerden mahrum bırakılan Amerikan çiftçilerini mahvetmeyi amaçlayan kredi daralmasını atlatmaları içindi.

1923'teki Senato Duruşmalarında Eugene Meyer, Jr., Federal Rezerv Kurulu'nun tarım ve hayvancılık senetleri üzerindeki faiz oranını %7'ye çıkarma kararının temel nedenini şöyle açıkladı:

"Bence," dedi, "uygun niteliklere sahip üye olmayan bankaların daha büyük bir kısmı Federal Rezerv Sistemi'ne üye olsaydı, pek çok sorun önlenebilirdi."

Meyer bu noktaya dikkat çekerek haklıydı. Kurul'un bu kararının amacı, Sistem tarafından kurulan bankacı diktatörlüğüne boyun eğmeyi kararlılıkla reddeden eyalet ve ortak arazi hisse senedi bankalarını çökertmekti. Kemmerer, 1919'da yazdığı Federal Rezerv Sisteminin ABC'si adlı kitabında şöyle demişti:

"Eğilim, giderek artan sayıda eyalet kurumunun rezerv bankalarının hissedarı ve mevduat sahibi haline gelmesiyle ortaya çıkacak birleşme ve sadeleşme yönünde olacaktır."

Ancak eyalet bankaları buna yanıt vermemişti.

1920-21 Tarım Krizi'nin nedenlerini araştırmak üzere 1923 yılında düzenlenen Senato oturumları, Amerikan halkı tarafından talep edilmişti. 18 Mayıs 1920 tarihli Federal Rezerv Kurulu'nun gizli toplantısının tam tutanakları, Güney'deki küçük imalatçıların çıkarlarına adanmış bir dergi olan Maryland, Baltimore'daki "Manufacturers' Record"ta basılmıştı.

New York Federal Rezerv Bankası Başkanı ve İngiltere Merkez Bankası Başkanı Montagu Norman'ın yakın arkadaşı Benjamin Strong, bu oturumlarda şunları söylemişti:

"Federal Rezerv Sistemi, çiftçiler için onların henüz farkına varmadıkları kadar çok şey yaptı."

Yönetim Kurulu Araştırma Direktörü Emmanuel Goldenweiser, iskonto oranının tamamen enflasyonla mücadele tedbiri olarak yükseltildiğini iddia etti, ancak bu artışın neden sadece çiftçileri ve işçileri hedef aldığını açıklayamadı; oysa aynı zamanda Federal Rezerv Sistemi, imalatçılara ve tüccarlara daha fazla kredi garantisi vererek onları koruyordu.

Federal Rezerv Kurulu'nun 1920-21 Tarım Bunalımına neden olduğuna dair son açıklama William Jennings Bryan tarafından yapıldı. 1923 Kasım tarihli "Hearst's Magazine" dergisinde şöyle yazdı:

"Çiftçilerin en büyük koruyucusu olması gereken Federal Rezerv Bankası, onların en büyük düşmanı haline geldi. Çiftçilerin iflası, kasten işlenmiş bir suçtu."

ONUNCU BÖLÜM

PARA YARATICILARI

18 Ocak 1920 tarihli *The New York Times* gazetesinin başyazısında, Federal Rezerv Sistemi hakkında ilginç bir yorum yer aldı. Kimliği bilinmeyen yazar, belki de Paul Warburg, şöyle demiştir: "Federal Rezerv, sermaye kaynağı değil, kredi kaynağıdır." Bu, Federal Rezerv Sistemi hakkında şimdiye kadar yapılmış en açıklayıcı ifadelerden biridir. Bu ifade, Federal Rezerv Sisteminin sermaye yapımıza veya sermaye oluşumuna hiçbir zaman bir katkı sağlamayacağını, çünkü ticaretin ve sanayinin gelişmesi için sermaye fonları sağlamak yerine, kredi üretmek, kredi parası ve spekülasyonlar için para yaratmak üzere organize edildiğini belirtmektedir. Basitçe ifade etmek gerekirse, sermayelendirme, değerli metal veya başka bir emtia ile desteklenen banknotların sağlanması anlamına gelir. Rezerv banknotları ise faizle ödünç verilen, teminatsız kağıt parçalarıdır.

25 Temmuz 1921'de Senatör Owen, *The New York Times'ın* başyazı sayfasında şunları belirtmiştir: "Federal Rezerv Kurulu, tüm dünyadaki en devasa finansal güçtür. Bu büyük gücü Federal Rezerv Yasası'nın amaçladığı şekilde kullanmak yerine, kurul... bu gücü bankalara devretmiş ve etkisinin ağırlığını Alman enflasyon politikasını desteklemeye yöneltmiştir." Yasanın adını taşıyan senatör, yasanın vaat edildiği gibi işlev görmediğini fark etti.

1920-21 Tarım Bunalımı'ndan sonra, Federal Rezerv Yönetim Kurulu, New York bankacılarına sekiz yıl boyunca hızlı kredi genişlemesi sağlamaya karar verdi; bu politika, 1929-31 Büyük Bunalımı'na yol açtı ve dünya ekonomi yapısının felç olmasına katkıda bulundu. Paul Warburg, Amerika Birleşik Devletleri'nin para sisteminin tahvil teminatlı para biriminden ticari senetlere ve Federal Rezerv Bankalarının hisselerine dayalı bir para birimine dönüştürülmesinin ardından, Mayıs 1918'de istifa etmişti. Warburg,

Kuhn, Loeb Company'deki yıllık 500 bin dolarlık işine geri döndü, ancak Federal Danışma Konseyi Başkanı ve Amerikan Kabul Konseyi Yürütme Komitesi Başkanı olarak Federal Rezerv Sisteminin politikasını belirlemeye devam etti.

1921'den 1929'a kadar Paul Warburg, Amerika Birleşik Devletleri'ndeki en büyük üç tröstü kurdu: dünyanın en büyük kabul bankası olan International Acceptance Bank, merkezi Belçika'da bulunan Agfa Ansco Film Corporation ve Warburg'un Amerikan şubesini I.G. Chemical Corporation olarak kurduğu I.G. Farben Corporation. Westinghouse Corporation da onun kurduğu şirketlerden biridir.

1920'lerin başında, Federal Rezerv Sistemi, Rusya'nın uluslararası finans yapısına yeniden girmesinde belirleyici bir rol oynadı. Winthrop ve Stimson, Rus ve Amerikan bankacılar arasındaki irtibat görevlileri olmaya devam ettiler ve Henry L. Stimson, 1932'de Roosevelt'in seçilmesinden sonra Sovyetler'i tanımamızla sonuçlanan müzakereleri yürüttü. Bu bir hayal kırıklığıydı, çünkü Rus finansçılarla döviz ilişkilerini çok daha önce yeniden başlatmıştık.

Federal Rezerv Sistemi 1920'de Rus altını satın almaya başladı ve Rus para birimi borsalarda kabul edildi. Albay Ely Garrison'ın otobiyografisine ve Paul Warburg hakkındaki Birleşik Devletler Donanma Gizli Servisi Raporuna göre, Rus Devrimi Rothschildlar ve Warburglar tarafından finanse edilmişti; Warburg ailesinden bir üye, 1918'de Stockholm'de Lenin ve Troçki tarafından kullanılan fonları fiilen taşımıştı.

İngiliz aylık dergisi "Fortnightly"nin Temmuz 1922 tarihli bir makalesinde şöyle denmektedir:

"Geçtiğimiz yıl boyunca, neredeyse tüm kapitalist kurumlar yeniden kuruldu. Bu durum, Devlet Bankası, özel bankacılık, Borsa, sınırsız miktarda para bulundurma hakkı, miras hakkı, kambiyo sistemi ve özel sanayi ve ticaretin yürütülmesiyle ilgili diğer kurum ve uygulamalar için geçerlidir. Eskiden kamulaştırılmış sanayilerin büyük bir kısmı şu anda yarı bağımsız tröstler altında bulunmaktadır."

Komünizm kisvesi altında Rusya'da güçlü tröstlerin kurulması, Amerika Birleşik Devletleri'nden büyük miktarda mali ve teknik yardım alınmasını mümkün kıldı. Rus aristokrasisi, modern bir sanayi devletini yönetmek için çok verimsiz olduğu için ortadan kaldırılmıştı. Uluslararası finansörler, Lenin ve Troçki'ye Çarlık rejimini devirip Rusya'yı Birinci Dünya Savaşı'nda tutmaları için fon sağladı. Amerika'daki oligarşinin sözcüsü Peter Drucker, 1948'de Saturday Evening Post'ta yayınlanan bir makalede şunları söyledi:

"RUSYA, BİZİM DOĞRU YÖNELDİĞİMİZ YÖNETİLEN EKONOMİNİN İDEALİDİR."

Rusya'da, ekonominin ihtiyaçlarını karşılayacak yeterli miktarda para basılması, ancak halk üzerinde mutlak kontrol sahibi bir hükümetin iktidara gelmesinden sonra gerçekleşti. 1920'lerde Rusya, yönetilen bir para birimi olan ve "enflasyon parası" olarak adlandırılan büyük miktarlarda para bastı. Aynı "Fortnightly" makalesinde (Temmuz 1922) şunlar belirtilmiştir:

"Ekonomik baskı, para biriminin 'astronomik boyutlar sistemini' ortaya çıkardığı için, onu asla yok edemez. Tek başına ele alındığında, bu sistem kendi içinde bütünlüklü, mantıksal olarak kusursuz, hatta akıllıdır. Ve ancak süslediği siyasi yapının çöküşü ya da yıkılmasıyla yok olabilir."

"Fortnightly" dergisi de 1929'da şöyle bir yorumda bulunmuştu:

"1921'den beri Sovyet vatandaşının günlük hayatı Amerikan vatandaşınınkinden farklı değildir ve Sovyet yönetim sistemi daha ekonomiktir."

Beyaz Rus ordularının lideri Amiral Kolçak, Kolçak rublesini basmak için bir bahane yaratmak amacıyla Sibirya'ya İngiliz ve Amerikan birlikleri gönderen uluslararası bankacılar tarafından destekleniyordu. 1920'de bir ara, bankacılar Londra Borsası'nda eski Çarlık rublesini, Kerenski rublesini ve Kolçak rublesini manipüle ediyorlardı; bu üçünün değeri, Kolçak'a yardım eden Müttefik birliklerin hareketlerine göre dalgalanıyordu. Kolçak ayrıca orduları tarafından ele geçirilmiş önemli miktarda altın da elinde bulunduruyordu. Yenilgisinden sonra, bu altının bir tren dolusu Sibirya'da ortadan kayboldu. 1921'de Federal Rezerv Sistemi ile ilgili Senato Duruşmalarında, Sistemin bu altını aldığı ortaya çıktı. Kongre Üyesi Dunbar, Federal Rezerv Kurulu Başkanı W.P.G. Harding'e şu soruyu sordu:

DUNBAR: "Yani, Rusya Avrupa ülkelerine büyük miktarda altın gönderiyor ve bu ülkeler de onu bize mi gönderiyor?"

HARDING: "Bu, bu ülkede satın alınan malların bedelini ödemek ve dolar dövizini yaratmak için yapılıyor."

DUNBAR: "Aynı zamanda, bu altın Rusya'dan Avrupa üzerinden mi geldi?"

HARDING: "Bunun bir kısmının Sibirya üzerinden gelen Kolçak altını olduğu düşünülüyor, ancak bu Federal Rezerv Bankalarının işi değil. Hazine Bakanı, dost bir ülkenin darphane damgası taşımayan hiçbir altını kabul etmemesi için analiz ofisine talimat verdi."

Vali Harding'in "dost bir ülke" ile tam olarak neyi kastettiği açık değildir. 1921'de hiçbir ülkeyle savaş halinde değildik, ancak Kongre, Federal Rezerv Sisteminin uluslararası altın işlemlerini sorgulamaya başlamıştı bile. Vali Harding, omuzlarını silker ve altının nereden geldiğinin Federal Rezerv Bankaları'nın işi olmadığını söyleyebilirdi. Altın, milliyet veya ırk tanımaz. ABD, 1906 yılında Hazine Bakanı Shaw'un, ABD Hazinesi'nden nakit avans alarak altın satın almak üzere (kendisinin de hisseleri bulunan) birkaç büyük New York bankasıyla anlaşma yapmasıyla, yasalar gereği altının nereden geldiğiyle ilgilenmeyi bırakmıştı. Hazine, sadece satın alma işlemini gerçekleştirdiği bankayı kayıt altına aldığı için, altınlarının nereden geldiğini bilmediğini iddia edebilirdi. 1906'dan beri Hazine, altınlarını hangi uluslararası altın tüccarlarından satın aldığını bilmiyordu.193

Federal Rezerv Sisteminin uluslararası altın işlemleri ve Eugene Meyer, Jr. ve Albert Strauss gibi uluslararası altın tüccarlarının yararına, Milletler Cemiyeti'ne Avrupa ve Güney Amerika'daki tüm ülkeleri altın standardına geri dönmeye zorlamada aktif desteği, 1925'teki sterlin kredisi gibi klasik bir olayla en iyi şekilde ortaya konmaktadır.

J.E. Darling, 10 Ocak 1925 tarihinde İngiliz dergisi "Spectator"da şöyle yazmıştır:

"Açıkçası, İngiltere'yi mümkün olduğunca erken altın standardına dönmeye ikna etmek Amerika Birleşik Devletleri için birincil öneme sahiptir. Kaçınılmaz olarak Amerika Birleşik Devletleri'nin dünyanın en üstün finansal gücü haline gelmesine yol açacak olan, adresinde yer alan, Amerika kontrolündeki Altın Standardı, İngiltere'yi bir bağımlı ve uydu haline getirirken, New York'u dünyanın finans merkezi yapmaktadır."

Bay Darling, Amerikan halkının bu konuyla İngiliz halkı kadar az ilgisi olduğunu ve İngiltere'nin altın standardına geri dönmesinin yalnızca dünyanın altınını elinde bulunduran küçük bir uluslararası altın tüccarları grubuna fayda sağlayacağını belirtmeyi ihmal ediyor. "Banker's Magazine" dergisinin Temmuz 1925'te sevinçle şu yorumu yapmasına şaşmamak gerek:

"Bankacılık dünyasında son altı ayın en önemli olayı, altın standardının yeniden yürürlüğe girmesiydi."

Birinci Dünya Savaşı, Amerika Birleşik Devletleri'nin statüsünü borçlu bir ulustan, eskiden İngiltere'nin sahip olduğu dünyanın en büyük alacaklı ulusu konumuna değiştirdi. Federal Rezerv Kurulu Başkanı Marriner Eccles'e göre borç paradır, bu da bizi dünyanın en zengin ulusu yaptı. Savaş ayrıca, dünya kabul piyasasının merkezinin Londra'dan New York'a taşınmasına neden oldu ve Paul Warburg, dünyanın en güçlü ticari kabul bankacısı oldu. Ancak, uluslararası finansçıların dayanağı aynı kaldı. Altın standardı hala dövizin temelini oluşturuyordu ve altını elinde bulunduran küçük bir uluslararası grup, Batı uluslarının para sistemini kontrol ediyordu.

Profesör Gustav Cassel 1928'de şöyle yazmıştı:

"Altın standardı değil, Amerikan doları dünyanın para standardıdır. Amerikan Federal Rezerv Kurulu, iskonto oranında değişiklikler yaparak doların satın alma gücünü belirleme yetkisine sahiptir ve böylece dünyanın para standardını kontrol eder."

Bu doğru olsaydı, Federal Rezerv Kurulu üyeleri dünyanın en güçlü finansçıları olurdu. Zaman zaman üyeler arasında Paul Warburg veya Eugene Meyer, Jr. gibi etkili isimler yer alsa da, genellikle Federal Danışma Konseyi ve Londra bankacıları için bir onay komitesi işlevi görürler.

1925 yılının Mayıs ayında, İngiliz Parlamentosu Altın Standart Yasası'nı kabul ederek Büyük Britanya'yı yeniden altın standardına geçirdi. Federal Rezerv Sistemi'nin bu olaydaki önemli rolü, 16 Mart 1926 tarihinde Richmond Federal Rezerv Bankası Başkanı George Seay'in Temsilciler Meclisi Bankacılık ve Para Komitesi'nde verdiği ifadeyle ortaya çıktı:

"Yazışmalarla teyit edilen sözlü bir anlaşma ile Büyük Britanya'ya iki yüz milyon dolarlık altın kredisi veya borç verildi. Tüm müzakereler, New York Federal Rezerv Bankası Başkanı Benjamin Strong ile İngiltere Merkez Bankası Başkanı Montagu Norman arasında yürütüldü. Bu kredinin amacı, İngiltere'nin altın standardına geri dönmesine yardımcı olmaktı ve kredi, Federal Rezerv fonlarının kambiyo senetlerine ve yabancı menkul kıymetlere yatırılmasıyla karşılanacaktı."

Haziran 1925 tarihli Federal Rezerv Bülteni'nde şunlar belirtilmiştir:

"İngiltere Merkez Bankası ile yapılan anlaşma uyarınca, New York Federal Rezerv Bankası, önümüzdeki iki yıl boyunca zaman zaman İngiltere Merkez Bankası'na kredili altın satmayı taahhüt etmektedir, ancak herhangi bir anda ödenmemiş tutar 200.000.000 doları aşmayacaktır."

Uluslararası bankacılar Benjamin Strong ve Montagu Norman arasında sözlü bir anlaşma ile 200 milyon dolarlık bir altın kredisi düzenlenmişti. Bu zamana kadar, Federal Rezerv Sisteminin, Amerikan iş dünyası ve sanayisinin finansal ihtiyaçlarından başka çıkarları olduğu açıktı. İngiltere'nin altın standardına dönüşü, J.P. Morgan Company'den alınan 100 milyon dolarlık ek altın kredisiyle daha da kolaylaştırıldı. İngiliz Maliye Bakanı Winston Churchill, daha sonra bu kredinin İngiliz hükümetine ilk yıl 1.125.000 dolara mal olduğunu ve bu meblağın o dönemde J.P. Morgan Company'nin kârını temsil ettiğini şikayet etti.

Örneğin, iskonto oranının değiştirilmesi konusu hiçbir zaman tatmin edici bir şekilde açıklanmadı. Washington'daki Federal Rezerv Kurulu'na yapılan sorgulama, "para piyasasının durumu, orandaki değişikliklerin arkasındaki başlıca etken" cevabını ortaya çıkardı. Para piyasası New York'ta olduğu için, New Yorklu bankacıların orandaki değişikliklerle ilgilenebileceğini ve sıklıkla bunu etkilemeye çalışabileceğini tahmin etmek hiç de zor değil.

Norman Lombard, "World's Work" dergisinde şöyle yazmaktadır:

"Federal Rezerv Kurulu, önerilen politika değişikliklerini değerlendirirken ve bunlara karar verirken, mahkemelerimizin uyguladığı prosedürü ve etik kurallarını takip etmelidir. Faiz oranında değişiklik yapılması veya Rezerv Bankalarının menkul kıymet alıp satması gerektiğine dair öneriler, herhangi bir formalite veya yazılı argüman olmaksızın, herhangi birinden gelebilir. Öneri, bir Valiye veya Federal Rezerv Sistemi Direktörüne telefonla ya da kulübünde öğle yemeği masasında yapılabilir, ya da Federal Rezerv Kurulu üyelerinden birine yapılan sıradan bir ziyaret sırasında yapılabilir. Değişikliği öneren kişinin çıkarlarının açıklanması gerekmez ve adı ile yaptığı öneriler genellikle gizli tutulur. Konu açık piyasa işlemleri ile ilgiliyse, Federal Rezerv Bankalarının portföyündeki değişiklikleri gösteren haftalık düzenli rapor yayınlanana kadar halkın bu karardan haberi olmaz. Bu arada, kamuoyunda herhangi bir tartışma olmaz, kararın gerekçeleri veya karara karşı çıkan ya da destekleyenlerin isimleri açıklanmaz."

Sıradan bir vatandaşın kulübünde Federal Rezerv Sistemi Başkanı ile karşılaşma şansı da çok düşüktür.

1928'de Doların Satın Alma Gücünün İstikrarı Konusunda Yapılan Temsilciler Meclisi Duruşmaları, Federal Rezerv Kurulu'nun Avrupa merkez bankaları başkanlarıyla yakın işbirliği içinde çalıştığını ve 1929-31 Büyük Buhranının 1927'de Federal Rezerv Kurulu ile Avrupa merkez bankaları başkanlarının katıldığı gizli bir öğle yemeğinde planlandığını kesin olarak kanıtladı. Kurul, kararları veya eylemleri konusunda hiçbir zaman kamuoyuna karşı sorumlu tutulmadı. Anayasal denetim ve denge mekanizmaları finans alanında işlev görmüyor gibi görünmektedir.

Federal Rezerv Kurulu üyelerinin gerçek bağlılığı her zaman merkez bankacılarına olmuştur. Merkez bankasının üç özelliği, yani ülkenin kredisini kullanarak kira ve kâr elde eden özel hissedarların mülkiyeti, ülkenin mali kaynakları üzerinde mutlak kontrol ve yabancıları finanse etmek için ülkenin kredisinin seferber edilmesi, Federal Rezerv Sistemi tarafından faaliyetlerinin ilk on beş yılı boyunca kanıtlanmıştır.

1913 tarihli Federal Rezerv Yasası'nın uluslararası amaçlarının bir başka kanıtı da, 24 Aralık 1919 tarihli "Edge Değişikliği"dir. Bu değişiklik, "uluslararası yabancı bankacılık ve altın veya külçe ticareti dahil diğer uluslararası veya yabancı finansal işlemlerde bulunmak v yabancı şirketlerde hisse sahibi olmak" amacıyla şirketlerin kurulmasına açıkça izin vermektedir. Princeton

Üniversitesi'nden ekonomist E.W. Kemmerer, bu değişiklik hakkında şu yorumu yapmıştır:

"Federal Rezerv Sistemi, Amerikan ticaretinin ve Amerikan finansının uluslararasılaşmasında büyük bir etkiye sahip olduğunu kanıtlamaktadır."

Amerikan ticareti ve finansının bu uluslararasılaşmasının, bizi iki dünya savaşına sürükleyen doğrudan bir neden olması, Bay Kemmerer'i rahatsız etmemektedir. Paul Warburg'un, Amerikan işadamları tarafından ticari kabullerin geniş ölçekte benimsenmesini sağlamak için Federal Rezerv Sistemini nasıl bir araç olarak kullandığını gösteren pek çok kanıt bulunmaktadır.

1915'ten önce Amerika Birleşik Devletleri'ndeki bankacılar ve şirketler tarafından ticari kabullerin (uluslararası ticaretin para birimi olan) kullanımı pratikte bilinmiyordu. Federal Rezerv Sisteminin yükselişi, bu ülkede kabullerin kullanımındaki artışla tam olarak paraleldir ve bu bir tesadüf de değildir. Federal Rezerv Sistemini isteyenler, kabul bankalarını kuran ve kabullerin kullanımından kar eden kişilerdi.

1910 gibi erken bir tarihte, Ulusal Para Komisyonu, bu ülkedeki bankacıları ve işadamlarını işlemlerinde ticari kabulleri benimsemeye teşvik eden broşürler ve diğer propaganda materyalleri yayınlamaya başladı. Komisyon bu kampanyayı üç yıl boyunca sürdürdü ve Aldrich Planı, bankacı kabullerinin Amerikan ticari kağıt sistemine dahil edilmesini ve kullanılmasını yetkilendiren geniş bir hüküm içeriyordu.

Kongre tarafından kabul edilen 1913 tarihli Federal Rezerv Kanunu, akseptlerin kullanımını açıkça yetkilendirmiyordu; ancak Federal Rezerv Kurulu, 1915 ve 1916 yıllarında "ticaret aksepti" kavramını tanımladı; bu kavram, 1920 tarihli A Serisi Yönetmelik ile daha ayrıntılı bir şekilde tanımlandı ve 1924 Serisi ile de daha da netleştirildi. 1914 yılında Yönetim Kurulu'nun ilk resmi kararlarından biri, kabul senetlerine Federal Rezerv Bankaları'nda tercihli olarak düşük bir iskonto oranı uygulamak oldu. O dönemde bu ülkede kabul senetleri kullanılmadığından, bu karar için ticari bir zorunluluk gerekçesi gösterilemedi. Yönetim Kurulu'nda iktidarda olan birinin kabul senetlerinin benimsenmesini istediği açıktı.

1914 yılının Kasım ayına kadar Amerika Birleşik Devletleri'nin belirleyici mali otoritesi olan 1864 tarihli Ulusal Banka Kanunu, bankaların kredilerini ödünç vermesine izin vermiyordu. Sonuç olarak, bankaların para yaratma gücü büyük ölçüde sınırlıydı. Para yaratabilecek bir ihraç bankası, yani bir merkez bankamız yoktu. Bir merkez bankası kurmak için bankacılar, altını ülke dışına gönderip para kıtlığı yaratarak ve ardından tekrar ithal ederek, ABD'deki iş adamları üzerinde birbiri ardına para paniği yarattılar. Merkez bankamız olan Federal Rezerv Sistemi'ni kurduktan sonra, bankalar para yaratabildiğinden artık para paniğine gerek kalmadı. Ancak, iş ve finans camiası üzerinde bir güç aracı olarak panik, iki önemli olayda tekrar kullanıldı: 1920'de, eyalet bankaları ve tröst şirketlerinin Federal Rezerv Sistemine katılmayı reddetmesi nedeniyle Tarım Bunalımına yol açan olayda ve 1929'da, bu ülkedeki neredeyse tüm gücü birkaç büyük tröstün elinde merkezileştiren Büyük Bunalımda.

Ticari kabul, mal satıcısı tarafından alıcıya çekilen ve alıcı tarafından kabul edilen, üzerine vade tarihi damgalanmış bir senettir. Toptan satış piyasasında ticari kabullerin kullanımı, üretim, depolama, nakliye ve pazarlama süreçlerinde malların taşınması için kısa vadeli, garantili kredi sağlar. Bu, iç ve dış ticareti kolaylaştırır. Öyleyse, açık defter hesap sistemini ticari kabul sistemi ile değiştirmek isteyen bankacılar, Amerikan ithalat-ihracat ticaretine yardımcı olmak isteyen ilerici kişilerdi. Bu yönde pek çok propaganda yapıldı, ancak gerçekte durum böyle değildi.

O zamana kadar tamamen Amerikalı iş adamları tarafından kullanılan açık defter sistemi, nakit için iskontoya izin veriyordu. Kabul sistemi ise, krediye iskonto imkanı tanıyarak nakit kullanımını caydırır. Açık defter sistemi ayrıca, borcun vadesinin esnek bir şekilde uzatılmasıyla çok daha kolay ödeme koşullarına izin veriyordu. Kabul sistemi ise, üzerinde vade tarihi damgalı kısa vadeli bir kredi olduğu için buna izin vermez. Bu, satıcının elinden çıkıp, genellikle süre uzatımına izin vermeyen bir banka, genellikle bir kabul bankasının eline geçiyordu. Böylece, 1920'lerde Amerikalı iş adamları tarafından kabullerin benimsenmesi, küçük işletmelerin dev tröstler tarafından hakimiyet altına alınmasını ve yutulmasını büyük ölçüde kolaylaştırdı ve bu da 1929 krizini hızlandırdı.

Ticaret kabulleri, İç Savaş öncesinde Amerika Birleşik Devletleri'nde bir dereceye kadar kullanılmaktaydı. O savaş sırasında, ticaretin acil ihtiyaçları, kabulü bir kredi aracı olarak ortadan kaldırmış ve bu ülkede tekrar rağbet görmemişti; halkımız, açık defter sisteminin basitliğini ve cömertliğini tercih ediyordu. Açık defter hesapları, yalnızca borçlunun adını taşıyan tek isimli ticari senetlerdir. Kabul senetleri ise borçlunun ve alacaklının adını taşıyan iki isimli senetlerdir. Böylece bunlar, bankalar tarafından alınıp satılan emtialar haline gelmiştir. Açık defter sisteminde, alacaklı için borç bir yükümlülüktür. Kabulü elinde bulunduran kabul bankası için ise borç bir varlıktır. Paul Warburg'un liderliğinde bu ülkede kabul bankaları kuran kişiler, Amerikalı işadamlarının defterlerinde açık hesaplar olarak bulunan milyarlarca dolarlık kredinin kontrolünü ele geçirdiler.

Federal Rezerv Kurulu Başkanı Marriner Eccles, Temsilciler Meclisi Bankacılık ve Para Komitesi önünde şunları söylemiştir: "Borç, para yaratmanın temelidir."

Büyük ticaret kabulü sahipleri, kabulün kendisine uygulanan faiz oranının yanı sıra, milyarlarca dolar değerinde kredi parasını kullanma imkânı elde ettiler. Paul Warburg'un, bu ülkenin bankacılık mekanizması tarafından kabullerin benimsenmesi için neden bu kadar çok zaman, para ve enerji harcadığı açıktır.

4 Eylül 1914'te, National City Bank, 1913 tarihli Federal Rezerv Yasası hükümleri uyarınca bir ulusal banka üzerine çekilen ilk vadeli senedi kabul etti. Bu, toptan ticarette önemli bir faktör olan açık hesap sisteminin sonunun başlangıcıydı. New York National City Bank'ın başkan yardımcısı Beverly Harris, 1915'te bir broşür yayınlayarak şunları belirtti:

"Açık hesap sistemini kullanan tüccarlar, bankacıların işlevlerini gasp ediyorlar."

14 Haziran 1920 tarihli *The New York Times* gazetesinde, Amerikan Kabul Konseyi Başkanı Paul Warburg şunları söyledi:

"Federal Rezerv Kurulu, Federal Rezerv Bankaları için birincil yatırım olarak kabullerin engelsiz gelişiminin arkasına tüm kalbiyle ve ruhuyla durmadıkça, sistemin gelecekteki güvenli ve sağlam gelişimi tehlikeye girecektir."

Bu, ülkede "para reformu" isteyen Warburg ve ekibinin amacını ortaya koyan bir açıklamaydı. Amerika Birleşik Devletleri'ndeki tüm kredinin kontrolünü ele geçirmek istiyorlardı ve Federal Rezerv Sistemi, aksept sistemi v 'ın vatandaşların ilgisizliği sayesinde bunu başardılar.

Birinci Dünya Savaşı, ticari kabullerin yaygınlaşması için bir fırsat oldu ve hacim 1917'de dört yüz milyon dolara sıçradı, 1920'ler boyunca büyüyerek yılda bir milyar doları aştı ve 1929-31 Büyük Buhranı'ndan hemen önce zirveye ulaştı. New York Federal Rezerv Bankası'nın grafikleri, kabullerin kullanımının borsa çöküşünün yaşandığı Kasım 1929'da zirveye ulaştığını ve sonrasında keskin bir düşüş gösterdiğini ortaya koymaktadır. O zamana kadar kabulciler, istediklerini, yani Amerikan iş dünyası ve sanayisinin kontrolünü ele geçirmişlerdi. Şubat 1950 tarihli "Fortune Magazine" dergisi şunu belirtmiştir:

"Aksept hacmi, aksept bankacılığının birkaç elin elinde toplanması ve Hazine'nin düşük faiz politikası nedeniyle 1929'daki 1.732 milyon dolardan 1940'ta 209 milyon dolara geriledi. Savaştan bu yana hafif bir artış yaşandı, ancak büyük şirketler için ithalatı kendi kasalarından finanse etmek genellikle daha ucuzdur."

Başka bir deyişle, "büyük şirketler", daha doğrusu büyük tröstler, artık krediyi kontrol ediyor ve aksepte ihtiyaç duymuyor. Federal Rezerv Sistemi'nin kendisinin yayınladığı yoğun propaganda kampanyasının yanı sıra, Ulusal Kredi Adamları Birliği, Amerikan Bankacılar Birliği ve New York bankacılarının diğer kardeş kuruluşları da kabul propagandasını yaymak için çok fazla zaman ve para harcadılar. Onların sayısız konferans ve broşürleri bile yetersiz kaldı ve 1919'da Paul Warburg, tamamen kabul propagandasına adanmış Amerikan Kabul Konseyi'ni kurdu.

Bu dernek tarafından 9 Haziran 1919 tarihinde Michigan eyaletinin Detroit kentinde düzenlenen ilk kongre, aynı tarihte orada gerçekleştirilen Ulusal Kredi Uzmanları Derneği'nin yıllık kongresiyle aynı zamana denk geldi; böylece Amerikan Aksept Konseyi tarafından yayınlanan bir broşürde belirtildiği üzere, "ilgilenen gözlemciler her iki grubun konferanslarına ve toplantılarına kolaylıkla katılabildi".

Paul Warburg bu kuruluşun başkanlığına seçildi ve daha sonra Amerikan Aksept Konseyi Yürütme Komitesi başkanlığı görevini üstlendi; bu görevi 1932'deki ölümüne kadar sürdürdü. Konsey, ticari akseptler kullanan şirketlerin listesini yayınladı; bu şirketlerin tümü Kuhn, Loeb Co. veya bağlı şirketlerinin kontrolünde olan işletmelerdi. Konsey önünde veya Konsey üyeleri tarafından verilen konferanslar, New York National City Bank tarafından çekici bir şekilde ciltlenerek ülkenin işadamlarına ücretsiz olarak dağıtıldı.

Temsilciler Meclisi Bankacılık ve Para Komitesi Başkanı Louis T. McFadden, 1922'de Amerikan Kabul Konseyi'nin Federal Rezerv Kurulu üzerinde aşırı etki uyguladığını iddia etti ve Kongre'nin soruşturma açmasını talep etti, ancak Kongre bu konuyla ilgilenmedi.

2 Aralık 1920'de New York'ta düzenlenen Amerikan Kabul Konseyi'nin ikinci yıllık kongresinde Başkan Paul Warburg şunları söyledi:

"İncelenen yıl boyunca Amerikan Kabul Konseyi'nin Federal Rezerv Kurulu ile ilişkilerini daha da geliştirip güçlendirebildiğini bildirmek büyük bir memnuniyet kaynağıdır."

1920'ler boyunca, savaş sırasında bir yıl süreyle Başkanlık görevini yürüttükten sonra Federal Rezerv Kurulu'ndan istifa eden Paul Warburg, Federal Danışma Konseyi Başkanı ve Amerikan Kabul Konseyi Başkanı sıfatıyla Kurul ile görüşerek Federal Rezerv Kurulu üzerinde doğrudan kişisel etki yapmaya devam etti. 1920'deki kuruluşundan 1932'deki ölümüne kadar, dünyanın en büyük aksept bankası olan New York Uluslararası Aksept Bankası'nın Yönetim Kurulu Başkanıydı. Kuhn, Loeb Co.'nun ortağı olan kardeşi Felix M. Warburg da Uluslararası Aksept Bankası'nın yöneticisiydi ve Paul'un oğlu James Paul Warburg ise Başkan Yardımcısıydı. Paul Warburg, aynı zamanda, uluslararası aksept piyasasının merkezi Londra'dan New York'a taşındığı ve Paul Warburg'un dünyanın en güçlü aksept bankacısı haline geldiği Birinci Dünya Savaşı'nın hemen ardından Amerika Birleşik Devletleri'nde kurulan Westinghouse Acceptance Bank gibi, ülkedeki diğer önemli aksept bankalarının da yönetim kurulu üyesiydi.

Paul Warburg, "Little Orphan Annie" adlı çizgi romanda "Daddy Warbucks" olarak anılmasıyla daha da efsanevi bir figür haline geldi. Çizgi roman, "dünyanın en zengin adamı" olan Daddy Warbucks tarafından evlat edinilen evsiz bir kimsesiz kız ve köpeğini anlatıyordu. "Warburg"dan esinlenerek yaratılan bu karakter, neredeyse sihirli güçlere sahipti ve sınırsız servetinin gücüyle her şeyi başarabiliyordu. Bu hikayenin müzikal komedi versiyonu olan "Annie" Broadway'de birkaç yıl boyunca büyük bir başarı elde ettiğinde, konuyu bilenler kıkırdadılar, çünkü seyircilerin büyük çoğunluğu bunun sadece bir başka Warburg operasyonu olduğunun farkında değildi.

1917'de Thomas Lamont'un Siyaset Bilimi Akademisi'nde yaptığı coşkulu konuşmaya neden olan, kabul piyasasının İngiltere'den bu ülkeye kaymasıydı:

"Artık uluslararası ticaretin temeli sterlin değil, dolardır."

Amerikalılar bunu duyunca gurur duydu, ancak bunun bedelinin ne olduğunu fark etmediler.

Kongre Üyesi McFadden'ın şikayet ettiği Amerikan Aksept Konseyi'nin Federal Rezerv Kurulu üzerindeki aşırı etkisinin görünür kanıtı, 1920'ler boyunca New York Federal Rezerv Bankası'nın faiz oranları eğilimini gösteren grafiktir. Bankanın resmi iskonto oranı, dokuz yıl boyunca doksan günlük bankacı aksept oranını tam olarak takip eder ve New York Federal Rezerv Bankası, diğer Rezerv Bankaları için iskonto oranını belirler.

1920'ler boyunca Yönetim Kurulu, ilk üyelerinden ikisini, C.S. Hamlin ve Adolph C. Miller'ı kadrosunda tuttu. Bu adamlar kendilerini ülkenin para politikasının hakemleri olarak buldular. Hamlin, 1914'ten 1936'ya kadar Kurul'da görev yaptı ve 1936'da Kurul'un Özel Danışmanı olarak atandı; Miller ise 1914'ten 1931'e kadar görev yaptı.

Bu iki adamın Kurul'da bu kadar uzun süre kalmasına izin verilmesinin nedeni, her ikisinin de son derece saygın kişiler olması ve Kurul'a halk nezdinde belirli bir prestij kazandırmalarıydı. Bu yıllarda, önemli bankacılar birbiri ardına Kurul'a girdi, bir süre görev yaptı ve daha iyi işlere geçti. Ne Miller ne de Hamlin, New Yorklu bankacıların istediği hiçbir şeye itiraz etmedi. Wall Street ne zaman isterse, iskonto oranını değiştirdiler ve devlet tahvilleriyle açık piyasa operasyonu yaptılar. Onların arkasında, Federal Danışma Konseyi Başkanı olarak sürekli ve baskın bir etki uygulayan Paul Warburg vardı; bu konseyde, Winthrop Aldrich ve J.P. Morgan gibi kendisiyle ortak çıkarları olan kişil i yer alıyordu.

Warburg, ülkenin finansal yapılarını denetlemek için büyük uluslararası tröstleri organize etme görevleriyle asla çok meşgul olmadı. Almanya'dan göçmen olarak bu ülkeye geldiği 1902'den ölüm yılı olan 1932'ye kadar olan dönemde sahip olduğu etki, bankacılık karteliyle olan Avrupa ittifakına dayanıyordu. Warburg'un oğlu James Paul Warburg, bu etkisini sürdürdü; 1933'te Franklin D. Roosevelt göreve geldiğinde onun Bütçe Direktörü olarak atandı ve İkinci Dünya Savaşı sırasında resmi propaganda ajansımız olan Savaş Enformasyon Bürosu'nu kurdu.

Londra Economist dergisinin köşe yazarı Paul Einzig, The Fight for Financial Supremacy (Finansal Üstünlük Mücadelesi) adlı kitabında şöyle yazmıştır:

"Birinci Dünya Savaşı'nın hemen ardından, İngiltere Merkez Bankası ile Federal Rezerv yetkilileri arasında, özellikle de New York Federal Rezerv Bankası ile yakın bir işbirliği kuruldu.[119] Bu işbirliği, büyük ölçüde İngiltere Merkez Bankası'ndan Montagu Norman ile 1928 yılına kadar New York Federal Rezerv Bankası Başkanı Benjamin Strong arasında var olan samimi ilişkiler sayesinde gerçekleşti. Birçok kez, New York Federal Rezerv Bankası'nın iskonto oranı politikası, İngiltere Merkez Bankası'na yardım etme arzusuyla şekillendirildi.

"Londra ile New York arasında iskonto oranlarının belirlenmesinde yakın bir işbirliği olmuştur."[120]

---

[119] William Boyce Thompson (Wall Street operatörü), 27 Kasım 1920'de Clarence Barron'a şöyle dedi: "Federal Rezerv Bankası neden ülkenin her yerine özel telgraf hatları döşemiş ve her gün İngiltere Merkez Bankası ile telgrafla görüşüyor?" s. 327 "They Told Barron".

[120] Paul Einzig, The Fight For Financial Supremacy, Macmillan, 1931.

ON BİRİNCİ BÖLÜM

LORD MONTAGU NORMAN

Benjamin Strong ile Lord Montagu Norman arasındaki işbirliği, yirminci yüzyılın en büyük sırlarından biridir. Benjamin Strong, New York'taki Bankers Trust başkanının kızıyla evlendi ve daha sonra başkanlık görevini devraldı. Carroll Quigley, Tragedy and Hope (Trajedi ve Umut) adlı kitabında şöyle diyor: "Strong, 1914 yılında Morgan ve Kuhn, Loeb Company'nin ortak adayı olarak New York Federal Rezerv Bankası Başkanı oldu."[121]

Lord Montagu Norman, tarihte hem anne tarafından dedesi hem de baba tarafından dedesi İngiltere Merkez Bankası Başkanı olarak görev yapmış tek kişidir. Babası, Brown Brothers'ın (şimdiki Brown Brothers Harriman) Londra Şubesi olan Brown, Shipley Company'de çalışıyordu. Montagu Norman (1871-1950), 1894'te Brown Brothers için çalışmak üzere New York'a geldi ve burada Delano ailesiyle ve Brown Brothers'tan James Markoe ile dostluk kurdu. İngiltere'ye döndü ve 1907'de İngiltere Merkez Bankası Mahkemesi'ne atandı. 1912'de sinir krizi geçirdi ve temsil ettiği güçlü kesim arasında moda olan Jung'un tedavisi için İsviçre'ye gitti.[122]

Lord Montagu Norman, 1916'dan 1944'e kadar İngiltere Merkez Bankası Başkanı olarak görev yaptı. Bu dönemde, 1929 Borsası

121 Carroll Quigley, *Tragedy and Hope*, Macmillan, New York, s. 326.

122 Bu sınıftan insanlar, dünyanın milyonlarca insanına sefalet, ıstırap ve ölüm getirecek dünya savaşları ve ekonomik bunalımlar planlarken suçluluk duygusuna kapıldıklarında, bazen vicdan azabı çekerler. Bu vicdan azabı, akranları tarafından "sinir bozukluğu" olarak alay konusu edilir. Psikiyatristleriyle bir seansın ardından, kurbanları olacak "küçük insanlar" için artık hiçbir acıma duygusu duymadan, yenilenmiş bir şevkle işlerine geri dönerler.

Çöküşü'nü ve dünya çapında bir depresyonu tetikleyen merkez bankası konferanslarına katıldı. Brian Johnson'ın The Politics of Money adlı kitabında şöyle yazıyor: "Strong ve Norman, yakın arkadaş olarak tatillerini Bar Harbor'da ve Güney Fransa'da birlikte geçirdiler." Johnson, "Norman bu nedenle Strong'un alter egosu haline geldi.... "Strong'un 1925-28 yılları arasında New York para piyasasında uyguladığı gevşek para politikası, New York faiz oranlarını Londra'nınkinden düşük tutma konusunda Norman ile yaptığı anlaşmanın bir parçasıydı. Uluslararası işbirliği adına Strong, New York'ta yüksek faiz oranlarının dengeleyici etkisini, iş işten geçene kadar engelledi. New York'taki gevşek para politikası, 1920'lerin sonlarında spekülasyonun fantastik boyutlara ulaştığı Amerikan ekonomik patlamasını teşvik etmişti."[123]

Benjamin Strong 1928'de ani bir şekilde vefat etti. 17 Ekim 1928 tarihli *New York Times'ın* ölüm ilanında, Temmuz 1927'de Avrupa'nın üç büyük merkez bankasının yöneticileri arasında yapılan konferans şöyle anlatılıyor: "İngiltere Merkez Bankası'ndan Bay Norman, New York Federal Rezerv Bankası'ndan Strong ve Reichsbank'tan Dr. Hjalmar Schacht; o dönemde 'dünyanın en seçkin kulübü' olarak anılan bu toplantı. Tamamen gayri resmi olan ancak altın hareketleri, dünya ticaretinin istikrarı ve dünya ekonomisi gibi birçok önemli konuyu ele alan bu yurt dışı konferanslar hakkında hiçbir zaman kamuoyuna açık bir rapor yayınlanmamıştır."

Dünya ekonomisinin geleceğinin belirlendiği toplantılar her zaman "tamamen gayri resmi", kayıt dışı ve kamuoyuna açıklanmayan toplantılar olarak bildirilir; öfkeli Kongre üyelerinin bu gizemli şahsiyetleri faaliyetleri hakkında ifade vermeye çağırdıkları nadir durumlarda ise, bunlar sadece atılan adımların ana hatlarını çizerler ve gerçekte ne söylendiği veya ne karar alındığı konusunda hiçbir bilgi vermezler.

1931'de Federal Rezerv Sistemi ile ilgili Senato Duruşmalarında, 1914'ten 1920'ye kadar Federal Rezerv Kurulu'nun yazarlarından biri ve Birinci Sekreteri olan H. Parker

---

[123] Brian Johnson, *The Politics of Money*, McGraw Hill, New York, 1970, s. 63.

Willis, Strong'un New York Federal Rezerv Bankası Başkanı olarak halefi olan Vali George Harrison'a şu soruyu sordu:

"New York Federal Rezerv Bankası ile Borsanın para komitesi arasındaki ilişki nedir?"

"Hiçbir ilişki yok," diye yanıtladı Başkan Harrison.

"Kurun belirlenmesinde hiçbir şekilde yardım veya işbirliği yok mu?" diye sordu Willis.

"Hayır," dedi Vali Harrison, "ancak çeşitli vesilelerle bize para durumunun ne olduğunu ve kurun ne olması gerektiğini düşündüklerini bildirirler." Bu, "Hiçbir ilişki yoktur" şeklindeki ifadesiyle tam bir çelişki oluşturuyordu. Diğer Merkez Bankaları için iskonto oranını belirleyen New York Federal Rezerv Bankası, aslında Borsanın para komitesiyle yakın bir ilişki içindeydi.

1928'deki Temsilciler Meclisi İstikrar Duruşmaları, Federal Rezerv Sistemi başkanlarının büyük Avrupa merkez bankalarının başkanlarıyla toplantılar yaptığını kesin olarak kanıtladı. Kongre üyeleri, 1929-31 Büyük Buhranı ile sonuçlanacak komplonun ayrıntılarını bilselerdi bile, bunu durdurmak için yapabilecekleri hiçbir şey yoktu. Altın hareketlerini kontrol eden uluslararası bankacılar, herhangi bir ülkeye iradelerini dayatabilirdi ve Amerika Birleşik Devletleri de diğer ülkeler kadar çaresizdi.

Bu Meclis Duruşmalarından alınan notlar aşağıdadır:

BEEDY BEY: "Grafiğinizde en şiddetli dalgalanmalara neden olan çizgilerin 'New York'taki Para Kurları' başlığı altında yer aldığını fark ettim. Büyük şehirlerde para kurları yükselip alçaldıkça, yatırım amaçlı verilen krediler bu durumdan yararlanıyor gibi görünüyor; şu anda oldukça şiddetli bir değişim yaşanıyor. Oysa genel olarak sanayi bu şiddetli değişikliklerden faydalanmıyor gibi görünüyor ve o çizgi oldukça düz; büyük artışlar ya da düşüşler yok.

VALİ ADOLPH MILLER: Bunların hepsi, az çok uluslararası durumun çıkarlarına yönelikti. New York'ta altın kredilerini, Londra'daki sterlin bakiyeleri karşılığında sattılar.

TEMSİLCİ STRONG: (Benjamin ile akrabalığı yoktur): Federal Rezerv Kurulu'nun bu ülkeye altın çekme yetkisi var mı?

E.A. GOLDENWEISER, Kurul araştırma direktörü: Federal Rezerv Kurulu, para faiz oranlarını yükselterek bu ülkeye altın çekebilir.

VALI ADOLPH MILLER: Bence, Avrupa'nın parasal sorunları konusunda tarafımızdan gösterilen ilginin değişebileceği noktaya çok yaklaştık. Federal Rezerv Kurulu, 1927 yazında, kredi durumunu rahatlatmak ve paranın maliyetini düşürmek amacıyla açık piyasa alımları politikası başlattı ve ardından Rezerv Bankaları'ndaki iskonto oranını düşürdü. Kredi politikasındaki bu değişiklik için resmi gerekçe, bunun uluslararası döviz kurlarını istikrara kavuşturmaya ve altın ihracatını canlandırmaya yardımcı olacağıydı.

BAŞKAN MCFADDEN: Bu konunun Federal Rezerv Kurulu'na nasıl getirildiğini ve nihai kararın alınmasında hangi faktörlerin etkili olduğunu kısaca anlatır mısınız?

VALI ADOLPH MILLER: Bana cevap veremeyeceğim bir soru soruyorsunuz.

BAŞKAN MCFADDEN: Belki ben açıklayabilirim... Geçen yaz faiz oranlarının değiştirilmesine yol açan öneri nereden geldi?

VALI ADOLPH MILLER: Avrupa'nın en büyük üç merkez bankası bu ülkeye temsilciler göndermişti. Bunlar arasında İngiltere Merkez Bankası Başkanı Hjalmar Schacht ve Fransa Merkez Bankası Başkan Yardımcısı Profesör Rist vardı. Bu beyler, New York Federal Rezerv Bankası yetkilileriyle bir toplantı yaptılar. Bir veya iki hafta sonra, Washington'a gelerek günün büyük bir bölümünü burada geçirdiler. Bir günün akşamı geldiler ve ertesi gün Federal Rezerv Kurulu Başkanlarının misafiri oldular, öğleden sonra da New York'a döndüler.

BAŞKAN MCFADDEN: Kurul üyeleri bu öğle yemeğinde hazır mıydı?

BAŞKAN ADOLPH MILLER: Evet, bu öğle yemeği hepimizi bir araya getirmek amacıyla Kurul Başkanları tarafından düzenlendi.

BAŞKAN MCFADDEN: Bu bir sosyal etkinlik miydi, yoksa önemli konular mı tartışıldı?

BAŞKAN MILLER: Esas olarak sosyal bir etkinlikti diyebilirim. Şahsen, öğle yemeğinden önce Dr. Schacht ile baş başa uz li bir sohbet yaptım ve Profesör Rist ile de oldukça uzun bir sohbetim oldu. Öğle yemeğinden sonra Bay Norman ile bir sohbet başlattım, bu sohbete New York Valisi Strong da katıldı.

BAŞKAN MCFADDEN: Bu, Kurul'un resmi bir toplantısı mıydı?

VALİ ADOLPH MILLER: Hayır.

BAŞKAN MCFADDEN: Bu, New York'ta tartıştıkları konuların gayri resmi bir şekilde ele alındığı bir toplantı mıydı?

VALİ MILLER: Sanırım öyle. Esas olarak sosyal bir etkinlikti. Söylediklerim çoğunlukla genel nitelikteydi. Bu merkez bankalarının başkanları da genel konulardan bahsettiler.

BAY KING: Ne istiyorlardı?

VALİ MILLER: Sorulara çok samimi cevaplar verdiler. Bay Norman ile konuşmak istedim ve ikimiz de öğle yemeğinden sonra geride kaldık, diğer yabancı temsilciler ve New York Rezerv Bankası yetkilileri de bize katıldı. Bu beyler, altın standardının işleyişinden oldukça endişeliydiler. Bu nedenle, New York'ta gevşek bir para piyasası ve daha düşük faiz oranları görmek istiyorlardı; bu da altının Avrupa'dan bu ülkeye akışını engelleyecekti. Bu, o dönemde var olan uluslararası para durumunun çıkarlarına çok uygun olurdu.

BEEDY: Bu yabancı bankaların temsilcileri ile Federal Rezerv Kurulu veya New York Federal Rezerv Bankası arasında bir anlaşmaya varıldı mı?

MILLER: Evet.

BEEDY: Bu resmi olarak bildirilmedi mi?

GOVERNOR MILLER: Hayır. Daha sonra, Federal Rezerv Sisteminin yatırım politikası komitesi olan Açık Piyasa Politikası Komitesi'nin bir toplantısı yapıldı ve bu toplantıda belirli önerilerde bulunuldu. Hatırladığım kadarıyla, bu plana uygun olarak Ağustos ayında yaklaşık seksen milyon dolar değerinde menkul kıymet satın alındı.

BAŞKAN MCFADDEN: Açık Piyasa Komitesi üyeleri ile yurt dışından gelen bankacılar arasında herhangi bir görüşme oldu mu?

VALI MILLER: Komite olarak değil, bireysel olarak görüşmüş olabilirler.

BAY KING: Açık Piyasa Komitesi fikirlerini nasıl oluşturuyor?

GOVERNOR MILLER: Bir araya gelip bu konuyu tartışırlar. Bunun kimin fikri olduğunu bilmiyorum. O dönem, iş yerinde açıkça bir işbirliği ruhu hakimdi.

BAŞKAN MCFADDEN: Burada çok önemli müzakerelerden bahsettiniz.

VALI MILLER: Ben daha çok "konuşmalar" demeliyim.

BAŞKAN MCFADDEN: Kesin bir şey mi oldu?

GOVERNOR MILLER: Evet.

BAŞKAN MCFADDEN: Tüm finansal sistemimizde bir politika değişikliği yaşandı ve bu, ülkemizin finansal açıdan karşı karşıya kaldığı en olağanüstü durumlardan birine yol açtı (1927-1929 borsa spekülasyon patlaması). Bana göre bu kadar önemli bir konu Washington'da kayıt altına alınmalıydı.

VALİ MILLER: Size katılıyorum.

MİLLETVEKİLİ STRONG: Federal Rezerv Sistemine verilen yetkilerin, Avrupa'nın çıkarlarından etkilenmek yerine Amerikan dolarının satın alma gücünün sürekli istikrarı için kullanılması yönünde bir talimat verilmiş olsaydı, bu iyi bir şey olmaz mıydı?

VALI MILLER: "Etkilemek" terimine itiraz ediyorum. Ayrıca, diğer tüm altın para birimlerini istikrara kavuşturmadan Amerikan dolarını istikrara kavuşturmak gibi bir şey yoktur. Bunlar altın standardı ile birbirine bağlıdır. Buraya gelen diğer saygın kişiler, Federal Rezerv Kurulu personelini oluşturan kişilere nasıl yaklaşacaklarını çok iyi bilirler.

BAY STEAGALL: Bu yabancı bankacıların ziyareti, New York'ta paranın ucuzlamasına mı yol açtı?

VALİ MILLER: Evet, aynen öyle.

BAŞKAN MCFADDEN: Washington'daki o öğle yemeğine katılanların hepsini tutanağa geçirmek istiyorum.

VALİ MILLER: Size verdiğim isimlere ek olarak, Fransa Merkez Bankası'ndan genç bir adam da oradaydı. Sanırım Federal Rezerv Kurulu'nun tüm üyeleri oradaydı. Hazine Müsteşarı Ogden Mills oradaydı, Hazine Müsteşar Yardımcısı Bay Schuneman da oradaydı, Dışişleri Bakanlığı'ndan iki veya üç kişi ve New York Federal Rezerv Bankası Dış İlişkiler Departmanı'ndan Bay Warren da oradaydı. Ah evet, Vali Strong da oradaydı.

BAŞKAN MCFADDEN: Elbette, tüm bu yabancı bankacıların katıldığı bu konferans kendiliğinden gerçekleşmedi. Almanya, Fransa ve İngiltere'den gelen önde gelen bankacılar kimin önerisiyle buraya geldiler?

VALI MILLER: Fransa tarafından geri kazanılan ve aslen Fransız Hükümeti tarafından savaş kredisi olarak İngiltere Merkez Bankası'na gönderilip yatırılmış olan belirli miktarda altının geri çekilmesinin yaklaşması nedeniyle, Londra için açıkça utanç verici bir durum ortaya çıkmıştı. Fransa, altın standardına dönmek için hazırlıklara başladığı için Avrupa'da bir gerginlik baş göstermeye başlamıştı. Bu durum, bir tür ılımlılaştırıcı etki gerektiriyordu.

MR. KING: Bu insanları bir araya getiren itici güç kimdi?

GOVERNOR MILLER: Bu ayrıntıyı bilmiyorum.

STRONG MİLLETVEKİLİ: Altını isteyenlerin bu toplantıyı düzenleyenler olduğunu söylemek yanlış olmaz mı?

VALİ MILLER: Buraya geldiler.

TEMSİLCİ STRONG: Gerçek şu ki, buraya geldiler, bir toplantı yaptılar, ziyafet verdiler, konuştular, Federal Rezerv Kurulu'nu iskonto oranını düşürmeye ve açık piyasada alım yapmaya ikna ettiler ve altını aldılar.

BAY STEAGALL: Bu adımın Avrupa para birimlerini istikrara kavuşturduğu, ancak bizimkini altüst ettiği doğru mu?

VALI MILLER: Evet, amaç da buydu.

BAŞKAN MCFADDEN: Dikkatinizi, Federal Rezerv Kurulu araştırma direktörü Bay Goldenweiser ve New York Federal Rezerv Bankası Federal Rezerv Yardımcısı Dr. Burgess'in diğer merkez bankalarının temsilcileriyle istişare yaptığı, Paris'te yakın zamanda düzenlenen konferansa çekmek istiyorum. Konferansı kim düzenledi?

VALI MILLER: Hatırladığım kadarıyla konferansı Fransa Merkez Bankası düzenlemişti.

VALI YOUNG: Hayır, onları bir araya getiren Milletler Cemiyeti'ydi.

Federal Rezerv Kurulu başkanları ile Avrupa merkez bankaları başkanları arasındaki gizli toplantı, herhangi bir şeyi istikrara kavuşturmak için düzenlenmedi. Bu toplantı, Sistem tarafından ABD'de tutulan altını Avrupa'ya geri getirerek, o kıtadaki ülkeleri altın standardına geri döndürmenin en iyi yolunu tartışmak için düzenlendi. Milletler Cemiyeti, kurulmasının asıl amacı olan bu hedefi henüz gerçekleştirememişti, çünkü ABD Senatosu, Woodrow Wilson'ın bizi uluslararası bir para otoritesine teslim etmesine izin vermemişti. Bunu başarmak için İkinci Dünya Savaşı ve Franklin D. Roosevelt gerekti. Bu arada, Avrupa bizim altınımıza ihtiyaç duyuyordu ve Federal Rezerv Sistemi onlara 500 milyon dolar değerinde altın verdi. Bu altının Amerika Birleşik Devletleri'nden çıkarılması, hisse senedi patlamasının sönmesine, 1920'lerin ticari refahının sonuna ve bu ulusun başına gelen en büyük felaket olan 1929-31 Büyük Buhranına neden oldu. Amerikan halkının, Milletler Cemiyeti'ne katılmadığı için bu buhranı bir ceza olarak çektiğini söylemek tamamen mantıklıdır. Bankacılar, 500 milyon dolar değerindeki altının Avrupa'ya gönderildiğinde ne olacağını biliyorlardı. Büyük Buhran'ı istediler çünkü bu, Amerika Birleşik Devletleri'nin ticaretini ve finansını ellerine geçirdi.

Duruşmalar devam ediyor:

BEEDY: "Hazine Bakanlığı'ndan Bay Ebersole, dün gece katıldığımız akşam yemeğinde yaptığı konuşmayı, Federal Rezerv Sistemi'nin istikrarı istemediğini ve Amerikalı iş adamlarının da istemediklerini söyleyerek bitirdi. Onlar, sadece menkul kıymetlerde değil, emtialarda ve genel olarak ticarette de bu fiyat dalgalanmalarını istiyorlar, çünkü şu anda kontrolü elinde tutanlar, tam da bu istikrarsızlıktan kâr elde ediyorlar. Bu kişilerin kontrolü meşru bir yolla sağlanmazsa, geçmişte toplumu karakterize eden genel ayaklanmalar yoluyla bunu sağlamaya yönelik bir girişim olabilir. Devrimler, mevcut koşullara duyulan memnuniyetsizlik, kontrolün azınlığın elinde olması ve faturayı çoğunluğun ödemesi nedeniyle teşvik edilmiştir.

BAŞKAN MCFADDEN: Elimde, buraya gelmesi istenen Federal Rezerv Kurulu üyelerinden birinin mektubu var. Bunun tutanağa geçirilmesini istiyorum. Mektup, Vali Cunningham'dan geliyor:

Sayın Başkan:

Son birkaç haftadır hastalık nedeniyle evime kapanmış durumdayım ve iyileşmemi hızlandırmak amacıyla Washington'dan birkaç hafta uzaklaşmaya hazırlanıyorum.

Edward H. Cunningham

Bu mektup, kendisine Komitemiz huzuruna gelmesi için yapılan davete cevaben yazılmıştır. Ayrıca, New York Federal Rezerv Bankası Başkan Yardımcısı George Harrison'dan da bir mektup var.

Sayın Kongre Üyesi:

Başkan Strong geçen hafta Avrupa'ya gitti. Yılın başından beri hiç iyi değildi ve geçen Mart ayında Komitenize katılmış olsa da, bundan kısa bir süre sonra çok şiddetli bir zona atağı geçirdi ve bu durum sinirlerini çok yıprattı.

George L. Harrison, 19 Mayıs 1928

Ayrıca, 22 Mayıs 1928 tarihli New York Journal of Commerce gazetesinde Washington'dan gelen şu açıklamayı da kayda geçirmek istiyorum:

"Buradaki iyi bilgilendirilmiş çevrelerde, New York Federal Rezerv Bankası Başkanı Strong'un şu anki Paris ziyaretinde ele aldığı ana konunun, Fransa, Romanya ve Yugoslavya için istikrar kredilerinin düzenlenmesi olduğu belirtiliyor. Strong'un ele alacağı ikinci önemli konu ise Fransa'nın bu ülkeden çekeceği altın miktarıdır."

Başkan McFadden'ın Benjamin Strong'un garip hastalığı hakkında yaptığı daha fazla sorgulama, 23 Mayıs 1928'de Federal Rezerv Kurulu Başkanı Charles S. Hamlin'den şu ifadeyi ortaya çıkardı:

"Tek bildiğim, Başkan Strong'un çok hasta olduğu ve sağlık nedenleriyle öncelikle Avrupa'ya gittiği.

Anladığım kadarıyla sağlık nedenleriyle. Elbette, Avrupa merkez bankalarının çeşitli ofislerini iyi biliyor ve şüphesiz onları ziyaret edecektir."

Başkan Benjamin Strong, Komite'nin önüne çıkmadan, Avrupa'dan döndükten birkaç hafta sonra öldü.

1928'de Temsilciler Meclisi Bankacılık ve Para Komitesi'nde yapılan bu duruşmaların amacı, Temsilci Strong (uluslararası bankacı Benjamin ile akrabalığı yoktur) tarafından sunulan ve Federal Rezerv Sistemi'ne doların satın alma gücünü istikrara kavuşturmak için harekete geçme yetkisi verecek olan Strong tasarısının kabul edilmesinin gerekliliğini araştırmaktı. Bu, Carter Glass ve Woodrow Wilson'ın 1912'de Kongre'ye Federal Rezerv Yasası'nı sunduklarında verdikleri vaatlerden biriydi ve böyle bir hüküm aslında Senatör Robert L. Owen tarafından Yasa'ya eklenmişti, ancak Carter Glass'ın Temsilciler Meclisi Bankacılık ve Para Komitesi bunu metinden çıkarmıştı. Tüccarlar ve spekülatörler, doların istikrar kazanmasını istemiyorlardı, çünkü o zaman artık kâr edemeyeceklerdi. 1920'lerde bu ülkenin vatandaşları, tüccarların ülke çapında bir istikrarsızlık ortamı yaratması nedeniyle borsada kumar oynamaya yönlendirilmişti.

1928 tarihli Strong Yasası Kongre'de reddedildi.

1920'lerde Amerika Birleşik Devletleri'ndeki mali durum, yalnızca spekülatif değerlerin enflasyonuyla karakterize ediliyordu. Bu, tüccarların yarattığı bir durumdu. Borsada menkul kıymetlerin aşırı fiyatlandırılmasına rağmen, emtia fiyatları düşük kalmıştı.

Alıcılar, menkul kıymetlerinden temettü almayı beklemiyorlardı. Amaç, bunları bir süre elinde tutup kârla satmaktı. Paul Warburg'un Mart 1929'da belirttiği gibi, bunun bir yerde durması gerekiyordu. Wall Street, insanlar birikimlerini bu aşırı pahalı menkul kıymetlere yatırana kadar bunun durmasına izin vermedi. 1927'de ABD Başkanı Calvin Coolidge, Amerikan halkına piyasadan alım yapmaya devam etmelerini tavsiye ederek, borsa operatörlerinin maşası gibi davranan bir manzaraya tanık olduk. Piyasanın şişirilmiş durumu konusunda tedirginlik vardı ve bankacılar, ABD Başkanı, Hazine Bakanı ve Federal Rezerv Sistemi Yönetim Kurulu Başkanı'nı, broker kredilerinin çok yüksek olmadığı ve borsa durumunun sağlam olduğu yönünde açıklamalar yapmaya ikna ederek güçlerini gösterdiler.

Irving Fisher, 1927'de tüm dünyadaki fiyatları istikrara kavuşturma yükünün yakında ABD'nin omuzlarına bineceği konusunda bizi uyarmıştı. İkinci Dünya Savaşı'nın sonuçlarından biri, tam da bunu yapmak üzere Uluslararası Para Fonu'nun kurulmasıydı. Profesör Gustav Cassel aynı yıl şöyle demişti:

"Fiyatların düşüşü, kontrolümüz dışındaki güçlerin kendiliğinden ortaya çıkan bir sonucu değildir. Bu, fiyatları düşürmek ve para birimine daha yüksek bir değer kazandırmak için kasıtlı olarak tasarlanmış bir politikanın sonucudur."

Demokrat Parti, Merkez Bankası Yasası'nı kabul edip bizi Birinci Dünya Savaşı'na sürükledikten sonra, 1920'lerde muhalefet partisi rolünü üstlendi. Siyasi arenanın dışında kalmışlardı ve Bernard Baruch'un biyografisine göre, o zorlu yıllarda Baruch'un cömert yardımlarıyla ayakta kaldılar. Ne kadar dışarıda kaldıkları ve 1928'de ne kadar az şansları olduğu, 28 Haziran 1928'de Houston'da kabul edilen resmi Demokrat Parti programındaki bir maddeyle ortaya konmuştur:

"Federal Rezerv Sisteminin borsa spekülatörlerinin çıkarları için yönetilmesi sona ermelidir. Bu sistem, çiftçiler, ücretliler, tüccarlar, imalatçılar ve yapıcı işlerle uğraşan diğer kişilerin yararına yönetilmelidir."

Bu idealizm, Franklin D. Roosevelt tarafından aday gösterilen başrol oyuncusu Al Smith'in yenilgisini garantiledi. Al Smith'e karşı yürütülen kampanya, onun Katolik olması nedeniyle dini hoşgörüsüzlüğe yapılan çağrılarla da damgalandı. Bankacılar, I. Dünya Savaşı'ndaki himayelerindeki Herbert Hoover'ın seçilmesini sağlamak için ülke çapında anti-Katolik duyguları körüklediler.

Yasanın kabul edildiği sırada Woodrow Wilson'ın vaat ettiği gibi ülkenin finansal istikrarını desteklemek yerine, Federal Rezerv Kurulu finansal istikrarsızlığı sürekli olarak teşvik etti. Kurul tarafından 13 Mart 1939'da yayınlanan resmi bir memoranduma göre:

"Federal Rezerv Sistemi Yönetim Kurulu, istikrarlı bir fiyat seviyesi öneren her türlü yasa tasarısına karşıdır."

Siyasi açıdan, Federal Rezerv Kurulu 1920'lerde bankacıların adaylarının seçilmesini desteklemek için kullanıldı. 4 Ağustos 1928 tarihli "Literary Digest", Başkanlık seçim yılı olan bir dönemde Federal Rezerv Kurulu'nun faiz oranını yüzde beşe yükseltmesi vesilesiyle şöyle yazdı:

"Bu, 1927'nin siyasi açıdan arzu edilen ucuz para politikasını tersine çeviriyor ve borsada istikrarlı koşullar sağlıyor. Washington, D.C.'deki Halk Lobisi tarafından eleştirildi; lobi, 'Çiftçilerin mahsullerini finanse etmek için ucuz paraya ihtiyaç duydukları bir dönemde yapılan bu artış, 1920-21 Tarım Bunalımı'ndan sonra yeniden ayağa kalkmaya başlayan çiftçilere doğrudan bir darbe vurdu' dedi.

"The New York World" o dönemde şöyle demiştir:

"Birçok yatırımcının Federal Rezerv Kurulu'nun politikasına yönelik eleştirisi, kurulun borsayı deflate etme girişimine değil, kurulun geçen yılki politikasıyla mevcut borsa enflasyonundan tamamen sorumlu olduğu yönündeki suçlamaya dayanmaktadır."

Federal Rezerv Sisteminin ilk on beş yılına ilişkin sert bir değerlendirme, 1929 Mayıs tarihli "North American Review" dergisinde, yasanın yazarlarından biri olan ve 1914'ten 1920'ye kadar Kurul'un Birinci Sekreteri olarak görev yapan profesyonel ekonomist H. Parker Willis tarafından yayınlandı. Willis, tam bir hayal kırıklığını dile getiriyor.

"Seçilmiş Başkan Wilson ile ilk görüşmem 1912'deydi. Konuşmamız tamamen bankacılık reformuyla ilgiliydi. Uygun bir yasanın uygulanmasını sağlayabileceğimizden emin olup olmadığını ve bunu nasıl uygulayıp yürürlüğe koyacağımızı sordum. O da şöyle cevap verdi: 'Amerikan iş dünyasının idealizmine güvenmeliyiz.' Amerikan İdealizmine fırsat tanıyacak, güvenilir bir şey arıyordu. Bu, Birinci Dünya Savaşı'nı finanse etmeye ve Amerikan bankacılık uygulamalarını revize etmeye yaradı. Başkanın öngördüğü ve Amerikan bankacıları ile iş adamlarından 'noblesse oblige' ilkesiyle elde edebileceğimize inandığı idealizm unsuru ortada yoktu.

Federal Rezerv Yasası'nın yürürlüğe girmesinden bu yana, tarihimizde bugüne kadar görülen en ciddi finansal bunalım ve devrimlerden birini, 1920-21 bunalımını yaşadık. Tarımımızın uzun bir acı ve hatta devrim döneminden geçtiğini gördük; bu dönemde, arazi fiyatları ve tuhaf kredi koşulları nedeniyle bir milyon çiftçi çiftliklerini terk etti. Bu ülkede bugüne kadar görülen en geniş çaplı banka iflasları dönemini yaşadık. Rezerv Sistemi faaliyete geçtiğinden bu yana 4.500 banka kapılarını kapattı. Bazı Batı kasabalarında, o topluluktaki tüm bankaların iflas ettiği dönemler oldu ve bazı bankalar defalarca iflas etti. Federal Rezerv Sistemi üyeleri ile üye olmayanlar arasında iflas riskinde pek bir fark yoktu.

"Wilson'ın Federal Rezerv Kurulu'nun ilk üyelerini seçimi pek de başarılı değildi.

Bu kişiler, şu ya da bu büyük çıkar grubunu yatıştırmak amacıyla seçilmiş karma bir grubu temsil ediyordu. Atananların konumlarını borçlarını ödemek için kullanmaları şaşırtıcı değildi. Kurul, bazı üyelerin yetersizliklerini kanıtlamış olmaları nedeniyle, rezerv sisteminin gelecekteki üyelerinin yalnızca liyakate göre atanması yönünde bir karar almayı düşünürken

Denetçi John Skelton Williams, 'yalnızca' kelimesinin çıkarılmasını önerdi ve bu konuda Kurul tarafından desteklendi. Kurula belirli unsurların (Warburg, Strauss vb.) dahil edilmesi, daha sonra felaketle sonuçlanacak olan özel çıkarları gözetme fırsatı verdi.

"Başkan Wilson, önemli bir göreve gelmenin görevliyi değiştireceğini ve vatanseverliğini yeniden canlandıracağını varsaymakla, sık sık yaptığı gibi bir hata işledi. Rezerv Kurulu, başkanlık seçimlerinde Demokrat adaya delege toplayabilme yeteneği nedeniyle seçilen bir üyenin atanmasıyla Wilson döneminin en dip noktasına ulaştı. Ancak, bu seviye Başkan Harding döneminde ulaşılan en dip nokta değildi. O, eski bir dostu olan D.R. Crissinger'ı Kurul Başkanı olarak atadı ve diğer pozisyonlara da son derece kullanışlı birkaç politikacı atadı. Ölmeden önce, tüm girişimi mahvetmek için elinden geleni yaptı. Sistem o zamandan beri sürekli olarak kötüye gitti.

"Rezerv Bankaları henüz ilk şekillerini almamışken, yerel bankacıların bunları 'gözde oğulları', yani genel kabul gören bir şekilde bankacılık camiasının genel yükü haline gelmiş veya çeşitli şekillerde verimsiz kişilerle ilgilenmek için bir araç olarak kullanmaya çalıştıkları ortaya çıktı. Rezerv yöneticileri seçilecekken, taşra bankacıları genellikle oy vermeyi reddettiler veya oy verdiklerinde, şehir muhabirlerinin talimatına göre oy kullandılar. Bu koşullar altında, rezerv bankalarının halk tarafından veya demokratik bir şekilde denetlenmesi söz konusu bile olamazdı. Dürüst insanlar, kamu görevlerini fark ederek iktidarı üstlenmiş olsalardı, makul bir verimlilik sağlanabilirdi. Eğer böyle insanlar varsa da, Federal Rezerv Kurulu'na giremediler. Bugün bir rezerv bankasında üst yönetim, hayatında bir gün bile gerçek bankacılık yapmamış bir adamın elindeyken, başka bir rezerv kurumunda hem Vali hem de Başkan, artık faaliyette olmayan bankaların eski yöneticileridir. Doğal olarak, bölgelerinde yüksek bir başarısızlık sicili vardır. Çoğu bölgede, iyi bankacılık standartlarına göre değerlendirildiğinde, rezerv yöneticilerinin performans seviyesi utanç verici derecede düşüktür. Philadelphia Federal Rezerv Bankası'nın politikası, sistemde "Arkadaşlar ve Akrabalar Bankası" olarak bilinir.

"Birisi, savaş sırasında elde edilen hatırı sayılır miktardaki kârları, kendilerine olağanüstü pahalı binalar sağlamak için kullanma fikrini, bu kârlar elde edilirken ortaya attı. Bugün, Merkez Bankaları, normal zamanlarda sadece kendi giderlerini karşılamak için bile, paralarının tam bir milyar dolarını sürekli olarak iş çevriminde tutmak zorundadır.

"Sistemin ne yaptığını ve ne yapmadığını en iyi gösteren örnek, ülkenin 1929 yılının Mayıs ayında spekülasyonla yaşadığı deneyimdir. Bundan üç yıl önce, mevcut boğa piyasası yeni yeni başlamıştı. 1926 sonbaharında, aralarında dünyaca ünlü bir ismin de bulunduğu bir grup bankacı, Washington'daki bir otelde bir masada oturuyordu. İçlerinden biri, Sistemin düşük iskonto oranlarının spekülasyonu teşvik etme olasılığı olup olmadığını sordu.

"Evet," diye yanıtladı ünlü bankacı, "teşvik edecek, ama buna engel olamayız. Bu, Avrupa'ya yardım etmenin bedeli."

"Kurul'un spekülasyonu teşvik etmesinin, Avrupa'ya yardım etmenin bedeli mi olduğu, yoksa belirli bir finansçı sınıfını

Avrupa'ya yardım etmeye ikna etmenin bedeli mi olduğu sorgulanabilir, ancak her iki durumda da Avrupa'daki koşulların Kurul'un iskonto politikasıyla hiçbir ilgisi olmamalıydı. Gerçek şu ki, Federal Rezerv Bankaları toplumla temas halinde değildir.

"Maine'den Teksas'a kadar 'küçük adam' yavaş yavaş birikimlerini borsaya yatırmaya yönlendirildi ve sonuç olarak, giderek artan bir hızla gerçekleşen spekülasyon dalgası, ülkenin meşru iş dünyasını silip süpürdü.

"1928 yılının Mart ayında, Kurul Başkanı Roy A. Young, bir Senato komitesi önüne çağrıldı.

'Broker kredilerinin çok yüksek olduğunu düşünüyor musunuz?', diye soruldu.

"Aracı kurumların kredilerinin çok yüksek mi yoksa çok düşük mü olduğunu söylemeye hazır değilim," diye yanıtladı, "ama bunların güvenli ve ihtiyatlı bir şekilde verildiğinden eminim."

"Hazine Bakanı Mellon resmi bir açıklamada, bunların çok yüksek olmadığını ülkeye garanti etti ve Coolidge, Federal Rezerv Kurulu tarafından kendisine sağlanan bilgileri kullanarak, bunların çok yüksek olmadığını ülkeye açıkça belirtti. Sıradan insanın çıkarlarını korumakla görevli Federal Rezerv Kurulu, bu şekilde sıradan insanın tasarrufları konusunda endişelenmemesi için elinden geleni yaptı. Yine de Federal Rezerv Kurulu, 2 Şubat 1929'da Rezerv Bankası Direktörlerine hitaben bir mektup yayınlayarak, onları daha fazla spekülasyonun ciddi tehlikesine karşı uyardı.

"Yönetim Kurulunu oluşturan bu tür bir grup insandan ne beklenebilirdi ki? Bu adamlar, herhangi bir sürtüşme tehlikesi ortaya çıktığında tek dertleri ' 'ın arkasına sığınmak' olan, övgü ve şöhret için sığır ve köpek gibi bir iştah sergileyen, bir yandan da Amerikan finans ve bankacılığının efendileri olarak gördükleri 'büyük adamlar'ın gözüne girmeye can atan bir gruptu."

H. Parker Willis, 1929 Krizi ve Büyük Buhran'a yol açacak olan Lord Montague Norman ve İngiltere Merkez Bankası'nın entrikalarına hiç değinmedi.

ON İKİNCİ BÖLÜM

BÜYÜK BÜYÜK BÜYÜK BÜYÜK BÜYÜK BÜYÜK BÜYÜK BÜYÜK BÜYÜK

İngiliz ekonomist R.G. Hawtrey, Mart 1926 tarihli American Economic Review dergisinde şöyle demiştir:

"Dış yatırımlar genel tasarrufların arzını aştığında, yatırım piyasası bu fazlalığı bankalardan ödünç alınan parayla karşılamak zorundadır. Bunun çaresi, banka faiz oranını yükselterek krediyi kontrol etmektir."

Federal Rezerv Kurulu bu kredi kontrolünü uyguladı, ancak 1926'da değil, ne de bir çözüm önlemi olarak. Bu önlem 1929'a kadar uygulanmadı ve o zaman da oran, büyük tröstler dışındaki herkesi dışlamak amacıyla bir cezai önlem olarak yükseltildi.

Profesör Cassel, 1928 Ağustos tarihli Quarterly Journal of Economics dergisinde şöyle yazmıştır: "Bir merkez bankasının, sermaye piyasasının gerçek durumuna uygun olarak banka faiz oranını yükseltmemesi, ticaretin döngüsel hareketinin gücünü büyük ölçüde artırır ve bu da sosyal ekonomi üzerinde tüm zararlı etkileriyle birlikte ortaya çıkar. Banka faiz oranının rasyonel bir şekilde düzenlenmesi bizim elimizde olup, ancak bunun önemini kavrayıp böyle bir politika izlemeye karar verirsek başarılabilir.

Bu doğrultuda düzenlenmiş bir banka faiz oranı ile ticaret döngülerinin gelişmesi için gerekli koşullar kökten değişecek ve aslında, aşina olduğumuz ticaret döngüleri geçmişte kalacaktır."

Bu, ekonomik bunalımlarımızın yapay olarak tetiklendiğine dair şimdiye kadar ortaya konulan en yetkili öncüldür. 1907 Panik Krizi, 1920 Tarım Bunalımı ve 1929 Büyük Bunalımının, üçü de verimli hasat yıllarında ve ulusal refah dönemlerinde meydana gelmesi, bu öncülün bir tahmin olmadığını göstermektedir. Lord Maynard

Keynes, iş döngüsü teorilerinin çoğunun analizlerini para mekanizmasıyla yeterince ilişkilendiremediğini belirtmiştir. Altın hareketleri ve döviz üzerindeki baskılar gibi faktörleri listelemeden yapılan herhangi bir bunalım araştırması veya çalışması değersiz olacaktır, ancak Amerikalı ekonomistler bu konuyu her zaman kaçınmışlardır.

Milletler Cemiyeti, 1928 yılına kadar Avrupa ülkelerini altın standardına geri döndürme hedefine ulaşmıştı, ancak dünyadaki altının dörtte üçü Fransa ve Amerika Birleşik Devletleri'nde bulunuyordu. Sorun, bu altını para ve kredinin temeli olarak ihtiyaç duyan ülkelere nasıl ulaştırılacağıydı. Cevap, Federal Rezerv Sistemi'nin harekete geçmesiydi.

1927'de Federal Rezerv Kurulu ile yabancı merkez bankalarının başkanları arasında yapılan gizli toplantının ardından, Federal Rezerv Bankaları birkaç ay içinde devlet tahvillerini ve kabullerini ikiye katladı; bu da o yıl beş yüz milyon dolarlık altın ihracatına yol açtı. Sistemin piyasa faaliyetleri, Borsada gecelik faiz oranlarını düşürdü ve altının ülke dışına çıkmasına neden oldu. Yabancılar da düşük gecelik faiz oranı nedeniyle bu fırsatı değerlendirerek devlet tahvillerini yoğun bir şekilde satın aldılar.

"İngiltere Merkez Bankası ile Washington Federal Rezerv yetkilileri arasında aylar önce yapılan anlaşma, buradaki banka faiz oranlarını düşürerek 725 milyon dolarlık altın ihracatını zorlayacağımız, böylece Fransa ve Avrupa'nın istikrarına katkıda bulunacağımız ve Fransa'yı altın standardına geçireceğimiz yönündeydi."[124] (20 Nisan 1928)

6 Şubat 1929'da, İngiltere Merkez Bankası Başkanı Montagu Norman, Washington'a geldi ve Hazine Bakanı Andrew Mellon ile bir görüşme yaptı. Bu gizemli ziyaretin hemen ardından, Federal Rezerv Kurulu politikasını aniden değiştirdi ve yüksek iskonto oranı politikası izlemeye başladı; Norman'ın bir önceki ziyaretinin ardından 1927'de başlattığı ucuz para politikasından vazgeçti. Borsa çöküşü ve Amerikan halkının finansal yapısının deflasyonu Mart ayında gerçekleşecek şekilde planlanmıştı. Süreci başlatmak için Paul Warburg, tüccarlara piyasadan çıkmaları konusunda resmi bir uyarıda bulundu. Warburg, 1929 yılının Mart ayında International

[124] Clarence W. Barron, *They Told Barron*, Harpers, New York, 1930, s. 353.

Acceptance Bank hissedarlarına sunduğu yıllık raporunda şunları söyledi:

"Eğer sınırsız spekülasyon çılgınlığının yayılmasına izin verilirse, nihai çöküşün sadece spekülatörleri etkilemekle kalmayacağı, tüm ülkeyi kapsayan genel bir bunalım getireceği kesindir."

Üç yıl süren "sınırsız spekülasyon" döneminde, Warburg, Borsanın durumu hakkında herhangi bir yorumda bulunmayı uygun görmemişti. Warburg'a yakın bir yayın organı olan *The New York Times*, bu rapora editör sayfasında iki sütun ayırmakla kalmadı, aynı zamanda Warburg'un gözlemlerinin bilgeliği ve derinliği hakkında editoryal bir yorumda bulundu. Warburg'un endişesi haklıydı, çünkü borsa balonu öngörülenden çok daha ileri gitmişti ve bankacılar, halkın neler olup bittiğini fark etmesi halinde ortaya çıkacak sonuçlardan korkuyorlardı. *The New York Times*'daki bu haber Borsada ani bir satış dalgasına yol açtığında, bankacılar paniğe kapıldı ve piyasayı biraz rahatlatmaya karar verildi. Buna göre, Warburg'un National City Bank'ı, gecelik para piyasasına yirmi beş milyon dolar nakit akıttı ve çöküşün gerçekleşeceği günü erteledi.

Federal Rezerv Kurulu'nun 1929 Borsası Çöküşünü tetiklemeye yönelik nihai kararının ortaya çıkışı, şaşırtıcı bir şekilde, *The New York Times* gazetesinde yer aldı. 20 Nisan 1929'da *The Times*, "Washington'da Federal Danışma Konseyi'nin Gizemli Toplantısı" başlığını attı. Konsey tarafından kararlar kabul edildi ve kurula iletildi, ancak bunların amacı sıkı bir şekilde gizlendi. Hem kurul hem de konsey tarafından toplantıların etrafına derin bir gizem havası yayıldı. Bu olağanüstü oturumun işleyişini gizli tutmak için her türlü çaba gösterildi. Gazete muhabirlerine kaçamak cevaplar verildi.

Sadece "Londra Bağlantısı"nın en içteki konseyi, bu "gizemli toplantıda" Amerikan tarihinin en büyük spekülatif patlamasına son verilmesinin kararlaştırıldığını biliyordu. Bu bilgiden haberdar olanlar, tüm spekülatif hisse senetlerini satmaya ve paralarını devlet tahvillerine yatırmaya başladı. Bu gizli bilgiden haberdar olmayanlar, aralarında Amerika'nın en zengin adamlarından bazılarının da bulunduğu kişiler, spekülatif hisse senetlerini elinde tutmaya devam etti ve sahip oldukları her şeyi kaybetti.

O dönemde Wall Street'te broker olan Col. Curtis B. Dall, FDR, My Exploited Father-in-Law adlı kitabında, Çöküş hakkında şöyle yazıyor: "Aslında bu, New York para piyasasında ' ' (kısa vadeli para) arzında planlı bir ani kıtlığın tetiklediği, Dünya Para Güçleri tarafından halkın hesaplı bir şekilde 'sağmalanması'ydı."[125] Bir gecede, Federal Rezerv Sistemi gecelik faiz oranını yüzde yirmiye çıkarmıştı. Bu oranı karşılayamayan spekülatörlerin tek alternatifi pencereden atlamaktı.

Ulusal faiz oranını belirleyen New York Federal Rezerv Bankası oranı, 1 Kasım 1929'da yüzde altıya çıktı. Yatırımcılar iflas ettikten sonra, 8 Mayıs 1931'de yüzde bir buçuk seviyesine düştü. Kongre Üyesi Wright Patman, "A Primer On Money" adlı kitabında, 1929'dan 1933'e kadar para arzının sekiz milyar dolar azaldığını ve bunun sonucunda ABD'deki toplam 26.401 bankadan 11.630'unun iflas edip kapılarını kapatmasına neden olduğunu belirtir.

Federal Rezerv Kurulu, 6 Şubat 1929'da Federal Rezerv Bankalarının hissedarlarını piyasadan çıkmaları konusunda uyarmıştı, ancak geri kalan halka hiçbir şey söyleme zahmetine girmedi. Oyunu yöneten Wall Street bankacıları dışında kimse neler olup bittiğini bilmiyordu. Altın hareketleri tamamen güvenilmezdi. Quarterly Journal of Economics dergisi şu notu düşmüştür:

"Sadece bu ülkede değil, birçok Avrupa ülkesinde de gümrük istatistiklerinin değerli metallerin hareketlerini doğru bir şekilde kaydetip kaydetmediği sorusu gündeme geldi ve yapılan araştırmaların ardından bu rakamlara olan güven güçlenmek yerine zayıfladı. Örneğin, Fransa ile İngiltere arasındaki her türlü hareket her iki ülkede de kaydedilmelidir, ancak bu tür bir karşılaştırma, Fransa için yıllık ortalama 50 milyon frank, İngiltere için ise 85 milyon frank tutarında bir tutarsızlık ortaya koymaktadır. Bu muazzam tutarsızlıkların hesabı verilememektedir."

Sayın Reginald McKenna şunları belirtmiştir:

"Altın stoklarındaki değişiklikler ile fiyat seviyelerindeki hareketler arasındaki ilişkinin incelenmesi, altın standardının hiçbir şekilde otomatik olarak işlemediğini göstermektedir ki bu çok açık bir gerçektir, ancak hiçbir şekilde kabul edilmemektedir. Altın

[125] Albay Curtis B. Dall, *F.D.R., My Exploited Father-in-Law*, Liberty Lobby, Washington, D.C. 1970.

standardı, küçük bir uluslararası tüccar grubunun yararına yararlı bir şekilde yönetilebilir ve kontrol edilebilir ve öyle de olmaktadır."

Ağustos 1929'da, Federal Rezerv Kurulu faiz oranını yüzde altıya çıkardı. İngiltere Merkez Bankası ise ertesi ay faiz oranını yüzde beş buçuktan yüzde altı buçağa çıkardı. Dr. Friday, Review of Reviews dergisinin Eylül 1929 sayısında, Kurul'un bu kararının hiçbir gerekçesi olmadığını belirtti:

"7 Ağustos 1929 tarihli Federal Rezerv açıklaması, sonbahar ihtiyaçları için yetersizlik belirtisi olmadığını göstermektedir. Altın kaynakları geçen yıla göre önemli ölçüde fazladır ve altın, Almanya ve İngiltere'nin mali sıkıntısına yol açacak şekilde akmaya devam etmektedir. Kurul'un bu kararının nedenleri başka yerlerde aranmalıdır. Kamuoyuna sadece 'Bu sorun, bazı özel koşullar nedeniyle zorluklar yaratmıştır' şeklinde bir ipucu verilmiştir. Başkan Young'ın geçen yıl banka faiz oranını düşürmek için öne sürdüğü tüm nedenler şu anda da geçerlidir. Faiz oranını artırmak, sadece yurt dışından altın çekilme tehlikesi olduğu anlamına gelmez, aynı zamanda son dört aydır sarı metal ithalatının devam ettiği anlamına da gelir. Bunu daha da belirginleştirecek herhangi bir şey yapmak, dünya çapında bir kredi deflasyonuna yol açma sorumluluğunu üstlenmek demektir."

Böylece, Federal Rezerv Sisteminin sadece Birleşik Devletler'in Müttefiklere finansman sağlamasına olanak tanıyarak Birinci Dünya Savaşı'na yol açmakla kalmadığını, aynı zamanda politikalarının 1929-31 yıllarındaki dünya çapındaki bunalımı da tetiklediğini görüyoruz. Başkan Adolph C. Miller, 1931'de Senato'nun Federal Rezerv Kurulu Soruşturması'nda şunları söyledi:

"Federal Rezerv Sistemi olmasaydı, başlangıçta yaşadığımız kadar kötü bir spekülatif durumla karşılaşmayacağımızı düşünüyorum."

Carter Glass ise şöyle cevap verdi: "Federal Rezerv Kurulu'nun bu açık piyasa işlemleri yoluyla muazzam bir kredi genişlemesi sağladığını açıkça ortaya koydunuz."

Emmanuel Goldenweiser ise şöyle dedi: "1928-29 yıllarında Federal Kurul, menkul kıymet kredilerindeki ve borsa spekülasyonlarındaki hızlı artışı sınırlamaya çalışıyordu. Ancak bu kısıtlama politikasının sürekliliği, 1928 sonbaharında ve 1929 yazında vadesiz mevduat faiz oranlarının düşmesiyle kesintiye uğradı."

Hem J.P. Morgan hem de Kuhn, Loeb Co., kârlı hisse senetleri hakkında önceden haber verdikleri kişilerin yer aldığı "tercihli listeler"e sahipti. Bu tercihli listelerde yer alan kişilere, bu hisse senetlerini maliyet fiyatından, yani halka satıldıkları fiyattan hisse başına 2 ila 15 puan daha ucuza satın alma imkânı tanınıyordu. Bu listelerde yer alan kişiler, bankacı meslektaşları, önde gelen sanayiciler, güçlü şehir politikacıları, Cumhuriyetçi ve Demokrat Partilerin ulusal komite üyeleri ve yabancı ülkelerin yöneticileriydi. Bu listelerde yer alan kişiler, yaklaşan çöküşten haberdar edildi ve General Motors, Dupont vb. gibi sözde altın değerindeki hisse senetleri hariç tüm hisse senetlerini sattılar. Bu hisse senetlerinin fiyatları da rekor düşük seviyelere düştü, ancak kısa süre sonra tekrar yükseldi. Büyük bankacıların 1929'da nasıl hareket ettikleri, 30 Mayıs 1936'da Newsweek'te yayınlanan bir haberde ortaya çıktı. Bu haberde, Roosevelt tarafından atanan Ralph W. Morrison'ın Federal Rezerv Kurulu'ndan istifa ettiği belirtiliyordu:

"Genel kanı, Federal Rezerv Kurulu'nun yetenekli bir adamı kaybettiği yönündedir. Teksas kamu hizmetleri hisselerini Insull'a on milyon dolara sattı ve 1929'da bir toplantı düzenleyerek bankalarına 1 Eylül'e kadar tüm menkul kıymet kredilerini kapatmalarını emretti. Sonuç olarak, bankalar bu bunalımı büyük bir başarıyla atlattılar."

Tahmin edilebileceği gibi, tüm büyük bankacılar bunalımı "büyük bir başarıyla" atlattılar. Acı çekenler ise, ABD Başkanı Calvin Coolidge ve Hazine Bakanı Andrew Mellon'un ikna etmesiyle paralarını zengin olma hisselerine yatırmış olan işçiler ve çiftçilerdi.

İngiltere'de yaklaşan çöküşe dair bazı uyarılar vardı, ancak Amerikan gazeteleri bunları hiç görmedi. 25 Mayıs 1929 tarihli London Statist gazetesi şöyle yazmıştı:

"Görünüşe göre ABD'deki bankacılık otoriteleri, spekülasyonu frenlemek için bir iş paniği istiyor."

11 Mayıs 1929 tarihli London Economist gazetesi şöyle yazmıştı:

"Geçtiğimiz yıl yaşanan olaylar, yeni bir tekniğin başlangıcına tanık oldu. Bu teknik, sürdürülüp geliştirilirse, 'tüccara zarar vermeden spekülatörü kısıtlamayı' başarabilir."

Vali Charles S. Hamlin, 1931'deki Senato oturumlarında bu açıklamayı alıntıladı ve bunu doğrulayarak şöyle dedi:

"Bu, Yönetim Kurulu'nun bazı üyelerinin, tüccarlara zarar vermeden spekülatörlerden Federal Rezerv kredisini çekme yönündeki görüşüydü."

Başkan Hamlin, ortadan kaldırmak istediği "spekülatörlerin" birikimlerini borsaya yatırmış öğretmenler ve küçük kasaba tüccarları olduğunu, ya da korumaya çalıştığı "tüccarların" ise Bernard Baruch ve Paul Warburg gibi büyük Wall Street operatörleri olduğunu belirtme zahmetine girmedi.

9 Ağustos 1929'da New York Federal Rezerv Bankası faiz oranını yüzde altıya çıkardığında, piyasa koşulları değişmeye başladı ve bu durum 24 Ekim'den Kasım ayına kadar süren muazzam satış emirleriyle doruğa ulaştı; bu da 160 milyar dolarlık menkul kıymet değerini silip süpürdü. Bu, Amerikan vatandaşlarının bir ay önce sahip oldukları, ancak bir sonraki ay sahip olmadıkları 160 milyar dolardı. İkinci Dünya Savaşı'nda harcadığımız devasa para ve mal miktarının 200 milyar dolardan biraz fazla olduğunu ve bunun büyük bir kısmının ulusal borçta kıymetli kağıtlar olarak kaldığını hatırlarsak, bu felaketin boyutunu biraz olsun anlayabiliriz. Borsa çöküşü, Amerika Birleşik Devletleri'nin şimdiye kadar yaşadığı en büyük talihsizliktir.

Columbia Üniversitesi Siyaset Bilimi Akademisi, 1930 yılının Ocak ayında düzenlenen yıllık toplantısında, 1929 Çöküşü'nün bir analizini yaptı. Başkan Yardımcısı Paul Warburg'un toplantıya başkanlık etmesi ve Direktör Ogden Mills'in tartışmada önemli bir rol oynaması planlanmıştı. Ancak bu iki beyefendi toplantıya katılmadı. Harvard Üniversitesi'nden Profesör Oliver M.W. Sprague, çöküşle ilgili olarak şunları söyledi:

"Burada, borsanın görünüşte kendi ağırlığı altında çöktüğü güzel bir laboratuvar örneği var."

1893'teki gibi bir kredi tükenmesi, 1907 Panik Dönemi'nde olduğu gibi takas odası sertifikalarına başvurulmasına neden olan bir para kıtlığı ya da 1920'deki gibi emtia fiyatlarında bir çöküş olmadığı belirtildi. Öyleyse çöküşe ne sebep olmuştu? İnsanlar hisse senetlerini yüksek fiyatlardan satın almış ve fiyatların yükselmeye devam etmesini beklemişlerdi. Fiyatların düşmesi kaçınılmazdı ve düştü de. Hotel Astor'da brendi ve purolarının başında toplanan ekonomistler ve bankacılar için, suçun halkta olduğu açıktı. Kuşkusuz halk, aşırı pahalı menkul kıymetleri satın alarak bir hata yapmıştı, ancak bu konuda ABD Başkanı'ndan aşağıya doğru her önde gelen vatandaş tarafından ikna edilmişti. Ulusal tirajlı her dergi, her büyük gazete ve her önde gelen bankacı, ekonomist ve politikacı, insanları bu aşırı pahalı menkul kıymetleri satın almaya teşvik eden büyük güven oyununa katılmıştı. New York Federal Rezerv Bankası Ağustos 1929'da faiz oranını yüzde altıya çıkardığında, insanlar piyasadan çıkmaya başladı ve bu durum, menkul kıymet fiyatlarını doğal seviyelerinin çok altına düşüren bir paniğe dönüştü. Önceki paniklerde olduğu gibi, bu durum hem Wall Street'teki hem de bilgisi olan yabancı operatörlerin "blue-chip" ve "gilt-edged" menkul kıymetleri gerçek değerlerinin çok altında bir fiyata almalarını sağladı.

1929 Çöküşü, Marine Midland Corporation, Lehman Corporation ve Equity Corporation gibi bu ucuz tahvil ve menkul kıymetleri satın alan dev holding şirketlerinin oluşumuna da tanık oldu. 1929'da J.P. Morgan Company, dev gıda tröstü Standard Brands'ı kurdu. Tröst operatörleri için, sahip oldukları varlıkları büyütmek ve konsolide etmek için eşsiz bir fırsat vardı.

Federal Rezerv Sistemi araştırma direktörü Emmanuel Goldenweiser, 1947'de şöyle demiştir:

"Geriye dönüp bakıldığında, Kurul'un spekülatif genişlemeyi görmezden gelmesi ve kendi ağırlığı altında çökmesine izin vermesi gerektiği açıktır."

Olaydan on sekiz yıl sonra yapılan bu hata itirafı, Borsa Çöküşü'nde birikimlerini kaybeden insanlar için küçük bir teselli oldu.

1929 Wall Street Çöküşü, 1932 yılına kadar süren ve Batı demokrasilerinin İkinci Dünya Savaşı için yeniden silahlanmaya başlayana kadar atlatamadıkları dünya çapında bir kredi deflasyonunun başlangıcı oldu. Bu bunalım sırasında, tröst yöneticileri üç uluslararası dolandırıcıyı – Van Sweringen kardeşler, Samuel Insull ve Ivar Kreuger – destekleyerek kontrolünü daha da artırdı. Bu adamlar, milyarlarca dolarlık menkul kıymetleri fantastik yükseklilere çıkardılar. Onları destekleyen ve hisse senetlerini piyasaya süren bankacılar, bir milyon dolardan az olan kredileri geri çağırarak onları her an durdurabilirdi, ancak bu adamların birçok endüstriyel ve finansal mülkü holding şirketlerine dahil etmelerine izin verdiler; bankalar daha sonra bu şirketleri bedelsiz olarak devraldı. Insull, Orta Batı'da kamu hizmetleri şirketlerini biriktirdi; bankalar ise bunları değerlerinin çok altında bir fiyata aldı. Ivar Kreuger, ülkenin en saygın bankacılık kurumlarından biri olduğu iddia edilen Lee Higginson Company tarafından destekleniyordu. Saturday Evening Post onu "bir finans devinden daha fazlası" olarak nitelendirdi ve İngiliz dergisi Fortnightly, Aralık 1931'de "Yapıcı Finansın Bir Bölümü" başlıklı bir makalede şöyle dedi: "Kreuger, Avrupa için bu kadar hayati bir öneme sahip olmasının nedeni, bir finansal sulama makinesi olmasıdır."[126]

Hatırlayacağımız üzere, "finansal sulama uzmanı" unvanı, Newsweek dergisi tarafından Jacob Schiff'e, Rothschild'in parasıyla Amerikan demiryollarını nasıl satın aldığını anlatırken verilmişti.

The New Republic, 25 Ocak 1933'te, Lee Higginson Company'nin Amerikan piyasasında Kreuger ve Toll Securities'i idare ettiği gerçeğine ilişkin yorumunda şunları söyledi:

"750 milyon dolar ortadan kayboldu. Kim, Fransız polisine bu son derece önemli intihar haberini birkaç saat boyunca gizli tutmasını emredebildi ki, bu süre zarfında birisi Kreuger menkul kıymetlerini büyük miktarlarda satarak, felaketten önce piyasadan çıkabildi?"

Federal Rezerv Kurulu, Insull ve Kreuger'in kredilerinin teminatını araştırarak bu iki kişinin muazzam kredi genişlemesini kontrol edebilirdi, ancak Kurul üyeleri bu kişilerin faaliyetlerini hiçbir zaman incelemediler.

---

[126] NOT: Hatırlayacağımız üzere, Ivar Kreuger zaman zaman eski dostu Başkan Herbert Hoover'ın Beyaz Saray'daki kişisel konuğu olurdu. Hoover, ortağı Emile Francqui de dahil olmak üzere, yirminci yüzyılın en önde gelen dolandırıcılarının çoğuyla samimi ilişkiler sürdürmüş görünüyor. Milyar dolarlık Kreuger Dolandırıcılığı davasının kayyımlığı, Pujo Komitesi duruşmalarının eski danışmanı Samuel Untermeyer tarafından yürütüldü.

Kredi imkanları sunan modern bankalar, Kreuger gibi operatörlere, borç alınan sermayenin yardımıyla bol sermayeye sahipmiş gibi görünme fırsatı sunar. Bu, spekülatörün menkul kıymetlerle menkul kıymet satın almasını sağlar. Onun tekelinde tutabileceği miktarın tek sınırı, bankaların ona destek vereceği miktardır ve eğer bir spekülatör, Lee Higginson Company'nin Kreuger'ı desteklediği gibi saygın bir bankacılık kuruluşu tarafından destekleniyorsa, onu durdurmanın tek yolu onun gerçek finansal kaynaklarının incelenmesidir ki bu, Kreuger'ın durumunda sıfır olduğu ortaya çıkacaktı.

1929 Borsası Çöküşü ve ardından gelen depresyon döneminde Amerikan halkının lideri Herbert Hoover'dı. Piyasanın ilk çöküşünden sonra (24 Ekim 1929'da ortadan kaybolan 5 milyar dolarlık menkul kıymet değeri), Başkan Hoover şöyle dedi:

"Ülkenin temel işi, yani malların üretimi ve dağıtımı, sağlam ve refah dolu bir temele dayanmaktadır."

Hazine Bakanı Andrew Mellon ise 25 Aralık 1929'da şunları söyledi:

"Hükümetin işleri sağlam durumda."

Hoover'ın kendi şirketi olan Aluminum Company of America'nın durumu ise pek de iyi değildi, zira tüm çalışanlarının maaşlarını yüzde on oranında düşürmüştü.

New York Times, 7 Nisan 1931'de şöyle haber verdi: "İngiltere Merkez Bankası Başkanı Montagu Norman, bugün burada Federal Rezerv Kurulu ile görüştü. Mellon, Meyer ve New York Federal Rezerv Bankası Başkanı George L. Harrison da toplantıda hazır bulundu."

Londra Bağlantısı, Büyük Buhran'ın plana göre ilerlediğinden emin olmak için bu sefer Norman'ı göndermişti. Kongre Üyesi Louis McFadden, 4 Temmuz 1930 tarihli *The New York Times'ta* yer alan habere göre şöyle şikayet etmişti: "Emtia fiyatları 1913 seviyelerine indiriliyor. Dört milyon işsizden oluşan işgücü fazlası nedeniyle maaşlar düşürülüyor. Morgan'ın Federal Rezerv Sistemi üzerindeki kontrolü, New York Federal Rezerv Bankası'nın kontrolü ve Washington'daki Federal Rezerv Kurulu'nun vasat temsili ve rızası yoluyla uygulanıyor." Büyüklük derinleştikçe, tröstün Amerikan ekonomisi üzerindeki hakimiyeti güçlendi, ancak sistemi kontrol eden taraflara hiçbir suçlama yöneltilmedi.

ON ÜÇÜNCÜ BÖLÜM

1930'LAR

1930'da Herbert Hoover, Federal Rezerv Kurulu'na I. Dünya Savaşı günlerinden eski bir dostu olan Eugene Meyer Jr.'ı atadı. Meyer, 1915'te Bernard Baruch ile Alaska-Juneau Altın Madencilik Şirketi'nde ortaklığa girdiğinden beri uzun bir kamu hizmeti geçmişine sahipti. Meyer, Savaş Sanayii Kurulu'nda demir dışı metaller (altın, gümüş vb.) konusunda Özel Danışman; Savaş Bakanı'nın uçak üretimi konusunda Özel Asistanı; 1917'de Ulusal Savaş Tasarruf Komitesi'ne atandı ve 1918-1926 yılları arasında Savaş Finans Kurumu'nun Başkanlığı'nı yürüttü. Ardından 1927-29 yılları arasında Federal Çiftlik Kredisi Kurulu'nun başkanlığına atandı. Hoover, 1930'da onu Federal Rezerv Kurulu'na atadı ve Franklin D. Roosevelt, 1946'da Yeniden Yapılanma ve Kalkınma için Yeniden Yapılanma Bankası'nı kurdu. Meyer, bu kadar çok önemli görevde bulunabilmiş olması nedeniyle olağanüstü yetenekli bir adam olmalıydı. Ancak, uluslararası altın tüccarı olan aile geçmişi ve Birinci Dünya Savaşı sırasında milyarlarca dolarlık devlet tahvillerinde yürüttüğü gizemli faaliyetleri nedeniyle, onun herhangi bir devlet görevinde bulunmaması gerektiğini düşünen bazı senatörler vardı. Sonuç olarak, Senato, Meyer'in Federal Rezerv Kurulu'nda yer alması gerekip gerekmediğini belirlemek için duruşmalar düzenledi.

Bu duruşmalarda, Temsilciler Meclisi Bankacılık ve Para Komitesi Başkanı Louis T. McFadden şunları söyledi:

"Eugene Meyer, Jr., 1917'de göreve başladığından beri hükümette kendi çevresini oluşturmuştur.

"Onun Savaş Finans Kurumu personeli, Federal Tarım Kredisi Sistemini devraldı ve hemen ardından Kansas City Anonim Arazi Bankası ile Ohio Anonim Arazi Bankası iflas etti."

MİLLETVEKİLİ RAINEY: Bay Meyer, Federal Çiftlik Kredisi Kurulu başkanlığından nominal olarak istifa ettiğinde, aslında buradaki faaliyetlerini durdurmadı. Arkasında yetenekli bir yıkım ekibi bıraktı. Onlar onun politikalarını sürdürüyor ve kendisine danışıyorlar. Atanmasından önce, Hazine Müsteşarı Dewey ile sık sık istişare ediyordu. Atanmasından hemen önce, Chicago Ortak Arazi Bankası, Dallas Ortak Arazi Bankası, Kansas City Ortak Arazi Bankası ve Des Moines Arazi Bankası hepsi faaliyetteydi. Tahvilleri nominal değerinden satılıyordu. O zamanki tarım komiseri, Bakan Dewey ile Federal Çiftlik Kredisi Kurulu'nun rızası ve onayı olmadan hiçbir şeyin yapılmayacağı konusunda bir anlaşmaya varmıştı. Birkaç gün sonra, yanlarına tabancalar takmış ve bazen de tabancalarını çekmiş olan Birleşik Devletler federal polisleri bu beş bankaya girerek bankaların kendilerine devredilmesini talep ettiler. Olay, gazeteler aracılığıyla tüm Amerika Birleşik Devletleri'ne yayıldı ve bu bankalar iflas etti. Bu durum, eski Federal Tarım Kredisi Kurulu ile ilişkilerin kopmasına, kurulun üç üyesinin istifasına ve Bay Meyer'in kurul başkanlığına atanmasına yol açtı.

SENATÖR CAREY: Şeriflerin bankaları devralmasına kim izin verdi?

MİLLETVEKİLİ RAINEY: Hazine Müsteşar Yardımcısı Dewey. Bu, tüm bu kırsal bankaların iflasına yol açtı ve Gianniniler bu bankaları büyük miktarlarda satın aldı."

1931 Şubat tarihli World's Work dergisinde şöyle yazıyordu:

"1917'de bizim için Dünya Savaşı başladığında, Eugene Meyer Jr. Washington'a çağrılan ilk kişilerden biriydi. Nisan 1918'de Başkan Wilson onu Savaş Finans Kurumu'nun direktörü olarak atadı. Bu kurum, bankacılık ve finans kurumlarına 700 milyon dolarlık kredi verdi."

Eugene Meyer Jr. ile ilgili Senato Duruşmaları şöyle devam etti:

TEMSİLCİ MCFADDEN: "New York ve Paris'te faaliyet gösteren uluslararası bankacılık kurumu Lazard Freres, Meyer ailesine ait bir bankaydı. Bu kurum, altın ithalatı ve ihracatında sıklıkla yer almaktadır ve Federal Rezerv Sisteminin önemli işlevlerinden biri, kendi faaliyetlerini sürdürmek için altın hareketleriyle ilgilidir. Geçen Perşembe günü yaptığımız duruşmanın tutanaklarına baktığımızda, Senatör Fletcher'ın Bay Meyer'e 'Uluslararası bankacılıkla herhangi bir bağlantınız var mı?' diye sorduğunu görüyoruz. Bay Meyer ise 'Ben mi? Şahsen yok' diye cevap vermişti. Bu son soru ve cevap, stenografik tutanakta yer almıyor. Senatör Fletcher, bu soruyu sorduğunu ve cevabı aldığını hatırlıyor. Bu tuhaf bir eksiklik.

SENATÖR BROOKHART: Anladığım kadarıyla Bay Meyer düzeltmeler için metni gözden geçirmiş.

MİLLETVEKİLİ MCFADDEN: Bay Meyer, Rothschild'ların çıkarlarını temsil eden J.P. Morgan Company firmasının bir üyesi olan George Blumenthal'ın kayınbiraderidir. Ayrıca Fransız Hükümeti ile J.P. Morgan arasında irtibat görevlisidir. Federal Rezerv Kurulu Başkanı olarak on yıllık görev süresinin sekiz yılı geride kalan Edmund Platt, Bay Meyer'e yer açmak için istifa etti. Platt, Meyer'in kayınbiraderi Alfred A. Cook tarafından Marine Midland Corporation'ın başkan yardımcılığına getirildi. Savaş Finans Kurumu'nun başkanı olan Eugene Meyer Jr., iki milyar dolarlık devlet tahvili ihracına katılmış ve bu emirlerin çoğunu, şu anda 14 Wall Street'te bulunan ve Eugene Meyer Jr. adına kayıtlı olan bankaya vermiştir. Bay Meyer şu anda Allied Chemical Corporation'ın büyük hissedarlarından biridir. En az yirmi dört milyon dolarlık tahvilin mükerrer olarak kaydedildiğini ortaya koyan 68. Kongre, 2. Oturum, 1635 sayılı Temsilciler Meclisi Raporuna dikkatinizi çekmek isterim. On milyar dolarlık tahvil gizlice imha edildi. Bankacılık ve Para Birimi Komitemiz, Eugene Meyer, Jr. yönetimindeki Savaş Finans Kurumu'nun kayıtlarında son derece ciddi hatalar olduğunu tespit etmiştir. Kayıtlar, sorumluları tarafından komitemize getirilip geceleri Hazine'ye geri götürülürken, komite kalıcı kayıtlarda değişiklikler yapıldığını keşfetmiştir."

Kamu hizmetindeki sicili, Eugene Meyer Jr.'ın Federal Rezerv Kurulu'nda, Yeniden Yapılanma Finans Kurumu Başkanı olarak ve Uluslararası Banka'nın başkanı olarak Amerikan halkına hizmet etmeye devam etmesini engellemedi.

Marine Midland Corporation'ın Başkanı Rand, Edmund Platt'ın hizmetlerine olan ani ilgisi sorulduğunda şöyle dedi:

"Bay Platt'a yılda 22.000 dolar ödüyoruz ve tabii ki sekreterini de devraldık." Bu, yılda beş bin dolarlık bir ek masraf anlamına geliyordu.

Senatör Brookhart, Eugene Meyer Jr.'ın Federal Çiftçi Kredisi Kurulu'nu Amerikan çiftçilerin çıkarlarına aykırı bir şekilde yönettiğini göstererek şöyle dedi:

"Bay Meyer, Tarım Kredisi Kurulu'nun 500 milyon dolarlık sermayesinden hiçbir zaman 180 milyon dolardan fazla kredi vermedi, yani çiftçilere yardım ederken sermayenin yarısını bile kullanamadı."

MEYER: Senatör Kenyon bana bir mektup yazdı ve Iowa halkına büyük fayda sağlayacak şekilde işbirliği yaptığımı gösterdi.

SENATÖR BROOKHART: "Siz dışarı çıkıp Wall Street kalabalığının tam tersi tarafta yer aldınız. Onlar her zaman bunu yapmak için birini gönderirler. Sizin açıklamalarınızda, genel olarak çiftçilere kredi verme konusunda fazla bir ilgi ya da onların durumuna yardımcı olmak için gerçek bir çaba olduğunu henüz göremedim. Federal Çiftçi Kredi Kurulu başkanlığı yaptığınız iki yıl boyunca, sermayenize kıyasla çok az kredi verdiniz. Kendi açıklamanıza göre, talebin sadece sekizde birini karşıladınız."

Senato Duruşmalarında ortaya çıkan bu ağır kanıtlara rağmen, Eugene Meyer, Jr. Federal Rezerv Kurulu'nda kaldı.

Bu trajik dönemde, Temsilciler Meclisi Bankacılık ve Para Komitesi Başkanı Louis McFadden, ülkeyi mahveden "Londra Bağlantısı"na karşı tek başına verdiği mücadeleyi sürdürdü. 10 Haziran 1932'de McFadden, Temsilciler Meclisi'nde şu konuşmayı yaptı:

"Bazı insanlar Federal Rezerv bankalarının ABD hükümeti kurumları olduğunu sanıyor. Bunlar hükümet kurumları değildir. Bunlar, kendilerinin ve yabancı müşterilerinin çıkarları için ABD halkını sömüren özel kredi tekelleridir. Federal Rezerv bankaları, yabancı merkez bankalarının temsilcileridir. Henry Ford, 'Bu finansçıların tek amacı, sönmez borçlar yaratarak dünyayı kontrol etmektir' demişti. Gerçek şu ki, Federal Rezerv Kurulu, Federal Rezerv Kurulu ve Federal Rezerv Bankalarını yöneten kibirli kredi tekeli ile Amerika Birleşik Devletleri Hükümeti'nin yetkilerini gasp etmiştir."

13 Ocak 1932'de McFadden, Federal Rezerv Yönetim Kurulu'nu "suç komplosu" suçlamasıyla itham eden bir önerge sunmuştu:

"Onları, müttefik ve ayrı ayrı olarak, Birleşik Devletler'in barış ve güvenliğine karşı ihanet niteliğinde komplo kurup hareket etmek ve Birleşik Devletler'deki anayasal hükümeti yıkmak için ihanet niteliğinde komplo kurmak suçlarıyla suçluyorum. Karar: Yargı Komitesi, bir bütün olarak veya alt komite aracılığıyla, Federal Rezerv Kurulu ve temsilcilerinin resmi davranışlarını soruşturmaya yetkilendirilir ve yönlendirilir; söz konusu komitenin görüşüne göre, Anayasa'nın öngördüğü şekilde Temsilciler Meclisi'nin anayasal yetkilerinin devreye girmesini gerektiren herhangi bir ağır suç veya hafif suçtan suçlu olup olmadıklarını belirlemek üzere."

Bu Karar hakkında herhangi bir işlem yapılmadı. McFadden, 13 Aralık 1932'de Başkan Herbert Hoover'ı görevden alma önerisiyle geri döndü. Bu konuda sadece beş Kongre üyesi ona destek verdi ve karar reddedildi. Temsilciler Meclisi'nin Cumhuriyetçi çoğunluk lideri, "Louis T. McFadden artık siyasi olarak öldü" dedi.

23 Mayıs 1933'te McFadden, Büyük Buhran'a neden olmalarındaki suç ve gizli anlaşma nedeniyle Hazine Bakanı, iki Hazine Bakan Yardımcısı, Federal Rezerv Yönetim Kurulu ve Federal Rezerv Bankalarının memur ve yöneticilerine karşı Temsilciler Meclisi Kararı No. 158, Görevden Alma Maddelerini sundu. ""Onları, 1928 yılında ABD Hükümeti'nden 80 milyar doları yasadışı olarak ele geçirmekle suçluyorum; söz konusu yasadışı ele geçirme, 1928 yılında ve sonraki her yıl 80 milyar doları aşan tutarda ABD Hazine'sine karşı alacakların yasadışı olarak yeniden yaratılmasından ve ABD altın rezervinin çalınması ve satılması yoluyla ABD Hükümeti'ni ve ABD halkını soymaktan ibarettir."

Karar hiçbir zaman meclis gündemine gelmedi. McFadden'ın deli olduğuna dair bir dedikodu kampanyası Washington'ı sardı ve bir sonraki Kongre seçimlerinde, memleketi olan Pennsylvania'nın Canton bölgesine akıtılan binlerce dolarlık bağışlar sayesinde ezici bir çoğunlukla yenilgiye uğradı.

1932'de Amerikan halkı Franklin D. Roosevelt'i Amerika Birleşik Devletleri Başkanı seçti. Bu, Amerikan halkının Büyük Buhran'a yol açan kötü etkiden kurtuluşu, Wall Street'in hakimiyetinin sona ermesi ve bankacıların Washington'dan kaybolması olarak selamlandı.

Roosevelt, siyasi kariyerini şans eseri bir duruma borçluydu. I. Dünya Savaşı sırasında Donanma Müsteşar Yardımcısı olarak, eski okul bağları nedeniyle, aralarında birkaç Groton ve Harvard arkadaşının da bulunduğu Donanma'daki büyük bir eşcinsel çetesinin yargılanmasını önlemek için müdahale etmişti. Bu, onu New York ile Paris arasında gidip gelen ve çok eski ve önde gelen bir New York ailesinden gelen Bessie Marbury'nin başkanlık ettiği zengin uluslararası bir eşcinsel çevrenin takdirini kazandı. Bessie'nin uzun yıllar birlikte yaşadığı "eşi", daha sonra "mariage de convenance" (menfaat evliliği) ile Lady Mendl olan ve uluslararası çevrenin hakemliğini yapan Elsie de Wolfe'du. J.P. Morgan'ın en küçük kızı Anne Morgan'ı çevrelerine kattılar ve onun servetini, Paris'teki Villa Trianon'u restore etmek için kullandılar; burası onların karargahı oldu. I. Dünya Savaşı sırasında burası hastane olarak kullanıldı. Bessie Marbury, ödül olarak Fransız hükümetinden Onur Lejyonu nişanı almayı umuyordu, ancak en küçük kız kardeşini yoldan çıkardığı için ondan nefret eden J.P. Morgan Jr., Fransız hükümetinden nişanı vermemesini talep etti ve hükümet de bunu kabul etti. Bu reddedilmenin acısını yaşayan Bessie Marbury, kendini siyasete adadı ve Demokratik Ulusal Parti'de bir güç haline geldi. Ayrıca Eleanor Roosevelt'i de çevresine katmıştı ve Hyde Park'a yaptığı bir ziyaret sırasında Eleanor, tekerlekli sandalyeye mahkum olan ve çok depresif olan "zavallı Franklin" için yapacak bir şey bulmak için çaresiz olduğunu itiraf etti.

"Ne yapacağımızı biliyorum," diye haykırdı Bessie, "Onu New York Valisi adayı yapalım!" Gücü sayesinde bu hedefine ulaşmayı başardı ve Roosevelt daha sonra Başkan oldu.

Roosevelt'in New York'tan Hazine Özel Danışmanı olarak yanında getirdiği adamlardan biri, J & W Seligman Company'den Earl Bailie idi. Bailie, Peru Cumhurbaşkanı'nın oğlu Juan Leguia'ya, cumhurbaşkanının J & W Seligman Company'den bir krediyi kabul etmesini sağlamak için 415.000 dolarlık rüşvet veren adam olarak kötü şöhret kazanmıştı. Bu atama büyük eleştiri aldı ve

Roosevelt, halkın savunucusu ol i rolüne uygun olarak, Earl Bailie'yi New York'a geri gönderdi.

Franklin D. Roosevelt, 1920'lerde bu ülkede büyük miktarda yabancı tahvil ihraç etmiş, kötü şöhretli bir uluslararası bankacıydı. Bu tahviller temerrüde düştü ve vatandaşlarımız milyonlarca dolar kaybetti, ancak yine de Roosevelt'i başkan olarak görmek istediler. New York Direktörler Rehberi, Roosevelt'i 1923 ve 1924 yıllarında United European Investors, Ltd. şirketinin Başkanı ve Direktörü olarak listeliyor; bu şirket, bu ülkede milyonlarca Alman markı ihraç etmiş, ancak bunların hepsi temerrüde düşmüştü. Poor's Directory of Directors, onu 1928 yılında The International Germanic Trust Company'nin yöneticisi olarak listeliyor. Franklin D. Roosevelt, aynı zamanda Amerika Birleşik Devletleri'nde yabancı menkul kıymet ticareti yapan bir İngiliz-Amerikan kuruluşu olan Federal International Banking Corporation'ın danışmanıydı.

Roosevelt'in 1920'lerde kurduğu Roosevelt and O'Connor hukuk bürosu, birçok uluslararası şirketi temsil etmiştir. Hukuk ortağı Basil O'Connor, aşağıdaki şirketlerde yönetici olarak görev yapmıştır:

Cuban-American Manganese Corporation, Venezuela-Mexican Oil Corporation, West Indies Sugar Corporation, American Reserve Insurance Corporation, Warm Springs Foundation. Diğer şirketlerde de yönetici olarak görev yapmış ve daha sonra Amerikan Kızıl Haçı'nın başına geçmiştir.

Franklin D. Roosevelt, Amerika Birleşik Devletleri Başkanı olarak göreve başladığında, Bütçe Direktörü olarak Paul Warburg'un oğlu ve International Acceptance Bank ile diğer şirketlerin Başkan Yardımcısı olan James Paul Warburg'u atadı. Roosevelt, ülkenin en büyük sanayicilerinden biri olan, American Car Foundry Company ve çok sayıda diğer lokomotif fabrikasının, Remington Arms, The Cuba Company, Consolidated Cuba Railroads ve diğer büyük şirketlerin yöneticisi W.H. Woodin'i Hazine Bakanı olarak atadı. Woodin daha sonra, Woodrow Wilson'ın Beyaz Saray'a girmesine yardım etmiş olan Harlem emlakçısının oğlu Henry Morgenthau Jr. ile değiştirildi. Böyle bir ekiple, Roosevelt'in radikal sosyal değişikliklere dair vaatlerinin yerine getirilme olasılığı çok düşüktü. Yaptığı ilk işlerden biri, bankacıların kayıtlarını düzene sokmalarına yardımcı olmak için bir moratoryum ilan etmekti.

World's Work şöyle diyor:

"Kongre, Charles G. Dawes ve Eugene Meyer Jr.'a, 2 milyar dolarlık sermayenin potansiyel borçlularının sunabileceği teminatları kendi yöntemleriyle değerlendirme özgürlüğü verdi."

Roosevelt ayrıca, Wall Street çetesine yeni yüzlerin girmemesini sağlamak için Menkul Kıymetler Borsası Komisyonu'nu kurdu, bu da Kongre'de şu diyaloğa neden oldu:

WOLCOTT MİLLETVEKİLİ: 1933'te bu komite önündeki duruşmalarda, ekonomistler bize emtia fiyatlarının altın fiyat seviyesini takip ettiğini şüpheye yer bırakmayacak şekilde kanıtlayan grafikler gösterdiler. Öyle olmadı, değil mi?

LEON HENDERSON: Hayır.253

GIFFORD MİLLETVEKİLİ: Joe Kennedy, büyük iş dünyasına sempati duyduğu için Başkan Roosevelt tarafından [Menkul Kıymetler Borsası Komitesi Başkanı olarak] atanmamış mıydı?

LEON HENDERSON: Sanırım öyle.

Paul Einzig 1935'te şunu belirtmişti:

"Başkan Roosevelt, fiyatların kasıtlı olarak yükseltilmesini amaçlayan bir para politikasını açıkça destekleyen ilk kişiydi. Olumsuz anlamda, politikası başarılı oldu. 1933 ile 1935 yılları arasında özel sektörün borçluluğunu azaltmayı başardı, ancak bunu kamu borçluluğunu artırarak başardı."

Başka bir deyişle, zenginler az, yoksullar çok olduğu için, borç yükünü zenginlerden alıp yoksullara yükledi.

Senatör Robert L. Owen, 1938'de Temsilciler Meclisi Bankacılık ve Para Komitesi'nde ifade verirken şunları söyledi:

"26 Haziran 1913'te Senato'da sunduğum tasarıya, Sistemin yetkilerinin istikrarlı bir fiyat seviyesini teşvik etmek için kullanılması gerektiğine dair bir hüküm ekledim; bu, istikrarlı satın alma gücü ve borç ödeme gücü anlamına geliyordu. Bu hüküm tasarıdan çıkarıldı. Güçlü para çevreleri, Paul Warburg, Albert Strauss ve Adolph C. Miller aracılığıyla Federal Rezerv Kurulu'nun kontrolünü ele geçirdiler ve 18 Mayıs 1920'de o gizli toplantıyı yapıp, beş milyon insanı işsiz bırakacak kadar şiddetli bir kredi daralmasına yol açtılar. 1920'de bu Merkez Bankası Kurulu, 1921 Panik'ini kasten tetikledi. Aynı kişiler, borsada hiçbir kısıtlamaya tabi olmadan, 1926 ile 1929 yılları arasında krediyi aşırı derecede genişleterek, hisse senedi fiyatlarını, temettü elde etmelerinin imkansız olduğu fantastik bir düzeye çıkardılar ve halk bunu fark edince, piyasadan çıkmaya çalıştı; bu da 24 Ekim 1929'daki Borsa Çöküşü'ne yol açtı."

Senatör Owen, Federal Rezerv Kurulu'nun halka karşı sorumlu tutulup tutulamayacağı konusuna girmedi. Aslında tutulamazlar. Onlar Başkan tarafından atanan kamu görevlileridir, ancak maaşları Federal Rezerv Bankalarının özel hissedarları tarafından ödenmektedir.

Federal Rezerv Kurulu Başkanı W.P.G. Harding, 1921'de şu ifadeyi vermiştir:

"Federal Rezerv Bankası, hissedar üye bankaların sahip olduğu bir kurumdur. Hükümetin bu kurumda bir dolar bile hissesi yoktur."

Ancak, hükümet Federal Rezerv Sistemine milyarlarca dolarlık kredisini kullanma imkanı vermektedir ve bu da Federal Rezerv'e bir merkez bankasının özelliğini, yani hükümetin kredisiyle para basma yetkisini vermektedir. Para birimi olarak federal hükümet banknotları veya altın sertifikaları kullanmıyoruz. Federal Rezerv Bankaları tarafından basılan Federal Rezerv Bankası banknotları kullanıyoruz ve bastıkları her dolar, onların cebine giren bir dolardır.

New York Federal Rezerv Bankası'ndan W. Randolph Burgess, 1930 yılında Siyaset Bilimi Akademisi'nde şunları söylemiştir:

"Federal Rezerv Sistemi, temel çalışma ilkeleri açısından İngiltere Merkez Bankası, Fransa Merkez Bankası veya Reichsbank gibi diğer para basım bankalarından farklı değildir."

Tüm bu merkez bankaları, kendi ülkelerinde para basma yetkisine sahiptir. Dolayısıyla, Avrupa'da halk kendi parasının sahibi değildir, burada da öyle. Para, özel kâr amacıyla özel olarak basılmaktadır. Halk, parası üzerinde hiçbir egemenliğe sahip değildir ve bu durum, dış politika gibi diğer önemli siyasi konularda da egemenliklerinin olmaması sonucunu doğurmuştur.

Bir para basma merkezi bankası olarak, Federal Rezerv Sistemi'nin arkasında Amerikan halkının tüm muazzam serveti bulunmaktadır. 1913'te faaliyete geçtiğinde, Avrupa'nın yoksul ülkelerinin merkez bankaları için ciddi bir tehdit oluşturdu. Bu büyük serveti temsil ettiği için, 1920'lerde arzu edilenden çok daha fazla altın çekti ve yakında tüm dünyadaki altının bu ülkede yığılacağı açıktı. Bu durum, Avrupa'da altın standardını bir şaka haline getirecekti, çünkü orada para ve kredi ihracını destekleyecek altın kalmayacaktı. 1927'de, yabancı merkez bankalarının başkanlarıyla yapılan gizli toplantının ardından, Federal Rezerv'in açıkça ilan ettiği amacı, bu altının büyük bir kısmını Avrupa'ya geri göndermekti; bunu gerçekleştirmek için kullandığı yöntemler, yani düşük faiz oranı ve devlet tahvillerinin yoğun alımı, muazzam miktarda yeni para yaratarak borsa spekülasyonunu yoğunlaştırdı ve borsa çöküşünü ve bunun sonucunda ortaya çıkan bunalımı ulusal bir felakete dönüştürdü.

Federal Rezerv Sistemi bu felakete neden olduğu için, onu hafifletmeye çalışacaklarını varsayabiliriz. Ancak, 1931 ve 1932'nin karanlık yıllarında, Federal Rezerv Kurulu başkanları Amerikan halkının durumunun kötüleştiğini gördüler ve onlara yardım etmek için hiçbir şey yapmadılar. Bu, Büyük Buhran'ın başlangıçtaki planlanmasından daha suçluydu. Bu ülkede o yılları yaşayan herkes, halkımızın yaygın işsizliğini, sefaletini ve açlığını hatırlar. O yıllarda Federal Rezerv Kurulu, bu durumu hafifletmek için her an harekete geçebilirdi.

Sorun, paranın tekrar dolaşıma sokulmasıydı. Normalde kira ve gıda faturalarını ödemek için kullanılan paranın büyük bir kısmı Wall Street'e çekilmişti, bu yüzden yaşamak için gerekli paralar kalmamıştı. Birçok bölgede, insanlar kendi topluluklarında kullanmak üzere tahta ve kağıt üzerine kendi paralarını basıyordu ve bu para geçerliydi, çünkü insanlar birbirlerine karşı yerine getirdikleri yükümlülükleri temsil ediyordu.

Federal Rezerv Sistemi, para basan bir merkez bankasıydı. Sahiplerinin işine geldiğinde milyonlarca dolarlık para basma yetkisine sahipti ve bunu da yaptı. Neden 1931 ve 1932'de bunu yapmadı? Wall Street bankacıları, Herbert Hoover'dan bıkmıştı ve Franklin D. Roosevelt'in ulusun kurtarıcısı olarak zafer dalgası içinde gelmesini istiyorlardı. Bu nedenle, Amerikan halkı 1933 yılının Mart ayına kadar açlık çekmek ve acı çekmek zorunda kaldı;

ta ki Beyaz Şövalye, Wall Street rüşvetçilerinden oluşan ekibiyle birlikte gelip, dolaşımına biraz para sokana kadar. Olan bitenin hepsi buydu. Roosevelt göreve gelir gelmez, Federal Rezerv on hafta boyunca haftada on milyon dolarlık devlet tahvili satın almaya başladı ve yüz milyon dolarlık yeni para yarattı; bu da kritik para ve kredi kıtlığını hafifletti ve fabrikalar yeniden insanları işe almaya başladı.

Roosevelt yönetimi döneminde, kamuoyu nezdinde Federal Rezerv Kurulu, "Şef"in taklitçisi ve hayranı olan Marriner Eccles'tan ibaretti. Eccles, Utahlı bir bankacıydı ve 1920-21 Tarım Krizi sırasında ucuza satın aldığı bir dizi bankadan oluşan bir aile yatırım fonu olan First Securities Corporation'ın başkanıydı. Eccles ayrıca Pet Milk Company, Mountain States Implement Company ve Amalgamated Sugar gibi şirketlerin de yöneticisiydi. Büyük bir bankacı olan Eccles, Roosevelt'i yöneten güçlü adamlar grubuna çok iyi uyum sağlıyordu.

Kongre'de, Eccles'ın Utah'taki tüm bu bankalara sahipken aynı zamanda Federal Rezerv Kurulu'nda yer alması gerekip gerekmediği konusunda bazı tartışmalar yaşandı, ancak o, First Securities Corporation'ın Başkanı olmasının dışında şirketle çok az ilgisi olduğunu ifade etti ve böylece Kurul Başkanı olarak onaylandı.

Eugene Meyer, Jr. artık Kurul'dan istifa ederek, Reconstruction Finance Corporation'ın iki milyar dolarlık sermayesini kredi olarak dağıtmaya ve kendi yöntemleriyle teminatların değerini belirlemeye daha fazla zaman ayırmaya başladı.

Roosevelt'in ülke finansmanı üzerindeki gücünü büyük ölçüde artıran 1935 Bankacılık Yasası, onun ABD'deki iktidarını uzatmayı amaçladığı yasamanın ayrılmaz bir parçasıydı. Ulusal İyileştirme Yasası'nın aksine halk tarafından karşı çıkılmadı, çünkü özgürlüklerine o kadar açık bir ihlal teşkil etmiyordu. Ancak yine de önemli bir önlemdi. Her şeyden önce, bu yasa Federal Rezerv Yönetim Kurulu üyelerinin görev süresini on dört yıla, yani bir başkanlık döneminin üç buçuk katına çıkardı. Bu, göreve gelen ve Kurul'a düşmanca yaklaşan bir başkanın, kendisine yakın bir çoğunluğu Kurul'a atayamayacağı anlamına geliyordu. Böylece, bir başkan Beyaz Saray'a gelmeden önce başlatılan para politikası, onun isteklerinden bağımsız olarak devam edecekti.

1935 Bankacılık Yasası ayrıca, bir bankanın Borsada yer alırken aynı zamanda yatırım bankacılığı da yapamayacağını öngören 1933 tarihli Glass-Steagall Bankacılık Yasası'nın ilgili maddesini yürürlükten kaldırdı. Bu madde, bir bankanın kendisine ait bir şirkete kredi vermesini engellediği için iyi bir maddeydi. Yine de bu maddenin, o Kanundaki diğer bazı hükümleri de kapsadığı unutulmamalıdır; örneğin, 15 milyar dolarlık mevduatı garanti altına almak için 150 milyon dolarlık sigorta parası sağlayan Federal Mevduat Sigorta Kurumu'nun kurulması gibi. Bu, büyük bankacıların küçük bankalar üzerindeki gücünü artırdı ve onlara küçük bankaları soruşturmak için başka bir bahane verdi. 1933 Bankacılık Yasası ayrıca, Federal Rezerv Bankalarının tüm kazançlarının yasalara göre bankaların kendilerine ait olması gerektiğini de düzenlemiştir. Sonunda, Kanun'daki hükümetin kârdan pay almasına ilişkin hüküm kaldırıldı. Bu hüküm hiçbir zaman uygulanmamıştı ve Federal Rezerv Bankaları'nın varlıklarının 1913'teki 143 milyon dolardan 1949'daki 45 milyar dolara çıkması, tamamen bankaların özel hissedarlarına gitti. Böylece, 1933 tarihli Bankacılık Yasası'nın tek yapıcı hükmü 1935'te yürürlükten kaldırıldı ve ayrıca Federal Rezerv Bankaları artık sanayiye doğrudan kredi verebilmeye başladı; bu da, büyük krediler düzenleme kapasitesi açısından onlarla rekabet edemeyen üye bankalarla rekabet etmelerine yol açtı.

Bankaların yatırım bankacılığına girememesi ve Borsada faaliyet gösterememesi hükmü 1935'te yürürlükten kaldırıldığında, bu hükmün mimarı Carter Glass'a gazeteciler şu soruyu sordu:

"Bu, J.P. Morgan'ın yatırım bankacılığına geri dönebileceği anlamına mı geliyor?"

"Neden olmasın?" diye yanıtladı Senatör Glass. "Ülke çapında bankaların kredi vermediği konusunda büyük bir tepki vardı. Artık Morganlar tekrar kredi garantisi vermeye başlayabilir."

Bu hüküm kendileri için elverişsiz olduğu için, bankacılar hüküm yürürlükten kaldırılana kadar kredi vermeyi tamamen durdurmuşlardı.

14 Mart 1936 tarihli Newsweek dergisi şöyle yazmıştı:

"Federal Rezerv Kurulu, 'Rezerv Bankalarının başkanlıklarını büyük ölçüde onursal bir yarı zamanlı iş haline getirmeyi amaçladığını' açıklayarak dokuz Rezerv Bankası başkanını görevden aldı."

Bu, Federal Rezerv Sistemi'nde kontrolün merkezileştirilmesinin bir başka örneğiydi. Bölgesel bölge sistemi, para politikasının yönetiminde hiçbir zaman önemli bir faktör olmamıştı ve Kurul, Washington dışındaki yetkililerini azaltmıyordu. Senato Bankacılık ve Para Komitesi Başkanı, 1934'teki Altın Rezervi Duruşmaları sırasında şu soruyu sormuştu:

"Vali Young, son on iki yıldır Hazine Bakanı'nın, ABD tahvillerinin satın alınmasına ilişkin olarak Federal Rezerv Bankaları ve Federal Rezerv Kurulu'nun politikasını domine ettiği doğru değil mi?"

Başkan Young bunu reddetmişti, ancak İngiltere Merkez Bankası Başkanı Montagu Norman'ın, 1927 ve 1929 yıllarında Federal Rezerv politikasını belirlemek üzere bu ülkeye yaptığı iki acele gezide de, Hazine Bakanı Andrew Mellon'a doğrudan giderek, onun açık piyasadan devlet tahvillerini satın almasını ve altının bu ülkeden Avrupa'ya geri gönderilmesini sağlamaya çalıştığı ortaya çıkmıştı.

Altın Rezervi Duruşmaları, Federal Rezerv Sisteminin işleyişine geçici bir ilgiden daha fazlasını duyan başka kişileri de gündeme getirmişti. Profesör O.M.W. Sprague ve Henry L. Stimson ile birlikte Londra Ekonomi Konferansı'ndan yeni dönen James Paul Warburg, altın standardını modernize etmemiz gerektiğini düşündüğünü açıklamak için geldi. Frank Vanderlip, Federal Rezerv Kurulu'nu kaldırıp bir Federal Para Otoritesi kurulmasını önerdi. Bu, personeli yine de kendilerinin seçeceği New York bankacıları için hiçbir fark yaratmayacaktı. Sistemin uzun süredir eleştirmeni olan Senatör Robert L. Owen ise şu açıklamayı yaptı:

"Halk, Federal Rezerv Bankalarının kâr amacı güden kurumlar olduğunu bilmiyordu. Bu bankaların amacı, ülkenin kredi ve para arzını istikrara kavuşturmaktı. Bu amaç gerçekleştirilemedi. Aslında, sistem yürürlüğe girdiğinden bu yana paranın satın alma gücünde çok büyük dalgalanmalar yaşandı. Federal Rezerv yetkilileri, büyük bankalar tarafından gizli küçük kampanyalar yoluyla seçiliyor ve doğal olarak, finansal açıdan en sağlam olarak kendilerine sunulan idealleri takip ediyorlar."

New York Chase National Bank'ın ekonomisti Benjamin Anderson şöyle dedi:

"Şu anda, 1934 yılında, 900 milyon dolarlık fazla rezervimiz var. 1924'te, 300 milyon dolarlık artan rezervle, çok kısa sürede yaklaşık üç veya dört milyar dolarlık banka kredisi genişlemesi elde ettiniz. Bu ekstra para, 1924'te Federal Rezerv Bankaları tarafından devlet tahvillerinin satın alınması yoluyla piyasaya sürüldü ve banka kredisinin hızlı genişlemesinin nedeni oldu. Bankalar, daha fazla altın girişi olduğu ve ne zaman bir durgunluk olsa Federal Rezerv yetkilileri biraz daha para piyasaya sürdüğü için fazla rezerv elde etmeye devam etti. 1926'da biraz geri çekildiler.

O yıl durum biraz istikrar kazandı. Ardından 1927'de 300 milyondan az ek rezerv piyasaya sürdüler, çılgın borsa hareketliliğini başlattılar ve bu da bizi doğrudan 1929'daki çöküşe götürdü."

Dr. Anderson ayrıca şunları da belirtti:

"Federal Rezerv Bankalarının parası, kendilerinin yarattığı paradır. Devlet tahvillerini satın aldıklarında rezerv yaratırlar. Devlet tahvillerinin bedelini kendilerine düzenledikleri çeklerle öderler; bu çekler ticari bankalara ulaşır ve onlar tarafından Federal Rezerv Bankalarına yatırılır; böylece daha önce var olmayan bir para ortaya çıkar."

SENATÖR BULKLEY: Bu, dolaşımdaki para miktarını hiç artırmıyor mu?

ANDERSON: Hayır.

Bu, Federal Rezerv Bankalarının otuz beş yıl içinde varlıklarını 143 milyon dolardan 45 milyar dolara nasıl artırdıklarının bir açıklamasıdır. Hiçbir şey üretmediler, üretken olmayan işletmelerdi, ancak yine de sadece para yaratarak bu muazzam kârı elde ettiler; bunun yüzde 95'i, dolaşımdaki para birimine katkıda bulunmayan kredi biçimindeydi. Bu para, ücretler şeklinde halka dağıtılmadı, çiftçilerin ve işçilerin satın alma gücünü de artırmadı. Bu, bankacılar tarafından bankacıların kullanımı ve kârı için yaratılan kredi parasıydı; bankacılar, 1913'te Federal Rezerv Yasası'nı geçirerek hükümetin kredisi üzerindeki kontrolü ele geçirdikleri için, birkaç yıl içinde servetlerini kırk milyar dolardan fazla artırdılar.

Marriner Eccles de para yaratma konusunda çok şey söylemişti. Kendisini bir iktisatçı olarak gören Eccles, Roosevelt'in ilk danışmanlarından ikisi olan Stuart Chase ve Rexford Guy Tugwell tarafından hükümet hizmetine alınmıştı. Eccles, Roosevelt'in çevresinden, onun tüm görev süresi boyunca görevde kalan tek kişiydi.

24 Haziran 1941'de Temsilciler Meclisi Bankacılık ve Para Komitesi'nde Vali Eccles şunları söyledi:

"Para, kredi parası basma hakkından yaratılır."

1913'te hükümetin kredisinin özel bankacılara devredilmesi, onlara para yaratmak için sınırsız fırsatlar sağladı. Federal Rezerv Sistemi, açık piyasa işlemleri yoluyla büyük miktarlarda parayı yok edebilirdi. Eccles, 1939'daki Gümüş Duruşmalarında şunları söyledi:

"Açık piyasada tahvil sattığınızda, rezervleri ortadan kaldırmış olursunuz."

Rezervleri ortadan kaldırmak, para ve kredi ihracının temelini ortadan kaldırmak veya para ve krediyi sıkılaştırmak anlamına gelir; bu durum, genellikle para yaratmaktan daha da bankacılar için daha elverişlidir. Parayı geri çağırmak veya yok etmek, bankacıya finansal durum üzerinde anında ve sınırsız kontrol sağlar; çünkü para sıkıntısı olduğu bir dönemde paraya sahip olan ve para ihraç etme gücüne sahip olan tek kişi odur. 1873, 1893, 1920-21 ve 1929-31 yıllarındaki para panikleri, dolaşımdaki paranın geri çekilmesiyle karakterize edildi. Ekonomik açıdan bu o kadar da korkunç bir şey gibi görünmeyebilir, ancak bu durum insanların kiralarını ödemek veya yiyecek satın almak için paraları olmadığı anlamına geldiğinde ve bir işverenin çalışanlarına ödeme yapmak için borç alamadığı için çalışanlarının dörtte üçünü işten çıkarmak zorunda kaldığı anlamına geldiğinde, bankacıların muazzam suçu ve sorumlu oldukları uzun acı ve sefalet geçmişi, insanlara karşı işledikleri suçlar için hiçbir cezanın fazla ağır olmayacağını düşündürür.

30 Eylül 1940'ta Vali Eccles şöyle demiştir:

"Para sistemimizde borç olmasaydı, para da olmazdı."

Bu, para sistemimiz hakkında doğru bir ifadedir. Para, halkın üretimi, yani mal ve hizmetlerdeki yıllık artışla yaratılmak yerine, bankacılar tarafından halkın borçlarından yaratılır. Yetersiz olduğu için büyük dalgalanmalara maruz kalır ve temelde istikrarsızdır. Bu dalgalanmalar aynı zamanda büyük bir kâr kaynağıdır. Bu nedenle, Federal Rezerv Kurulu, para sistemini istikrara kavuşturmaya yönelik her türlü yasaya sürekli olarak karşı çıkmıştır. Kurulun bu konudaki tutumu, Başkan Eccles'ın 9 Mart 1939'da Senatör Wagner'e yazdığı mektupta ve Kurul tarafından 13 Mart 1939'da yayınlanan Memoranduma kesin olarak belirtilmiştir.

Başkan Eccles şöyle yazmıştır:

"... Federal Rezerv Sistemi Yönetim Kurulu'nun, Federal Rezerv Yasası'nı değiştirmek amacıyla hazırlanan 31 numaralı Senato Tasarısı'nın veya bu genel nitelikteki diğer herhangi bir yasamanın yürürlüğe girmesini desteklemediğini bildiririz."

Kurul'un "Fiyatları sabit seviyelerde tutmaya yönelik öneriler hakkında Memorandum"unda şunlar belirtilmiştir:

"Yönetim Kurulu, fiyatların öncelikle paranın fiyatına veya maliyetine bağlı olmadığı, Kurul'un para üzerindeki kontrolünün tam olamayacağı ve istikrarlı ortalama fiyatların, resmi önlemlerle elde edilebilse bile, kalıcı refahı garanti etmeyeceği gerekçesiyle, istikrarlı bir fiyat seviyesi öneren her türlü tasarıya karşı çıkmaktadır."

Ancak 1952 yılında Yönetim Kurulu Başkanı olan William McChesney Martin, 10 Mart 1952 tarihinde Patman Komitesi'nin Borç Kontrolü Alt Komitesi önünde yaptığı konuşmada, "Federal Rezerv Yasası'nın temel amaçlarından biri, doların değerini korumaktır" demiştir.

Senatör Flanders ona şu soruyu sordu: "Bu, Federal Rezerv Sistemini kuran orijinal yasada açıkça belirtilmiş mi?"

"Hayır," diye yanıtladı Bay Martin, "ancak bu, tüm yasama geçmişinde ve ilgili koşullarda içseldir."

Senatör Robert L. Owen, bunun kendi iradesi dışında orijinal yasadan nasıl çıkarıldığını ve Yönetim Kurulu'nun bu tür bir yasaya karşı çıktığını bize anlattı. Görünüşe göre Bay Martin bunu bilmiyor.

Borsadaki spekülatörler kendi çıkarları için fiyatları yukarı ve aşağı yönlü hareket ettirdikleri sürece, istikrarlı ortalama fiyatlar gerçekten de imkansızdır. Vali Eccles'ın istikrarlı ortalama fiyatların kalıcı refahı garanti etmeyeceği konusundaki ısrarına rağmen, bu durumun sağlanmasında büyük rol oynayabilirler. Yıllık 2.500 dolar maaş alan bir adam, yıl içinde ekmek fiyatı somun başına beş sent artarsa daha refah içinde olmaz.

1935 yılında Eccles, Temsilciler Meclisi Bankacılık ve Para Komitesi önünde şunları söyledi:

"Hükümet altın rezervini, yani para ve kredi basma yetkisini kontrol eder ve böylece fiyat yapısını büyük ölçüde düzenler."

Bu, fiyatların esas olarak paranın fiyatına veya maliyetine bağlı olmadığı yönündeki Eccles'ın 1939 tarihli ifadesiyle neredeyse tam bir çelişki oluşturmaktadır.

1935 yılında, Başkan Eccles Temsilciler Meclisi Komitesi önünde şunları söylemiştir:

"Federal Rezerv Kurulu, açık piyasa işlemleri yapma yetkisine sahiptir. Açık piyasa işlemleri, bu ülkedeki kredi hacmi ve maliyetini kontrol etmenin en önemli tek aracıdır. Bu bağlamda "kredi" dediğimde, parayı kastediyorum, çünkü bu ülke halkı tarafından kullanılan paranın en büyük kısmı banka kredisi veya banka mevduatı şeklindedir. Federal Rezerv Bankaları açık piyasada tahvil veya menkul kıymet satın aldıklarında, halkın parasının hacmini artırır ve maliyetini düşürür; açık piyasada satış yaptıklarında ise para hacmini azaltır ve maliyetini artırırlar. Tüm halkın refahını etkileyen bu işlemler üzerindeki yetki, ulusal çıkarları temsil eden bir kuruma verilmelidir."

Vali Eccles'ın ifadesi, Paul Warburg'un 1910'da Jekyll Adası'nda inanmayan bankacı arkadaşlarına açıkladığı para makinesinin özünü ortaya koymaktadır. Çoğu Amerikalı, Federal Rezerv Sisteminin nasıl işlediğini anlayamadıklarını söyler. Bu sistem, karmaşık olduğu için değil, çok basit olduğu için anlaşılması zor kalmaktadır. Eğer bir dolandırıcı size yaklaşıp muhteşem para makinesini göstermeyi teklif ederse, onun boş bir kağıt parçası koyup 100 dolarlık bir banknot çıkardığını izlersiniz. İşte Federal Rezerv Sistemi budur. Sonra bu muhteşem para makinesini satın almayı teklif edersiniz, ama alamazsınız. Makine, Federal Rezerv Bankalarının özel hissedarları olan a aittir; bu hissedarların kimlikleri kısmen, ancak tamamen değil, "Londra Bağlantısı"na kadar izlenebilir.

6 Haziran 1960'da Temsilciler Meclisi Bankacılık ve Para Komitesi'nde yapılan duruşmada, Komite Başkanı Kongre Üyesi Wright Patman, Chicago Federal Rezerv Bankası Başkanı Carl E. Allen'a bir soru yöneltti. (s. 4).

PATMAN: "Şimdi Bay Allen, Federal Rezerv Açık Piyasa Komitesi bir milyon dolarlık tahvil satın aldığında, o tahvili ödemek için ulusun kredisiyle para yaratıyorsunuz, değil mi?

ALLEN: Doğru.

PATMAN: Ve bu durumda ulusun kredisi, Federal Rezerv Banknotları ile temsil ediliyor, değil mi? Bankalar gerçek parayı isterse, ödeme olarak Federal Rezerv Banknotları veriyorsunuz, değil mi?

ALLEN: Bu yapılabilir, ama kimse Federal Rezerv banknotlarını istemiyor.

PATMAN: Kimse istemiyor, çünkü bankalar krediyi rezerv olarak almayı tercih ediyorlar.

Bu, Federal Rezerv'in işleyişinin en inanılmaz kısmıdır ve kimsenin anlaması zor olan bir konudur. Hangi Amerikan vatandaşı, bu ülkede, bir deftere, ABD hükümetinin kendilerine şu anda bir milyar dolar borçlu olduğunu yazma ve bu "kredinin" anapara ve faizini tahsil etme yetkisine sahip insanlar olduğu kavramını kavrayabilir?

Kongre Üyesi Wright Patman, "The Primer of Money" kitabının 38. sayfasında, bir Federal Rezerv Bankasına gidip Amerikan halkının faiz ödediği tahvillerini görmek istediğini anlatıyor. Tahviller gösterildikten sonra nakit paralarını görmek istedi, ancak ellerinde sadece bazı defterler ve boş çekler vardı. Patman şöyle diyor:

"Gerçekte nakit para diye bir şey yoktur ve hiç olmamıştır. 'Nakit rezervleri' dediğimiz şey, Federal Rezerv Bankalarının defterlerine kaydedilmiş muhasebe kredilerinden ibarettir. Bu krediler Federal Rezerv Bankaları tarafından yaratılır ve daha sonra bankacılık sistemi aracılığıyla dolaşıma girer."

Peter L. Bernstein, *A Primer on Money, Banking and Gold (Para, Bankacılık ve Altın Hakkında Temel Bilgiler)* adlı kitabında şöyle diyor:

"Federal Rezerv banknotlarındaki hile, Federal Rezerv Bankaları'nın bu para birimini üye bankalara ödediklerinde hiçbir nakit kaybetmemeleridir. Federal Rezerv banknotları, hükümetin 'yasal ödeme aracı' olarak adlandırdığı şey dışında hiçbir şeyle değiştirilemez; yani, bir alacaklının borçlusundan kendisine ödenmesi gereken meblağların karşılığında kabul etmeye istekli olması gereken para.

Ancak tüm Federal Rezerv banknotları kanunen yasal para olarak ilan edildiğinden, aslında sadece kendileriyle itfa edilebilirler... bunlar Federal Rezerv Bankaları tarafından çıkarılan itfa edilemez bir yükümlülüktür."[127]

Kongre Üyesi Patman'ın ifadesiyle, "Dolar, Federal Rezerv Sistemine karşı bir dolarlık borcu temsil eder. Federal Rezerv Bankaları, ABD Hazine Bakanlığı'ndan devlet tahvillerini satın almak için yoktan para yaratır ve ABD Hazine Bakanlığı'na çek defteri kredisi muhasebe kayıtları yoluyla faizle dolaşıma para ödünç verir. Hazine Bakanlığı, bir milyar dolarlık faizli bir tahvil düzenler. Federal Rezerv, tahvil karşılığında Hazine'ye bir milyar dolarlık kredi verir ve Amerikan halkının faiziyle birlikte ödemekle yükümlü olduğu bir milyar dolarlık borcu yoktan var eder." (Money Facts, House Banking and Currency Committee, 1964, s. 9)

Patman şöyle devam ediyor:

"Federal Rezerv sistemi, banka rezervlerini oluşturmak için gerekli parayı nereden temin eder?

Cevap. Para almaz, para yaratır. Federal Rezerv bir çek yazdığında, para yaratmış olur. Federal Rezerv tam anlamıyla bir para basma makinesidir. Para ya da çek ihraç edebilir."

1951'de New York Federal Rezerv Bankası, "New York Federal Rezerv Bankası'nda Bir Gün" başlıklı bir broşür yayınladı. 22. sayfada şunu görüyoruz:

---

[127] Peter L. Bernstein, *A Primer on Money, Banking and Gold*, Vintage Books, New York, 1965, s. 104.

"Bankaların işleyişinde, paranın güvenli bir şekilde saklanmasının yanı sıra kamuoyunu ilgilendiren bir başka ve daha önemli unsur daha vardır; bankalar para 'yaratabilir'. Bu bağlamda hatırlanması gereken en önemli faktörlerden biri, para arzının genel fiyat seviyesini, yani yaşam maliyetini etkilemesidir. Yaşam Maliyet Endeksi ile para arzı birbirine paraleldir."

Federal Rezerv Kurulu'nun kararları, daha doğrusu "bilinmeyen taraflar" tarafından almaları söylenen kararlar, fiyatlar üzerindeki etkisiyle her Amerikalının günlük yaşamını etkiler. Faiz oranını yükseltmek ya da paranın "değerini artırmak", Federal Rezerv Sistemi'nin zorunlu karşılık oranlarını yükseltmesi gibi, piyasada bulunan para miktarını sınırlandırır. Açık Piyasa Komitesi'nin tahvil satışı da para arzını azaltır ve düşürür. Açık piyasada devlet tahvillerinin satın alınması, faiz oranının düşürülmesi ve paranın "ucuzlatılması" gibi, daha fazla para "yaratır". Para arzındaki artışın refah getirdiği ve para arzındaki azalmanın ise durgunluğa yol açtığı bir aksiyomdur. Mal arzını aşan dramatik para artışları, "çok az malın peşinde çok fazla para" olması şeklinde enflasyona yol açar. Para sisteminin daha esrarengiz bir yönü, "dolaşım hızı"dır; bu, olduğundan çok daha teknik bir terim gibi gelebilir. Bu, paranın el değiştirme hızıdır; eğer para köylünün bahçesine gömülmüş altın ise, bu, ekonomiye veya ülkeye duyulan güven eksikliğinden kaynaklanan yavaş bir dolaşım hızıdır. 1920'lerin sonlarındaki borsa patlaması gibi çok hızlı bir dolaşım hızı, paranın hızlı bir şekilde el değiştirmesi, harcanması ve yatırılması anlamına gelir ve bu, ekonomiye duyulan güven veya aşırı güven kaynaklıdır. Yüksek bir dolaşım hızında, daha az para arzı, daha büyük bir para arzının daha yavaş bir dolaşım hızıyla dolaşacağı kadar çok insan ve mal arasında dolaşır. Bunu belirtmemizin nedeni, dolaşım hızının veya ekonomiye duyulan güvenin, Federal Rezerv'in eylemlerinden de büyük ölçüde etkilenmesidir. Milton Friedman, 2 Mayıs 1983 tarihli Newsweek dergisinde şöyle yorumlamaktadır: "Federal Rezerv'in temel işlevi, para arzını belirlemektir. Para arzını istediği oranda artırma veya azaltma yetkisine sahiptir."

Bu muazzam bir güçtür, çünkü para arzını artırmak bir yönetimin yeniden seçilmesine yol açabilirken, onu azaltmak bir yönetimin yenilgisine neden olabilir. Friedman, Federal Rezerv'i eleştirmeye devam eder: "Performans sicili bu kadar zayıf olan bir kurum, nasıl olur da bu kadar yüksek bir kamu itibarına sahip olabilir ve hatta tahminleri için hatırı sayılır bir güvenilirlik kazanabilir?"

Para arzını etkileyen tüm açık piyasa işlemleri, tüm Federal Rezerv Bankaları adına New York Federal Rezerv Bankası tarafından tek bir Sistem hesabı için yürütülür ve New York Federal Rezerv Bankası yetkilisi tarafından denetlenir. Açık Piyasa Komitesi'nin menkul kıymet alım veya satım kararlarının alındığı toplantılar halka kapalıdır ve müzakereler de gizli kalır. 8 Mayıs 1928'de *The New York Times*, Federal Rezerv Kurulu Başkanı Adolph C. Miller'ın Temsilciler Meclisi Bankacılık ve Para Komitesi'nde yaptığı ifade sırasında, açık piyasa alımlarının ve yeniden iskonto oranlarının "görüşmeler" yoluyla belirlendiğini söylediğini bildirdi. O dönemde açık piyasadaki alımlar günde yetmiş veya seksen milyon dolar tutarındaydı ve bugün bu rakamın on katı olurdu. Bunlar, sadece "görüşmeler" temelinde manipüle edilebilecek muazzam meblağlardır, ancak elde edebileceğimiz bilgi bu kadardır.

Her Amerikan vatandaşının yaşamını, özgürlüğünü ve mutluluğunu etkileyen bu gizemli işlemler nedeniyle, 24 Ocak 1939'da Bay Logan tarafından sunulan Senato Belgesi No. 23 gibi sayısız öneri ortaya atılmıştır. Bu belgede, "Hükümet, kendi harcama gücünü ve tüketicilerin satın alma gücünü karşılamak için gerekli tüm para birimini ve krediyi yaratmalı, ihraç etmeli ve dolaşıma sokmalıdır. Para yaratma ve basma ayrıcalığı sadece hükümetin en üstün yetkisi değil, aynı zamanda hükümetin en büyük yaratıcı fırsatıdır."

21 Mart 1960'ta Kongre Üyesi Wright Patman, Kongre Kayıtları'nda bankaların "nasıl para yarattığını" gösteren basit bir örnek verdi.

"Eğer bankama 100 dolar yatırırsam ve Merkez Bankası tarafından uygulanan zorunlu karşılık oranı %20 ise, banka John Doe'ya en fazla 80 dolarlık bir kredi verebilir. Peki bu 80 dolar nereden geliyor? Bu para benim 100 dolarlık mevduatımdan çıkmaz; aksine, banka John Doe'nun hesabına 80 dolar yatırır. Banka, aynı prosedürle, basitçe hükümetin hesabına mevduat yaratarak devlet tahvillerini satın alabilir. Para yaratma, ticari bankaların bir yetkisidir... 1917'den bu yana Federal Rezerv, özel bankalara kırk altı milyar dolarlık rezerv vermiştir."

Bunun nasıl yapıldığı, Vali Eccles tarafından 24 Haziran 1941'de Temsilciler Meclisi Bankacılık ve Para Komitesi'ndeki duruşmalarda en iyi şekilde açıklanmıştır:

ECCLES: "Bankacılık sistemi bir bütün olarak, devlet tahvili satın alsa da, kamu hizmeti tahvili satın alsa da, çiftçilere kredi verse de, kredi ve yatırım yaptıkça mevduat yaratır ve ortadan kaldırır.

PATMAN: Söylediklerinize tamamen katılıyorum Sayın Başkan, ancak gerçek şu ki, parayı onlar yarattı, değil mi?

ECCLES: Evet, bankalar kredi ve yatırım yaptıklarında para yaratırlar."

30 Eylül 1941'de, aynı Komite önünde, Temsilci Patman, Vali Eccles'a şu soruyu sordu:

"1933'te 2 milyar dolar değerindeki devlet tahvillerini satın almak için parayı nereden buldunuz?

ECCLES: Biz yarattık.

PATMAN: Neyden?

ECCLES: Kredi parası basma hakkından.

PATMAN: Ve bunun arkasında, hükümetimizin kredisi dışında hiçbir şey yok, değil mi?

ECCLES: Para sistemimiz budur. Para sistemimizde borç olmasaydı, para da olmazdı."

17 Haziran 1942'de Vali Eccles, Bay Dewey tarafından sorguya çekildi.

ECCLES: "Demek istediğim, Federal Rezerv, açık piyasa operasyonu gerçekleştirdiğinde, yani açık piyasada devlet tahvillerini satın aldığında, bankaların eline yeni para koyar ve bu da atıl mevduat yaratır.

DEWEY: Bu amaçla kullanılacak fazla rezerv yok mu?

ECCLES: Federal Rezerv Sistemi açık piyasada devlet tahvillerini satın aldığında veya bunları Hazine'den doğrudan satın aldığında, her iki durumda da yaptığı şey budur.

DEWEY: Bunları satın almak için ne kullanacaksınız? Kredi mi yaratacaksınız?

ECCLES: Bugüne kadar hep bunu yaptık. Federal Rezerv Sistemi bu şekilde işliyor. Federal Rezerv Sistemi para yaratır. O bir ihraç bankasıdır."

1947'deki Temsilciler Meclisi Duruşmasında, Bay Kolburn Bay Eccles'a şu soruyu sordu:

"Kamu borcunun paraya dönüştürülmesi ile neyi kastediyorsunuz?

ECCLES: Bankanın devlet tahvillerini satın alarak para yaratmasını kastediyorum. Her şey borçla yaratılır; ister özel ister kamu borcu olsun.274

FLETCHER: Başkan Eccles, şu anda sahip olduğumuz sabit ve yapay olarak kontrol edilen finans piyasası yerine, serbest ve açık bir piyasaya dönme olasılığının ne zaman olacağını düşünüyorsunuz?

ECCLES: Asla. Ne sizin ne de benim ömrüm boyunca."

U.S. News'in 31 Ağustos 1959 tarihli sayısında, Kongre Üyesi Jerry Voorhis'in Hazine Bakanı Anderson'a şu soruyu sorduğu aktarılmaktadır: "Yani bankalar, devlet tahvillerini satın alırken müşterilerinin mevduatlarını kredi olarak vermiyorlar mı? Tahvilleri satın almak için kullandıkları parayı kendileri mi yaratıyorlar? ANDERSON: Doğru. Bankalar diğer kredi kuruluşlarından farklıdır. Bir tasarruf birliği, bir sigorta şirketi veya bir kredi birliği kredi verdiğinde, müşterilerinin daha önce yatırdığı parayı ödünç verir. Ancak bir banka kredi verdiğinde, borçlunun banka mevduat hesabına kredi tutarını ekler. Para kimseden alınmaz. Bu, borçlunun kullanımı için banka tarafından yeniden yaratılan yeni paradır."

Garip bir şekilde, Federal Rezerv Yasası'nın yasallığı veya anayasaya uygunluğu konusunda hiçbir zaman bir mahkeme davası açılmamıştır. Schechter Poultry v. United States of America, 29 U.S. 495, 55 US 837.842 (1935) davasında itiraz edilen Ulusal İyileştirme Yasası (NRA) ile hemen hemen aynı sallantılı temellere dayanmasına rağmen, NRA, "Kongre, meşru yasama işlevlerinden feragat edemez veya bunları başkalarına devredemez. Kongre, yasama yetkisini ticaret veya sanayi derneklerine veya gruplarına devrederek onlara yasa yapma yetkisi veremez."

Anayasanın 1. Maddesi, 8. Bölümü, "Kongre, Amerika Birleşik Devletleri'nin kredisiyle borç para alma... ve para basma, bunun değerini ve yabancı paraların değerini düzenleme ve Ağırlık ve Ölçü Standartlarını belirleme yetkisine sahiptir." NRA kararına göre, Kongre bu yetkiyi Federal Rezerv Sistemine devredemez; aynı şekilde, Sistem'in banka rezerv oranını, yeniden iskonto oranını veya para hacmini belirlemesine izin vermek için yasama yetkisini Federal Rezerv Sistemine devredemez. Bunların tümü, bu konuları belirlemek ve bunları düzenleyen "yasalar" veya yönetmelikler çıkarmak üzere yasama oturumlarında toplanan Federal Rezerv Kurulu tarafından "yasallaştırılır".

İkinci Dünya Savaşı, Federal Rezerv Sisteminin sahibi olan büyük bankacılara, 1930'ların başında basılan milyarlarca doları ülkeye akıtma fırsatı verdi; bu, tarihin en büyük sahtecilik operasyonuydu ve elbette tümü Roosevelt hükümeti tarafından yasallaştırılmıştı. Henry Hazlitt, *Newsweek Dergisi'nin* 4 Ocak 1943 tarihli sayısında şöyle yazıyor:

"Bir hafta önce, 21 Aralık 1942'de dolaşıma girmeye başlayan para, kelimenin tam anlamıyla matbaa parasıydı; yani *arkasında hiçbir tür teminat bulunmayan* paraydı. Federal Rezerv'in açıklaması şöyle: 'Yönetim Kurulu, Hazine Bakanlığı ile istişare ettikten sonra, Federal Rezerv Bankaları'na şu anda 'Federal Rezerv Banknotları' olarak bilinen, 1930'ların başında basılmış mevcut para stoklarını kullanma yetkisi vermiştir. Tekrar ediyoruz, bu banknotların arkasında kesinlikle hiçbir tür teminat yoktur."

Başkan Eccles, 1944 yılında Fiyat İdaresi Ofisi ile ilgili Senato Duruşmalarında, Federal Rezerv ve savaş finansmanı ile ilgili bazı diğer ilginç konularda da ifade verdi:

"Dolaşımdaki para, dört yıl içinde yedi milyar dolardan yirmi bir buçuk milyara çıktı. Savaş döneminde önemli miktarda altın kaybediyoruz. İhracatımız büyük ölçüde ödünç-kiralama esasına göre gerçekleşirken, ithalatımız için dolar bakiyesi verdik. Bu ülkeler şimdi bu dolar bakiyelerini altın şeklinde çekiyorlar.

SMITH: Vali Eccles, uluslararası bir fona altın katkısında bulunacağımız bu planlanan programda yabancı hükümetlerin amacı nedir?

VALI ECCLES: OPA'yı tartışmak istiyorum ve istikrar fonunu, bu konuyu ele almaya hazır olduğum bir zamana bırakmak istiyorum.

SMITH: Bir dakika lütfen. Bu fonun bugün konuştuğumuz konuyla çok alakalı olduğunu düşünüyorum.

FORD: Stabilizasyon fonunun OPA ile hiçbir ilgisi olmadığını düşünüyorum ve bu nedenle elimizdeki konuya odaklanmalıyız.

Kongre üyeleri, Avrupa'nın yoksul ülkelerine buraya gönderilen altını geri vereceğimiz bir başka düzenleme olan İstikrar Fonu'nu hiçbir zaman tartışamadılar. 1945'te Henry Hazlitt, 22 Ocak tarihli *Newsweek* dergisinde Roosevelt'in Kongre'ye sunduğu yıllık bütçe mesajı hakkında yorum yaparken, Roosevelt'in şu sözlerini aktardı:

"Daha sonra, Federal Rezerv Bankalarının mevcut yüksek altın rezervi gerekliliklerini azaltan bir yasa önerisi sunacağım."

Hazlitt, rezerv şartının yüksek olmadığını, sadece son otuz yıldır olduğu gibi olduğunu belirtti. Roosevelt'in amacı, Federal Rezerv Sisteminden daha fazla altın serbest bırakmak ve bunu Stabilizasyon Fonu için kullanılabilir hale getirmekti. Bu fon daha sonra Uluslararası Para Fonu olarak adlandırıldı ve Dünya Bankası'nın Yeniden Yapılanma ve Kalkınma Bölümü'nün bir parçasıydı; bu, Senato'nun bize katılmamıza izin verseydi ABD'nin mali egemenliğini yutacak olan Milletler Cemiyeti Maliye Komitesi'nin eşdeğeriydi.

ON DÖRDÜNCÜ BÖLÜM

KONGRENİN İFŞASI

"Bay Volcker'ın politikası bir tür muamma." - New York Times

1933'te Eugene Meyer'in Federal Rezerv Yönetim Kurulu'ndan istifa etmesinden bu yana, uluslararası bankacılık ailelerinin hiçbir üyesi Yönetim Kurulu'nda şahsen görev almadı. Onlar, özenle seçilmiş New York Federal Rezerv Bankası başkanları ve diğer çalışanlar aracılığıyla perde arkasından çalışmayı tercih ettiler.

Federal Rezerv Yönetim Kurulu'nun şu anki başkanı Paul Volcker'dır. Ataması, tanınmış bir ekonomist tarafından şu öngörüyle karşılandı: "Volcker'ın seçilmesi, bugüne kadarki en kötü seçimdir. Carter, kan bankasının başına Drakula'yı getirmiştir. Bizim için bu, 80'lerde bir çöküş ve bunalımın her zamankinden daha kesin olduğu anlamına gelir."

Albay E.C. Harwood'un 6 Ağustos 1979 tarihli *Araştırma Raporu* da hemen hemen aynı görüşü yansıtıyordu. "Paul Volcker, son elli yıldır bu ülkenin para politikasını yanlış yönlendiren sağlıksız finans adamlarıyla aynı kalıptan çıkmıştır. Sonuç, dolar ve ABD ekonomisi için muhtemelen aynı derecede felaket olacaktır."

Bu karamsar görüşlere rağmen, *The New York Times'ın* Volcker'ın seçilmesine ilişkin haberi son derece coşkulu bir tondaydı. 26 Temmuz 1979'da *The Times*, Volcker'ın "işi" şu anda Brown Brothers Harriman'ın ortağı olan Robert Roosa'dan öğrendiğini ve Volcker'ın New York Federal Rezerv Bankası'nda ve daha sonra Kennedy yönetiminin Hazine Bakanlığı'nda Roosa

Brain Trust'ın bir parçası olduğunu belirtti. "Chase'in başkanı David Rockefeller ve Bay Roosa, Bay Carter'ın Volcker'ı Merkez Bankası başkanlığına atama kararında güçlü bir etkiye sahipti." *New York Times*, David Rockefeller ve Robert Roosa'nın daha önce Trilateral Komisyon üyesi olan Carter'ı Demokrat Parti'nin başkan adayı olarak seçtiklerini veya Carter'ın, onların seçtiği Paul Volcker'ı Federal Rezerv Kurulu'nun yeni başkanı olarak atamayı reddedemeyeceğini belirtmedi. Ayrıca, Yönetim Kurulu başkanının bu şekilde seçilmesinin, George Peabody'nin N.M. Rothschild ile yaptığı ilk anlaşmaya, Jekyll Adası toplantısına ve Federal Rezerv Yasası'nın yürürlüğe girmesine kadar uzanan kraliyet ayrıcalığı geleneğinin bir parçası olduğunu hatırlatmak da abartı sayılmaz.

The Times gazetesi, "Volcker'ın adaylığının Bonn, Frankfurt ve Zürih'teki Avrupa bankaları tarafından onaylandığını" belirtti. Eski Hazine Bakanı William Simon'ın "mükemmel bir seçim" dediği aktarıldı. *The Times* ayrıca, Dow endeksinin Volcker'ın adaylığıyla yükseldiğini, 9,73 puanlık artışla son üç haftanın en yüksek kazancını kaydettiğini ve doların yurt içi ve yurt dışı döviz piyasalarında keskin bir yükseliş gösterdiğini kaydetti.

Volcker kimdi ki, atanması borsa ve döviz piyasasındaki doların değeri üzerinde böylesine büyük bir etki yaratabildi? O, "Londra Bağlantısı"nın en güçlü evi olan Brown Brothers Harriman'ı ve Rockefeller imparatorluğunu yöneten Londra evlerini temsil ediyordu. 29 Temmuz 1979'da *The Times*, Volcker hakkında "Yeni Adam Kendi Rotasını Çizecek" demişti.

Volcker'ın geçmişi, bunun saçmalık olduğunu gösteriyor. Rotası her zaman Londra'daki efendileri tarafından çizilmişti. Princeton'a gitti, Harvard'da yüksek lisans yaptı ve 1951-52 yıllarında bankacıların yüksek lisans okulu olan Londra Ekonomi Okulu'na gitti. Daha sonra 1952-57 yılları arasında New York Federal Rezerv Bankası'nda ekonomist, 1957-61 yılları arasında Chase Manhattan Bank'ta ekonomist, 1961-65 yılları arasında Hazine Bakanlığı'nda, 1963-65 yılları arasında para işlerinden sorumlu müsteşar yardımcısı ve 1969-74 yılları arasında para işlerinden sorumlu müsteşar olarak görev yaptı. Daha sonra 1975-79 yılları arasında New York Federal Rezerv Bankası Başkanı oldu; bu dönemde Carter, Robert Roosa ve David Rockefeller'ın talebi üzerine onu Federal Rezerv Yönetim Kurulu Başkanlığına atadı. New York Federal Rezerv Bankası başkanlığı görevini, 1941-42 yıllarında

OPA'da ve 1942-46 yıllarında İran'a gönderilen hükümet mali misyonunda görev yapmış olan Harvard Üniversitesi doktora mezunu Anthony Solomon devraldı. 1951-61 yılları arasında Meksika'da bir konserve gıda şirketi işleten Solomon, 1969-72 yılları arasında Yugoslavya (komünist bir ülke) için International Investment Corp. başkanlığı, 1977-80 yılları arasında ise Hazine Bakanlığı'nda para işleri müsteşarlığı görevlerinde bulundu. Kısacası, Solomon'un geçmişi Paul Volcker'inkiyle hemen hemen aynıydı.

New York Times, 2 Aralık 1981'de şöyle yazmıştı: "Yıllar boyunca Federal Rezerv, şehirdeki en gizli ikinci veya üçüncü kurumdu. 1976 tarihli Sunshine Yasası, bu perdede küçük bir delik açtı. Kurul artık her hafta Çarşamba günü saat 10'da halka açık bir toplantı düzenliyor, ancak bu toplantı, hâlâ çok gizli kabul edilen ve kamuoyunda tartışılmaması gereken para politikasını ele almak için değil." *The Times*, Açık Piyasa Komitesi toplantıları yapıldığında Solomon ve Volcker'ın masanın başında yan yana oturduklarını ve yurtdışından aldıkları talimatları ilettiklerini belirtti.

Volcker ve Solomon'un arkasında, Carter'ın gölge kabinesinde Hazine Bakanı olan ve Brown Brothers Harriman, Üçlü Komisyon, Dış İlişkiler Konseyi, Bilderbergler ve Kraliyet Ekonomi Enstitüsü'nü temsil eden Robert Roosa duruyor. O, Rockefeller Vakfı'n[128] 'ın mütevelli heyeti üyesi ve Texaco ile American Express şirketlerinin yönetim kurulu üyesidir. Dr. Martin Larson, "Batı dünyasının kaderini belirlemek için her yıl büyük bir gizlilik içinde toplanan ve Bilderbergciler olarak bilinen uluslararası finansörler konsorsiyumu, Rockefeller-Rothschild ittifakının bir ürünüdür ve üçüncü toplantısını Jekyll Adası'ndan çok uzak olmayan St. Simons Adası'nda gerçekleştirmiştir" diye belirtmektedir. Larson ayrıca, "Rockefeller'ın çıkarları, Rothschild'lerle ve diğer merkez bankalarıyla yakın bir ittifak içinde çalışmaktadır" demektedir.[129]

18 Haziran 1983'te Başkan Ronald Reagan, Volcker'ın görev süresinin 6 Ağustos 1983'e kadar devam etmesine rağmen, Paul Volcker'ı Federal Rezerv Yönetim Kurulu Başkanlığına dört yıllık

---

[128] Bkz. Grafik V.

[129] Bkz. Grafik I.

bir dönem için yeniden atadığını açıklayarak aylar süren spekülasyonlara son verdi. Reagan'ın Carter tarafından atanan birini yeniden ataması bazı siyasi gözlemcileri şaşırttı, ancak görünüşe göre önemli bir baskıya boyun eğmişti. 10 Haziran 1983 tarihli *The Washington Post'un* başyazısında belirtildiği gibi, "Siyasi duruş ve dünya finans sistemini oluşturan karmaşık ağları kavrama konusunda Bay Volcker'a denk kimse yoktur." İsimsiz yazar, Volcker'ı dünyanın en büyük finansçısı konumuna yükseltmek için hiçbir kanıt sunmamıştı; siyasi duruşuna gelince, *The New York Times* 19 Haziran 1983 tarihli sayısında "Bay Volcker'ın siyaseti bir tür muamma" yorumunu yapmıştı. Onun "siyasi olmayan" duruşu, uzun yıllardır sürdürülen "Fed'in siyasi bağımsızlığı" adlı Washington geleneğiyle uyumludur. Ancak, "Londra bağlantısı"na bağımlılık sorunu Washington'da hiçbir zaman tartışılmamıştır.

Gerçekte Volcker, bir ekonomistten çok bir politikacıdır. Londra Ekonomi Okulu'nu bitirdikten ve uluslararası finans camiasının emirlerini kimin verdiğini öğrendikten sonra, Volcker o günden beri bu oyunun kurallarına uymaktadır. "Londra Bağlantısı"nın emirlerini yerine getirmekte tek bir kez bile başarısız olmamıştır.

"Londra Bağlantısı"nın gerçekten var olması ve Volcker ve Solomon gibi adamların, ne kadar dolambaçlı veya dolaylı olursa olsun, yabancı bankacılardan talimat alması gerçekten mümkün olabilir mi? Kanıtlara bir göz atalım; bunlar elbette dolaylı kanıtlardır, ancak insanları sık sık cezaevine ya da elektrikli sandalyeye gönderen türden dolaylı kanıtlardır. John Moody, 1911'de Morgan grubundan yedi kişinin, Standard Oil-Kuhn, Loeb grubuyla ittifak kurarak Amerika Birleşik Devletleri'ni yönettiğini belirtmişti. Bu gruplar bugün finansal tabloda nerede duruyor?

U.S. News, 11 Nisan 1983'te, 31 Aralık 1982 itibarıyla varlıklarına göre Amerika Birleşik Devletleri'ndeki en büyük banka holding şirketlerinin bir listesini yayınladı. Birinci sırada, 130 milyar dolarlık varlığa sahip New York'taki Citicorp yer alıyor. Bu, 1914'te New York Federal Rezerv Bankası hisselerinin en büyük iki alıcısı olan Baker ve Morgan'ın First National Bank of New York'u ile 1955'te birleşen National City Bank'tır. 3. sırada, 80,9 milyar dolarlık varlığa sahip New York merkezli Chase Manhattan yer almaktadır. Bu, Chase ve Bank of Manhattan'ın birleşmesiyle oluşan, Rockefeller ve Kuhn Loeb grubudur; bu grup da 1914 yılında New York Federal Rezerv Bankası hisselerinin alıcıları arasındaydı. 4. sırada, 64 milyar dolarlık varlığa sahip New York merkezli Manufacturers Hanover yer almaktadır; bu şirket de 1914 yılınd ‘da New York Federal Rezerv Bankası hisselerinin alıcıları arasındaydı. 5. sırada, 58,6 milyar dolarlık varlığa sahip ve Federal Rezerv Bankası hisselerinin önemli bir kısmına sahip olan New York’taki J.P. Morgan Company yer almaktadır. 6 numara, 48,3 milyar dolarlık varlığa sahip ve 1914’te Federal Rezerv hisselerini satın alan New York’taki Chemical Bank’tır. Ve 11 numara, First Chicago Corporation, New York’taki Morgan-Baker bankasının baş muhabiri olan ve Federal Danışma Konseyi’nin ilk iki başkanını sağlayan Chicago First National Bank’tır.

1910 Jekyll Adası Konferansı katılımcılarından günümüze uzanan doğrudan bağlantı, "A Primer on Money" (Para Hakkında Temel Bilgiler) adlı eserin bir pasajında açıklanmaktadır. Bu eser, ABD Temsilciler Meclisi Bankacılık ve Para Komitesi tarafından 88. Kongre’nin 2. oturumunda, 5 Ağustos 1964 tarihinde yayınlanmış olup, 75. sayfada şu ifade yer almaktadır:

"Tüm alımların açık piyasadan yapılmasını zorunlu kılmanın pratik etkisi, vergi mükelleflerinden para alıp bunu tüccarlara vermektir. Bu, hükümeti borç para almak için bir ücret ödemek zorunda bırakır. Altı ‘banka’ satıcısı vardır: First National City Bank of New York; Chemical Crop. Exchange Bank, New York, Morgan Guaranty Trust Co., New York, Bankers Trust of New York, First National Bank of Chicago ve Continental Illinois Bank of Chicago."

Böylece, ABD Hükümeti’nin ödünç aldığı tüm paradan "ücret" alan bankalar, 1913 tarihli Federal Rezerv Yasası’nı planlayan bankalarla aynıdır. 1914’te Federal Rezerv Sistemini kuran aynı bankaların günümüzdeki üstünlüğünü gösteren bol miktarda kanıt vardır. Örneğin, Warren Brookes, 6 Haziran 1983 tarihli *The Washington Post’un* başyazısında şöyle yazmaktadır:

"Citicorp (1955’te birleşen National City Bank ve First National Bank of New York) az önce %18,6 özsermaye kârlılığı kaydetti; J.P. Morgan %17, Chemical Bank ve Bankers Trust ise %16’ya yakın bir kârlılık elde etti; bu olağanüstü bir kârlılık oranı."

Bunlar, 1914’te Federal Rezerv Bankası hisselerinin ilk ihracını satın alan ve faiz oranını belirleyen ve tüm açık piyasa işlemleri için banka olan New York Federal Rezerv Bankası’nın kontrol hisselerine sahip olan bankalardır.

Bu bankalar ayrıca, parasal büyüme ve faiz oranlarındaki aksi takdirde açıklanamayan dalgalanmalardan da istikrarlı bir şekilde kâr elde etmektedir. Brookes, "üç yıl süren resesyonun yaşandığı dönemde, art arda gelen altı aylık dönemlerde %0 ile %17 arasında dalgalanan fiili parasal büyüme oranları" hakkında da yorumda bulunmaktadır. Milton Friedman'ın en çok takdir ettiği iki parasal büyüme ölçütü olan M2 ve M3, 1972-82 döneminde aslında yıldan yıla çok az değişiklik göstermiştir. Böylece, para büyüme oranları %0 ile %17 arasında dalgalanıyor, ancak yıldan yıla gerçek bir değişiklik yok; bu da neden yıl boyunca para büyümesinde istikrar sağlayamadığımız sorusunu gündeme getiriyor. Cevap, bu dalgalanmalardan büyük kârlar elde ediliyor olmasıdır ve bir sonraki soru, bu dalgalanmaları kim başlatıyor? Cevap, "Londra Bağlantısı"dır.

1913'te ülkenin para ve kredi tekelini ele geçiren bankacılar ve mirasçılarının devam eden kontrolünden dikkati başka yöne çekmek için, kontrol altındaki medya tekeli ve akademinin maaşlı propagandacıları sürekli olarak yeni ve daha egzotik ekonomi teorileri ortaya atmaktadır. Böylece National Review propagandacılarından biri olan James Burnham, "yöneticiler" adlı saçma bir teoriyle ün kazandı. O, eski servet hakemleri olan J.P. Morganlar, Warburglar ve Rothschildların 1950 yılına kadar sahneden kaybolduğunu ve yerlerine yeni bir "yöneticiler" sınıfının geçtiğini öne sürdü. Hiçbir gerçek temeli olmayan bu teori, aynı kişilerin hala dünyanın para sistemini kontrol ettiği gerçeğini gizlemeye yaradı. "Yöneticiler" tam da buydu: Volcker gibi ön planda olan yöneticiler, işverenlerinin talimatlarını yerine getirdikleri sürece maaşlarını almaya devam edecek olan ücretli çalışanlardı. Burnham, Başkan Reagan da dahil olmak üzere birçok önde gelen liderin "muhafazakar" bir yayın olarak gördüğü *National Review'da hâlâ* yüksek maaşlı bir propagandacı olarak görev yapmaktadır.

1914'ten 1982'ye kadar, binlerce Amerikan bankasının iflas ettiği bu dönemde, Federal Rezerv Bankası hisselerinin ilk alıcıları sadece ayakta kalmakla kalmamış, aynı zamanda güçlerini de pekiştirmişlerdir. Peki ya "Londra Bağlantısı"? Hâlâ var mı ve hâlâ Amerika Birleşik Devletleri'nin ekonomik kaderini belirliyor mu? *Washington Post gazetesi,* 19 Mayıs 1983 tarihli sayısında, Afrika Kalkınma Bankası'nın toplantısına değinen, Kenya'nın Nairobi kentinden bir haber yayınladı. "İngiliz ticaret bankası Morgan Grenfell ve ABD'li Kuhn Loeb, Lehman Brothers International, Fransız Lazard Freres ve İngiliz Warburg'dan oluşan bir konsorsiyum, borç batağına saplanmış yaklaşık on Afrika ülkesine gizlice finansal danışmanlık yapıyor."

1914'te karşılaştığımız aynı isimler, hâlâ dünyanın finansını yönetiyor; kendileri için kâr elde ederken, diğer herkes için felaketle sonuçlanan sonuçlar doğuruyorlar. Belki de Başkan Reagan'ın mevcut yönetiminden bir kurtuluş bekleyebiliriz. Ne yazık ki, ona ulaşmadan önce, J. Henry Schroder, Brown Brothers Harriman ve "Londra Bağlantısı"nın diğer önde gelen bileşenlerinden oluşan ana kadrosunun uzun listesini tek tek gözden geçirmemiz gerekiyor.

Meksika Cumhurbaşkanı Lopez Portillo, Eylül 1982'de Meksika Ulusal Kongresi'nde yaptığı konuşmada, son on yıldaki dünya kredi patlamasını, 14. yüzyılda Avrupa'yı kasıp kavuran Kara Ölüm'e benzeyen bir finansal veba olarak nitelendirdi. "Ortaçağda olduğu gibi, bu salgın bir ülkeyi birbiri ardına yerle bir ediyor. Fareler tarafından bulaşıyor ve işsizlik ve sefalet, endüstriyel iflas ve spekülasyon yoluyla zenginleşmeyle sonuçlanıyor. Şifacılar tarafından önerilen çare, zorla hareketsizlik ve hastayı yiyecekten mahrum bırakmaktır."

Forbes Dergisi 11 Ekim 1982'de şöyle yazdı: "Dünya likidite için nefes nefese, çünkü para arzı daralmış değil, ama paranın çok büyük bir kısmı artık yeni üretken yatırımları finanse etmek yerine eski borçları ödemek için kullanılıyor."

Yüksek faiz oranları ve sıkı para politikası, Amerika Birleşik Devletleri için felaket olmuştur. 1983'ün başlarında, para ve kredideki hafif gevşeme bir miktar rahatlama vaat etmektedir, ancak Federal Rezerv sistemi ve onun görünmez manipülatörleri para arzı üzerindeki kontrollerini sürdürdükleri sürece, daha fazla sorun bekleyebiliriz. 11 Aralık 1982 tarihli *The Nation dergisi*, ekonomik sorunlara ilişkin yorumunda, "Tüm bunların suçu, her zamanki gibi uluslararası bankacılık sistemi adına çalışan Federal Rezerv Sistemine aittir" demiştir.

Federal Rezerv Sisteminin uluslararası bankacılık sistemi adına nasıl çalıştığına dair kanıtlar, Temsilciler Meclisi Bankacılık, Para ve Konut Komitesi personeli tarafından hazırlanan bir dizi grafikle görsel olarak gösterilmiştir. Bu grafikler, 94. Kongre, 2. oturum,

Ağustos 1976 tarihli "FEDERAL REZERV YÖNETİCİLERİ: KURUMSAL VE BANKACILIK ETKİSİ ÜZERİNE BİR ÇALIŞMA" başlıklı raporda yer almaktadır.[130]

[131]Bu çalışmanın 49. sayfasında yer alan ve David Rockefeller'ın birbiriyle bağlantılı yönetim kurullarını gösteren grafiği Grafik V olarak sunuyoruz. Grafik VI olarak ise, bu çalışmanın 55. sayfasını yeniden yayınlıyoruz; bu sayfada, New York Federal Rezerv Bankası'nın C Sınıfı Direktörlerinden biri olan Frank R. Milliken'in birbiriyle bağlantılı yönetim kurulları gösterilmektedir. Bu tabloda, Jekyll Adası konferansı hikayemizin tüm ana karakterleri yer almaktadır: Citibank, J.P. Morgan and Company, Kuhn Loeb and Company ve birçok ilgili firma. Tablo VII olarak, bu çalışmanın 53. sayfasını yeniden yayınlıyoruz; bu sayfada, New York Federal Rezerv Bankası'nın bir başka C Sınıfı Direktörü olan Alan Pifer'in çapraz yönetim kurulu üyelikleri gösterilmektedir. New York Carnegie Corporation'ın Başkanı olarak, J. Henry Schroder Trust Company, J. Henry Schroder Banking Corporation, Rockefeller Center, Inc., Boston Federal Rezerv Bankası, Equitable Life Assurance Society (J.P. Morgan) ve diğerleriyle bağlantılıdır. Böylece, Temsilciler Meclisi Bankacılık, Para ve Konut Komitesi'nin Ağustos 1976 tarihli bir çalışması, bugün tıpkı 1914'te olduğu gibi görev yapan tüm ana karakterleri önümüze sermektedir.

Bu 120 sayfalık Kongre araştırması, Federal Rezerv Bölge Bankalarının kamu politikası işlevlerini, yöneticilerin nasıl seçildiğini, kimin seçildiğini, halkla ilişkiler ve lobi faktörünü, banka hakimiyetini ve banka denetimini ve Rezerv bankalarıyla kurumsal bağlantıları ayrıntılı olarak ele almaktadır. Her bölge bankasının A, B ve C sınıfı yöneticilerini göstermek için grafikler kullanılmıştır. Her şube bankası için, banka tarafından atanan

130 Yer sınırlamaları nedeniyle, çalışmadaki yetmiş beş tablodan sadece beşi seçilmiştir; bu tabloların tümü, Federal Rezerv Sisteminde kontrol sahibi olan önde gelen, güçlü kişiler arasındaki bağlantıları göstermektedir. Bu tablolar, 1976 yılında on iki Federal Rezerv Bankasının yöneticileri ve direktörleri ile bu kitapta listelenen firmalar arasındaki bağlantıları göstermek amacıyla seçilmiştir.

131 "Üç C Sınıfı Yönetim Kurulu Üyesi, kamu yararını temsil etmek üzere Yönetim Kurulu tarafından atanır." s. 34, Kongre Çalışması, 1976.

yöneticiler ve Federal Rezerv Sistemi Yönetim Kurulu tarafından atanan yöneticiler hakkında bilgi veren bir grafik tasarlanmıştır.

Çalışmanın Önsözünde, Başkan Henry S. Reuss (D-Wis) şöyle yazmıştır:

"Bu Komite, uzun yıllardır Federal Rezerv Sisteminin esasen kamusal sorumlulukları üzerinde özel çıkarların etkisini gözlemlemiştir.

Çalışmanın da açıkça ortaya koyduğu gibi, Federal Rezerv Sistemine bağlı on iki banka için oluşturulan yönetim kurulundan daha dar bir temele dayanan bir kamu kurumu yönetim kurulu hayal etmek zordur.

Amerikan toplumunun sadece iki kesimi – bankacılık ve büyük iş dünyası – yönetim kurullarında önemli bir temsil sahibidir ve çoğu zaman bunlar bile karşılıklı yönetim kurulu üyelikleri yoluyla birleşmektedir... Küçük çiftçiler yoktur. Küçük işletmeler neredeyse hiç görünmemektedir. Bölge yönetim kurullarında hiç kadın yoktur ve şube yönetim kurullarında sadece altı kadın bulunmaktadır. Bölge ve şube yönetim kurulları dahil olmak üzere sistem genelinde azınlık gruplarından sadece on üç üye bulunmaktadır.

Bu çalışma, Federal Rezerv'in sık sık tekrarladığı "bağımsızlık" iddiası hakkında önemli bir soru ortaya atmaktadır. Kişi şunu sorabilir: Neyden bağımsız? Bölge yönetim kurullarına ilişkin bu analizde ortaya çıkan muazzam çapraz bağlantılara bakılırsa, bankacılık veya büyük iş dünyasından bağımsız olmadığı kesin.

Bu raporda bahsedilen Federal Rezerv Sistemindeki büyük iş dünyası ve bankacılık hakimiyeti, kısmen, üye ticari bankalara her bölge bankasının yönetim kurulu üyelerinin üçte ikisini seçme hakkı tanıyan ilk Federal Rezerv Yasası'na dayandırılabilir. Ancak Washington'daki Yönetim Kurulu da bu dengesizliğin sorumluluğunu paylaşmak zorundadır. Yönetim Kurulu, her bölge bankasının yönetim kuruluna sözde "kamu" üyelerini atamaktadır ve bu atamalar, büyük ölçüde bankalar tarafından seçilen üyelerin dar çıkarlarını yansıtmaktadır... Temel reformlar yapılana kadar, Federal Rezerv Sistemi, ekonomik istikrar ve banka düzenleme kurumu olarak kamu sorumluluklarını yerine getirmekte zorlanacaktır. Sistemin görevi, ulusal refah için çok önemli olduğundan, mekanizmanın büyük bir kısmını dar özel çıkarların kontrolünde bırakmak doğru değildir.

Amerika Birleşik Devletleri'nde ekonomik ve finansal gücün yoğunlaşması çok ileri gitmiştir."

"Kulüp Sistemi" başlıklı bölümde Komite şunları belirtmiştir:

"Bu 'kulüp' yaklaşımı, Federal Rezerv'in yönetim kurulu üyeliklerini doldurmak için sürekli olarak aynı havuzlardan (aynı şirketler, aynı üniversiteler, aynı banka holding şirketleri) yararlanmasına yol açmaktadır."

Bu Kongre çalışması şu sonuca varmaktadır:

"Daha önce de belirtildiği gibi, bu tablolardaki şirketlerin çoğu, Federal Rezerv Sistemi ile çok sayıda bağlantıya sahiptir. First Bank Systems; Southeast Banking Corporation; Federated Department Stores; Westinghouse Electric Corporation; Proctor and Gamble; Alcoa; Honeywell, Inc.; Kennecott Copper; Owens-Corning Fiberglass; hepsinin bölge veya şube bankalarıyla iki veya daha fazla yönetim kurulu üyesi bağlantısı vardır.

Özetle, Federal Rezerv yöneticileri, görünüşe göre bu ülkenin ekonomik yaşamının büyük bir kısmını domine eden küçük bir elit grubun temsilcileridir."

KONGRES RAPORUNUN SONU.

EK

26 Temmuz 1983 Salı günü saat 11:05 itibarıyla, *New York Federal Rezerv Bankası* hisselerine sahip üye bankalar listesinde yirmi yedi New York City bankası bulunmaktadır. Aşağıda, toplam tedavüldeki hisselerin %66'sını, yani 7.005.700 hisseyi oluşturan bu bankalardan on tanesinin sahip olduğu hisse sayısı listelenmiştir:

	Hisse	Yüzde
Bankers Trust Company	438.831	(%6)
Bank of New York	141.482	(%2)
Chase Manhattan Bankası	1.011.862	(%14)
Chemical Bank	544.962	(%8)
Citibank	1.090.813	(%15)
European American Bank & Trust	127.800	(%2)
J. Henry Schroder Bank & Trust	37.493	(%5)
Manufacturers Hanover	509.852	(%7)
Morgan Guaranty Trust	655.443	(%9)
Kuzey Amerika Ulusal Bankası	105.600	(%2)

1914'teki ilk alımlara kıyasla bugün elinde bulundurulan muazzam hisse sayısı, üye bankaların sermaye ve fazlalarının %6'sı kadarını bölge Federal Rezerv Bankası hisselerini satın alıp elinde tutmasını gerektiren orijinal Federal Rezerv Yasası'nın 5. maddesinden kaynaklanmaktadır.

Şu anda, yukarıda adı geçen bankalardan beşinin elinde bulunan hisseler, ***New York Federal Rezerv Bankası hisselerinin*** toplamının %53'ünü oluşturmaktadır. New York City bankalarının başlıca hissedarlarına bakıldığında, kan bağı, evlilik veya iş çıkarları ile birbirine bağlı birkaç ailenin, New York City bankalarını hâlâ kontrol ettiği ve bu bankaların da New York Federal Rezerv Bankası'nın kontrol hisselerini elinde tuttuğu açıkça görülmektedir.

New York Federal Rezerv Bankası hisselerinin 270.893 adedini elinde bulunduran bankalardan üçünün *yabancı bankaların iştirakleri olması* dikkat çekicidir.

- J. Henry Schroder Bank and Trust, Standard & Poor's tarafından Londra merkezli Schroders Ltd.'nin bir iştiraki olarak listelenmektedir.
- National Bank of North America, Londra'nın "Büyük Beşli" bankalarından biri olan National Westminster Bank'ın bir iştirakidir.
- European American Bank, Bahamalar'daki European American Bank, LTD'nin bir iştirakidir.

European American Bank & Trust'ın yönetim kurulu üyeleri arasında şunların yer alması ilginçtir:

- Milton F. Rosenthal, uluslararası altın şirketi Engelhard Minerals and Chemical'ın başkanı ve COO'su;
- Hamilton F. Potter, Sullivan and Cromwell'in ortağı (J. Henry Schroder Bank & Trust'ın avukatları);
- Shearman and Sterling'in (Citibank'ın avukatları) ortağı Edward H. Tuck;
- "Büyük Beşli"den biri olan dev Midland Bank of London'ın genel müdürleri F.H. Ulrich ve Hans Liebkutsch; ve
- Societe Generale de Banque'den (Brüksel, Belçika) Roger Alloo, Paul-Emmanuel Janssen ve Maurice Laure.

Federal Rezerv Sistemi Yönetim Kurulu'nun yayınladığı en son tabloda yer alan bu bilgi, *tüm Federal Rezerv Sistemi'nin* faiz oranlarını ve faaliyet ölçeğini belirleyen New York Federal Rezerv Bankası'nın kontrol hisselerinin, "*Londra Bağlantısı*", yani

Rothschild'ların kontrolündeki İngiltere Merkez Bankası tarafından doğrudan kontrol edilen bankaların ağır bir etkisi altında olduğunu gösteren güncel bir kanıt olarak gösterilmektedir.

EK I

- E.C. Knuth, The Empire of the City adlı, özel baskı, 1946, s. 27 adlı eserinde, "tüm dünyanın mali işlerinin yürütülmesinde Amerikan Yönetiminin tam ortağı olan İngiltere Merkez Bankası"ndan bahsetmekte ve 1943 baskısı Encyclopaedia Americana'dan alıntı yapmaktadır.
- Barron, Lord Swaythling'den (8 Nisan 1923) alıntı yapar: "Lord Swaythling şöyle demiştir: 'Döviz ticareti ancak Londra'dan yürütülebilir. Burası döviz ticaretinin merkezidir.'" (They Told Barron, Clarence W. Barron, Baron's Weekly'nin kurucusu, Harpers, New York, 1930, s. 27.)
- Uluslararası finans dünyasında borsa, para veya menkul kıymetler üzerindeki işlemleri ya da basitçe bu menkul kıymetlerin değerlerinin "değiş tokuşunu" ifade eder. Bu "değiş tokuşun", değerlerin belirlenebileceği bir yerde gerçekleşmesi gerekir ve bu yer Londra'daki "City"dir.
- Londra, İngiltere Merkez Bankası'nın "Consols"u sayesinde borsanın birincil merkezi olarak kurulmuştur. Bu tahviller asla itfa edilemez, ancak istikrarlı bir getiri oranı sağlar. Henry Clews, The Wall Street View, Silver Burdett Co. 1900, s. 255'te şöyle yazmaktadır:
- "1757 tarihli Konsolide Yasası, İngiltere'nin borçlarını %3 oranında konsolide etti; bu borçlar İngiltere Merkez Bankası'ndaki bir hesapta tutuldu ve bu hesap, bankanın mevduatlarının en büyük dayanağıdır."
- Nathan Meyer Rothschild, Waterloo Savaşı'ndan sonra, sahte bir panik havası yaratarak "Consols"ları Londra Borsası'nda gösterişli bir şekilde "döktü", ardından diğer sahiplerin panik içinde düşük fiyata sattığı Consols'ları gizlice satın aldı ve Consols'ların en büyük sahibi oldu, böylece 1815'te İngiltere Merkez Bankası'nın kontrolünü ele geçirdi.

%12 TEMETTÜ

1946'da bir İşçi Partisi hükümeti İngiltere Merkez Bankası'nı kamulaştırmış olsa da, Büyük Sovyet Ansiklopedisi (cilt I, s. 490c), İngiltere Merkez Bankası'nın kamulaştırma öncesinde olduğu gibi yıllık %12 temettü ödemeye devam ettiğini belirtmektedir.

"Başkan", ABD'de Federal Rezerv Sistemi başkanlarının başkan tarafından atandığına benzer bir şekilde, hükümet tarafından atanır. Ancak, Encyclopaedia Americana cilt 13, s. 272'de belirtildiği gibi

"Uygulamada, İngiltere Merkez Bankası başkanları, kamuoyu önünde hükümeti eleştirmekten ve baskı uygulamaktan çekinmemiştir."

BANKA FAIZ ORANI

İngiltere Merkez Bankası tarafından belirlenen faiz oranı "merkez bankası faiz oranı" olarak bilinir ve bu oran, diğer ülkelerdeki faiz oranları bu "merkez bankası faiz oranından" daha yüksek veya daha düşük olsa da, dünya çapında faiz oranlarını belirleyen bir faktördür. İngiltere Merkez Bankası, devlet borcunu yönetir ve siyasi meselelerde arabuluculuk yapması istenir. Yakın zamandaki bir örnek olarak, Amerikan rehinelerin iadesi için yapılan müzakerelerde İran devrimcileriyle arabuluculuk görevini üstlenmiştir.

İngiltere Merkez Bankası'nın şu anki Başkanı Sir Gordon Richardson'ın, 1962'den 1972'ye kadar Londra'daki J. Henry Schroder Wagg ile olan bağlantısı nedeniyle bu sayfalarda başka yerlerde de adı geçen, önde gelen bir uluslararası finans figürü olması şaşırtıcı değildir. O, aynı zamanda New York'taki J. Henry Schroder Co. ve Schroder Banking Corp. şirketlerinin de yöneticisiydi. Ayrıca Rolls Royce ve Lloyd's Bank'ın da yöneticiliğini yapmaktadır. Londra'da ikamet etmesine rağmen New York'ta bir evi vardır ve mevcut Manhattan rehberinde sadece "G. Richardson, 45 Sutton Place S." olarak listelenmiştir; ancak önceki bir listede 4 Sutton Place adresi yer almaktaydı. Sutton Place, daha önce Morgan ailesi ve Roosevelt'lerle olan bağlantıları nedeniyle bahsettiğimiz Bessie Marbury tarafından uluslararası çevreler için şık bir adres olarak geliştirilmiştir.

İngiltere Merkez Bankası'nın (1982) mevcut yöneticileri arasında N.M. Rothschild & Sons'tan Leopold de Rothschild,

Rothschildlar'dan sonra en etkili banka olan Hill Samuel Bank'ın başkanı Sir Robert Clark, Hambros Bank'tan John Clay ve Warburg Bank'tan ve S.C. Warburg Co.'nun eş başkanı David Scholey bulunmaktadır.

Anthony Sampson, "*The Changing Anatomy of* Britain" (İngiltere'nin *Değişen Anatomisi*), Random House, New York, 1982, s. 279'da şöyle yazmaktadır:

"Warburgs, Montagus, Rothschilds ve Kleinworts gibi yabancı uzman ve yöneticilere sahip daha kozmopolit bankalar da, 50'li yılların sonlarında başlayan ve 60'lı yıllarda katlanarak büyüyen Eurodolar piyasasında devasa bir yeni kâr kaynağı keşfetmişlerdi... İngiliz bankacılar nispeten küçük fonları kontrol ediyorlardı, ancak başkalarının parasıyla nasıl para kazanacaklarını iyi biliyorlardı."

"Yaratılmış para" alanında yeni bir gelişme olan Eurodolar piyasası, yukarıda adı geçen firmalar tarafından tekelleştirilmiştir.

EURODOLAR İMPARATORLUĞU

"Bugün, İngiliz İmparatorluğu, Manhattan adasındaki (İngiltere'nin en önemli gayrimenkulü) müttefikleriyle birlikte, 1,5 trilyon dolarlık Eurodolar finans piyasasının tamamını, Cayman Adaları ve Bahamalar'daki 300-500 milyar doları ve Hong Kong-Singapur "Asya-dolar piyasasındaki" 50-100 milyar doları kontrol etmektedir... 1,5 trilyon dolarlık Eurodolar piyasasını, bu ülkenin hiçbir kontrolü olmayan bir "kanun dışı" ABD doları piyasası olarak düşünün. Burada kontrol ve kârlar, bu devasa Amerikan doları yığını üzerindeki kredi koşullarını ve faiz oranını Londra Bankalararası Faiz Oranı (LIBOR) ile ilişkili olarak belirleyen Londra bankalarının elindedir... Yönetim kurulunda güçlü İngiliz finansçı Lord Aldington'ın da yer aldığı Citibank (New York City) gibi ABD bankaları, bu piyasada açıkça işbirliği yapmaktadır. Aynı zamanda, dünya uyuşturucu ticaretinin bilinen merkez bankası olan Hong Kong ve Şangay Bankası da dahil olmak üzere İngiliz bankaları, ABD bankalarını yutmak için Amerika'ya akın etmektedir.

1978'de Hongshang (Ed.--Hongkong ve Şangay Bankası), eyaletin en büyük 11·ticari bankası olan New York'taki Marine Midland Bank'ı devraldı... İngilizler ayrıca Amerikan dolarının yaratılmasını da kontrol ediyor. Federal Rezerv Kurulu Başkanı

Paul Volcker iç ekonomiye karşı krediyi sıkılaştırırken, Florida'nın 200 mil açığında bulunan bir İngiliz toprağı olan Cayman Adaları'ndaki (European American Bank gibi - Ed.) ve Bermuda'daki İngiliz kontrolündeki bankalar ile bir düzine diğer "serbest bankacılık" bilgisayar terminalleri yüz milyarlarca Amerikan doları yaratıyor. Bu nasıl yapılıyor? İmparatorluğun "serbest girişim" bankacılığında dolar cinsinden kredilerin yaratılmasına ilişkin herhangi bir zorunlu karşılık oranı veya başka bir kısıtlama yoktur. Amerika Birleşik Devletleri'nden gelen 1 milyon dolarlık gerçek bir kredi, zorunlu karşılık oranı olmaksızın İngiliz sisteminden geçerken 20 ila 100 milyon dolarlık dolar cinsinden kredilere dönüştürülebilir.[132]

Sadece finansal güç değil, yasal güç de Britanya'da kalmıştır. Washington Post, 18 Haziran 1983'te, Amerikan Devrimi'nden sonra tüm eski yasaların yeni Birleşik Devletler'de yürürlükte kaldığını belirtmiştir: Bu "İngiliz ortak hukuku" yasalarının bazıları, Amerika'nın keşfedilmesinden çok önce, 1278 yılına kadar uzanmaktadır.

"The City"nin bu muazzam finansal gücü birçok alanda ortaya çıkmaktadır. Dean Acheson, 1969 tarihli "Present at the Creation" (W.W. Norton, New York, s. 779) adlı kitabında şöyle belirtmektedir:

"Hyde Park'a bakan, 14 Prince's Gate adresindeki eski J.P. Morgan konağı olan büyükelçilik konutunda kaldık."

Londra'daki ABD Büyükelçiliği konutu'nun J.P. Morgan'ın evi olduğunu veya eski bir Morgan çalışanı olan Dean Acheson'ın 505. sayfada kendisini Dışişleri Bakanı olarak tanımladığını kaç Amerikalı biliyor?

"Benim tutumum uzun zamandır İngiliz yanlısıydı ve herkesin bildiği bir gerçekti."

Kimse, bir Amerikan Dışişleri Bakanı'nın İngiltere lehine açıkça sergilediği önyargı hakkında yorum yapmadı.

Federal Rezerv'in "yaratmış olduğu" para sadece finansal konularda kullanılmaz; bu para aynı zamanda bankacıların siyasi, ekonomik ve sosyal yaşamın her yönü üzerindeki kontrolünü

[132] Harpers Magazine, Şubat 1980.

sürdürmek için de kullanılır. Siyasi adayların muazzam harcamalarını, üniversitelerin şişirilmiş bütçelerini, gazete veya dergi çıkarmak için gereken devasa masrafları ve çok çeşitli vakıfları, "düşünce kuruluşlarını" ve diğer zihin kontrol araçlarını finanse etmek için kullanılır.

PSIKOLOJIK SAVAŞ

Son altmış beş yılda Amerika Birleşik Devletleri'ndeki psikoloji alanındaki neredeyse her gelişmenin İngiliz Ordusu Psikolojik Savaş Bürosu tarafından yönlendirildiğini çok az Amerikalı bilmektedir. Kısa bir süre önce, bu yazarın bilgisine yeni bir isim ulaştı: *Londra Tavistock Enstitüsü*, diğer adıyla *Tavistock İnsan İlişkileri Enstitüsü*. "İnsan ilişkileri", insan davranışının her yönünü kapsar ve Tavistock Enstitüsü'nün mütevazı hedefi, Amerikan vatandaşlarının insan davranışının her yönü üzerinde kontrol elde etmek ve bunu uygulamaktır.

I. Dünya Savaşı'ndaki yoğun topçu bombardımanları nedeniyle, birçok asker top şokundan kalıcı olarak etkilenmiştir. 1921'de, Tavistock Markisi, 11·Bedford Dükü, top şoku geçirmiş İngiliz askerleri için rehabilitasyon programları yürütmeyi planlayan bir gruba bir bina bağışladı. Grup, bağışçısının adını alarak "Tavistock Enstitüsü" adını aldı. İngiliz Ordusu Genelkurmay Başkanlığı, savaş koşullarında askerlerin kırılma noktasını belirlemenin hayati önem taşıdığına karar verdi. Tavistock Enstitüsü, İngiliz Ordusu Psikolojik Savaş Bürosu başkanı Sir John Rawlings Reese tarafından devralındı.

Tamamen gizlilik içinde, psikolojik savaş konusunda yüksek eğitimli uzmanlardan oluşan bir kadro oluşturuldu. Elli yıl boyunca, "Tavistock Enstitüsü" adı New York Times'ın dizininde sadece iki kez geçmektedir; ancak LaRouche ve diğer otoriteler, bu grubun İkinci Dünya Savaşı sırasında Stratejik Hizmetler Ofisi (OSS), Stratejik Bombardıman Araştırması, Müttefik Sefer Kuvvetleri Yüksek Karargahı ve diğer önemli Amerikan askeri gruplarının tüm personelini organize edip eğittiğini belirtmektedir. II. Dünya Savaşı sırasında Tavistock Enstitüsü, zihin değiştirici ilaçlarla ezoterik deneyler yapmak üzere Rockefeller Vakfı'nın tıp bilimleri bölümüyle birleşti.

Amerika Birleşik Devletleri'ndeki mevcut uyuşturucu kültürü, Merkezi İstihbarat Teşkilatı'nın eğitim programlarını denetleyen bu

Enstitü'ye kadar uzanmaktadır. "LSD karşı kültürü", S.G. Warburg & Co.'ya ait bir İsviçre ilaç şirketi olan Sandoz A.G.'nin, liserjik asitten LSD adı verilen yeni bir ilaç geliştirmesiyle ortaya çıktı.

James Paul Warburg (1910'da Federal Rezerv Yasası'nı yazan Paul Warburg'un oğlu), Tavistock Enstitüsü'nün Amerika Birleşik Devletleri'ndeki bir yan kuruluşu olan Politika Araştırmaları Enstitüsü'nü finanse etti; bu enstitünün direktörü Marcus Raskin, Ulusal Güvenlik Konseyi'ne atandı. James Paul Warburg, CIA ajanları üzerinde LSD deneyleri yapmak için bir CIA programı kurdu; bu ajanlardan bazıları daha sonra intihar etti. Dr. Gottlieb'in denetlediği bu MK-Ultra programı, kurbanların aileleri tarafından ABD hükümetine karşı açılan devasa davalara yol açtı.

Politika Araştırmaları Enstitüsü, uyuşturucu ve devrime adanmış bir kampüs şubesi olan Demokratik Toplum için Öğrenciler (SDS) kurdu. Warburg, SDS'yi kendi cebinden finanse etmek yerine, 1960'ların kampüs ayaklanmalarını teşvik etmek için CIA fonlarından yaklaşık yirmi milyon dolar kullandı.

İngiliz Tavistock Enstitüsü, faaliyetlerini sol gruplarla sınırlamadı, aynı zamanda Stanford Üniversitesi'ndeki Herbert Hoover Enstitüsü, Heritage Vakfı, Wharton, Hudson, Massachusetts Teknoloji Enstitüsü ve Rand gibi sözde "muhafazakar" Amerikan düşünce kuruluşlarının programlarını da yönetti. Esalen Enstitüsü ve onun birçok taklitçisi gibi Kaliforniya'nın en radikal gruplarının "duyarlılık eğitimi" ve "cinsel ilişki" programlarının tümü, Tavistock Enstitüsü psikologları tarafından geliştirilmiş ve uygulanmıştır.

Tavistock Enstitüsü ile ilgili nadir haberlerden biri, 26 Ekim 1963 tarihli Business Week dergisinde, Londra'nın en pahalı tıbbi ofis bölgesinde bulunan binasının bir fotoğrafıyla birlikte yer almaktadır. Haberde Enstitü'nün "Freudcu eğilimi"nden bahsediliyor ve Unilever, British Petroleum ve Baldwin Steel gibi İngiliz mavi çip şirketleri tarafından bolca finanse edildiği belirtiliyor. Business Week'e göre, Enstitü'nün psikolojik test programları ve grup ilişkileri eğitim programları, radikalizm ve uyuşturucu ağının yuvaları olan Michigan Üniversitesi ve Kaliforniya Üniversitesi tarafından Amerika Birleşik Devletleri'nde uygulandı.

Rudolf Hess'in İkinci Dünya Savaşı'nı sona erdirmek için İngiltere'ye uçtuğu kişi, Tavistock Markisi, 12·Bedford Dükü'ydü. Tavistock'un 1942'deki servetinin 40 milyon dolar olduğu söyleniyordu. 1945'te, karısı aşırı dozda ilaç alarak intihar etti.

BİYOGRAFİLER

NELSON ALDRICH (1841-1915)

Rhode Island senatörü; Ulusal Para Komisyonu başkanı; kızı Abby Aldrich, John D. Rockefeller Jr. ile evlendi; aynı adı taşıyan torunlarının dedesi oldu. Nelson Aldrich Rockefeller, aynı zamanda bugünkü David Rockefeller ve Laurence Rockefeller'ın da dedesidir.

WILLIAM JENNINGS BRYAN (1860-1925)

Woodrow Wilson'ın Dışişleri Bakanı, 1896, 1900 ve 1908 yıllarında üç kez Demokrat Parti'nin başkan adayı olarak seçimi kaybeden ve Demokrat Parti'nin lideri.

ALFRED OWEN CROZIER (1863-1939)

Grand Rapids, Cincinnati ve New York'ta tanınmış bir avukat olan Crozier, anayasal paranın, özel şirketlerin kâr amacıyla bastıkları kurumsal para birimiyle yer değiştirmesine karşı çıkarak, hukuk ve para konularında sekiz kitap yazdı.

CLARENCE DILLON (1882-1979)

Teksas, San Antonio'da Samuel Dillon ve Bertha Lapowitz'in oğlu olarak dünyaya geldi. 1905'te Harvard'dan mezun oldu. Milwaukee'li Anne Douglass ile evlendi. Oğlu C. Douglas Dillon (daha sonra 1961-65 yılları arasında Hazine Bakanı olarak görev yaptı), 1909'da ailenin yurtdışında bulunduğu sırada İsviçre'nin Cenevre kentinde dünyaya geldi. Dillon, 1912'de Harvard'dan sınıf arkadaşı William A. Phillips'in tanıştırmasıyla Wall Street tahvil komisyoncusu William A. Read and Company'nin kurucusu William A. Read ile tanıştı ve aynı yıl Read'in Chicago ofisine katıldı. 1914'te New York'a taşındı. Read 1916'da öldü ve Dillon şirketin çoğunluk hisselerini satın aldı. 1. Dünya Savaşı sırasında, Savaş Sanayii Kurulu Başkanı Bernard Baruch (Amerikan sanayisinin çarı olarak biliniyordu) Dillon'dan Savaş Sanayii Kurulu başkan yardımcılığı görevini üstlenmesini istedi. 1920'de William A. Read & Company'nin adı Dillon, Read & Company olarak değiştirildi. Dillon, Fransız hükümetinin ABD'den mühimmat alımlarını finanse etmek için 1915'te kurduğu American

Foreign Securities Corporation'ın yöneticisiydi. Dillon Read'deki sağ kolu James Forrestal, Donanma Bakanı, daha sonra Savunma Bakanı oldu ve bir federal hastanede gizemli koşullar altında öldü. 1957'de Fortune Dergisi, Dillon'ı o dönemde 150 ila 200 milyon dolar arasında olduğu tahmin edilen servetiyle ABD'nin en zengin adamlarından biri olarak listeledi.

ALAN GREENSPAN (1926-)

1987'de Başkan Reagan tarafından **Paul Volcker'ın** yerine Federal Rezerv Sistemi Yönetim Kurulu Başkanı olarak atandı. Greenspan, 1974'te Herbert Stein'ın yerine Başkanın Ekonomi Danışmanları Konseyi başkanlığı görevini devralmıştı. O, Yönetim Kurulu'nun eski başkanı Avusturyalı **Arthur Burns'ün** (Bernstein) himayesindeki biriydi. Burns, Rothschild'ların Viyana Ekonomi Okulu'nu temsil eden bir monetaristti; bu okul, dünya uyuşturucu ticaretinden elde ettikleri karları ***Hong Kong Shanghai Bank'ta*** saklayan Rothschild'lar ve diğer İngiliz bankacıların paravanı olan Kraliyet Koloni Derneği aracılığıyla İngiltere'de etkisini göstermişti. Kraliyet Sömürge Derneği'nin kadrolu ekonomisti, monetarist teorinin mucidi Alfred Marshall'dı. Marshall, Oxford Grubu'nun başkanı olarak, ABD'de Rockefellerlar için Ulusal Ekonomi Araştırma Bürosu'nu kuran Wesley Clair Mitchell'in hamisi oldu.

Mitchell ise, teorileri şu anda Federal Rezerv Kurulu'ndaki Greenspan'ın iktidar teknikleri haline gelen Arthur Burns ve Milton Friedman'ın hamisi oldu. Greenspan aynı zamanda, cinsel ilişkilerini bencil olmaları için gırtlaktan çıkan emirlerle karıştıran tuhaf bir kadın olan Ayn Rand'ın da himayesindedir. Rand, aynı zamanda CIA propagandacısı William Buckeley ve National Review'un da hamisiydi. Greenspan, *J.P. Morgan Co.*, Morgan Guaranty Trust (1917 Bolşevik Devrimi'nden sonra Sovyetler için çalışan Amerikan bankası), Brookings Enstitüsü, Bowery Tasarruf

Bankası, Dreyfus Fonu, General Foods ve Time, Inc. gibi büyük Wall Street şirketlerinin yöneticiliğini yaptı. Greenspan'ın en etkileyici başarısı, 1981-1983 yılları arasında Ulusal Sosyal Güvenlik Komisyonu başkanlığı görevini üstlenmesiydi. O, Sosyal Güvenlik'in iflas ettiğine halkı ikna etmek için rakamlarla oynadı; oysa gerçekte devasa bir bütçe fazlası vardı.

Bu rakamlar daha sonra, Amerikan işçilerine Sosyal Güvenlik stopaj vergisinde büyük bir artış yüklemek için kullanıldı; bu da, işçilere sadece geçim ücreti ödenebileceği ve bunun ötesindeki her türlü fonun vergi artışları yoluyla zorla onlardan alınacağı şeklindeki David Ricardo'nun ücretlerin demir kanunu ekonomik ilkesini çağrıştırıyordu. 1977'den beri J.P. Morgan Co.'nun ortağı olan Greenspan, *1910'da Jekyll Adası*'nda düzenlenen gizli toplantıda temsil edilen firmaların Federal Rezerv Sistemi üzerindeki kesintisiz kontrolünü temsil ediyordu. Bu toplantıda, J.P. Morgan'ın sağ kolu Henry P. Davison, Federal Rezerv Yasası'nın hazırlanmasında kilit bir figürdü.

Federal Rezerv Kurulu başkanlığını devraldıktan birkaç gün sonra, Greenspan 4 Eylül 1987'de faiz oranını hemen yükseltti; bu, genel refahın hüküm sürdüğü üç yıl içindeki ilk faiz artışıydı ve Dow Jones ortalamasının 508 puan düştüğü Ekim 1987'deki borsa çöküşünü, yani *Kara Pazartesi*'yi tetikledi. Greenspan'ın yönetiminde, Federal Rezerv Kurulu, Kongre'nin uysal üyelerinden tek bir eleştiri sözü bile duymadan, ABD'yi giderek daha derin bir resesyona sürükledi.

ALBAY EDWARD MANDELL HOUSE (1858-1938)

Teksas'taki bir Rothschild temsilcisinin oğlu. Teksas'ta arka arkaya beş valinin seçilmesini sağladı; 1912'de Woodrow Wilson'ın danışmanı oldu. 1913'te Federal Rezerv Yasası'nın Kongre'den geçmesi için **Paul Warburg** ile işbirliği yaptı.

ROBERT MARION LAFOLLETTE (1855-1925)

1905-25 yılları arasında Wisconsin eyaletinden Senato'da görev yaptı. Tarım reformcularını, Doğu'daki bankacılara ve onların Federal Rezerv Yasası planlarına karşı çıkmaları için yönlendirdi. 1924'te İlerici-Sosyalist parti adayı olarak başkanlık seçimlerine katıldı.

CHARLES AUGUSTUS LINDBERGH, SR. (1860-1924)

1913'te Federal Rezerv Yasası'nın yürürlüğe girmesine karşı mücadeleyi yöneten Minnesota milletvekili (1907-1917). 1917'de

Minnesota valiliği için aday olmak üzere istifa edene kadar görev yaptı. The New York Times'ın başını çektiği olumsuz gazete saldırılarına rağmen başarılı bir kampanya yürüttü. Federal ajanların *Why Is Your Country At War? (*Ülkeniz Neden Savaştadır?) adlı kitabı da dahil olmak üzere kitaplarını ve Minnesota'nın Little Falls kentindeki ev ofisindeki belgeleri ve eşyaları yakması, kampanyasını olumsuz etkiledi.

LOUIS T. McFADDEN (1876-1936)

1927-33 yılları arasında Kongre Üyesi ve Temsilciler Meclisi Bankacılık ve Para Komitesi Başkanı; 1920'lerde ve 1930'larda Federal Rezerv Sistemi'ni manipüle edenlere cesurca karşı çıktı. Federal Rezerv Yönetim Kurulu ve müttefik yetkilileri görevden almak için yasa tasarıları sundu. Üç kez suikasta uğradıktan sonra gizemli bir şekilde öldü.

JOHN PIERPONT MORGAN (1837-1913)

Yüzyılın başında Amerika'nın en güçlü finansçısı olarak kabul edildi. 1912 tarihli Who's Who dergisi, onun "Amerika Birleşik Devletleri'nde 50.000 milden fazla demiryolunu kontrol ettiğini" belirtti. United States Steel Corporation'ı kurdu. ***Rothschild ailesinin*** temsilcisi oldu; bu, Rothschild'ların temsilcisi olan George Peabody & Company'nin (daha sonra *Junius S. Morgan Company*) Londra ortağı olan babası **Junius S. Morgan** sayesinde gerçekleşti. **John Pierpont Morgan, Jr.** babasının ardından Morgan imparatorluğunun başına geçti.

DAVID MULLINS (1946-)

21 Mayıs 1990'da Federal Rezerv Kurulu Başkanı olarak atanan David Mullins'in görev süresi 31 Ocak 1996'ya kadar devam edecek. Kısa süre önce Federal Rezerv Kurulu Başkan Yardımcısı olarak aday gösterilen Mullins, 1988-90 yılları arasında Hazine Bakanlığı İç Finansman Müsteşar Yardımcısı olarak görev yaptı ve

sentetik yakıtlar, federal finans, Tarım Kredi Yardım Kurulu gibi programlardaki hizmetlerinden dolayı bakanlığın en yüksek ödülü olan Alexander Hamilton Ödülü'nü aldı; ayrıca tasarruf ve kredi kurumlarını kurtarmak için Başkanlık Planı'nın yazarıdır. Yazarın uzak bir kuzeni olan Mullins, Virginia'nın batı bölgesinde kayıtlara geçen ilk yerleşimci, King's Mountain Savaşı'nın kahramanı ve Amerikan Devrimi'ndeki hizmetlerinden dolayı 200 dönümlük arazi hibesi alan John Mullins'in soyundan gelmektedir.

WRIGHT PATMAN (1893-1976)

1963-74 yılları arasında Kongre Üyesi ve Temsilciler Meclisi Bankacılık ve Para Komitesi Başkanı. 1937'den 1976'daki ölümüne kadar, Federal Rezerv Sistemi'ni manipüle edenleri durdurmak için Kongre'de mücadeleye öncülük etti.

KONGRE ÜYESİ ARSENE PUJO

1903-1913 yılları arasında Kongre'de görev yaptı. Louisiana'lı bir Demokrat. Temsilciler Meclisi Bankacılık ve Para Komitesi Başkanı. 1912'de "Pujo Duruşmaları" Alt Komitesi Başkanı.

SIR GORDON RICHARDSON (1915-)

1973'ten beri ***İngiltere Merkez Bankası*** Başkanı. 1962-72 yılları arasında Londra'daki J. Henry Schroder Wagg'ın Başkanı; New York'taki J. Henry Schroder Banking Corporation'ın yöneticisi; New York'taki Schroder Banking Corporation; Londra'daki Lloyd's Bank; Rolls Royce.

JACOB SCHIFF (1847-1920)

Almanya'nın Frankfurt kentindeki Rothschild hanedanında doğdu. Amerika Birleşik Devletleri'ne göç etti, ***Kuhn, Loeb and Co.*** şirketinin kurucusu Solomon Loeb'in kızı Therese Loeb ile evlendi. Schiff, Kuhn, Loeb and Co. şirketinin kıdemli ortağı oldu ve **Rothschild'ların** çıkarlarını temsil ederek Amerika Birleşik Devletleri'ndeki demiryolu ağının büyük bir kısmının kontrolünü ele geçirdi.

BARON KURT VON SCHRODER (1889-)

Adolf Hitler'in kişisel bankacısı, 1933'te Hitler'in Almanya'da iktidara gelmesi için fon sağladı; J. Henry Schroder Banking Corporation'ın Londra ve New York şubelerinin Almanya temsilcisi; SS Kıdemli Grup Lideri; I.T.T.'nin tüm Alman iştiraklerinin yöneticisi; Himmler'in Arkadaş Çevresi; ***Deutsche Reichsbank*** (Almanya Merkez Bankası) yönetim kurulu danışmanı.

ANTHONY MORTON SOLOMON (1919-)

Harvard mezunu, ekonomist; Fiyat İdaresi Ofisi, 1941-42; İran'a mali misyon, 1942-46; Güney Amerika Uluslararası Kalkınma Ajansı, 1965-69; Yugoslavya Uluslararası Yatırım Şirketi Başkanı, 1969-72; Temsilciler Meclisi Yollar ve Araçlar Komitesi Başkanı Danışmanı, 1972-73; ABD Hazine Bakanlığı Para İşleri Müsteşarı, 1977-80; New York Federal Rezerv Bankası Başkanı, 1980-

SAMUEL UNTERMYER (1858-1940)

New York'taki *Guggenheimer ve Untermyer* hukuk bürosunun ortağı olan Untermyer, 1912'de Temsilciler Meclisi Bankacılık ve Para Komitesi'nin "Pujo Duruşmaları"nı yürüttü. F. Augustus Heinze, Thomas W. Lawson ve diğerlerine karşı açılan birçok büyük davada **Rogers** ve **Rockefeller'ın** avukatlığını yaptı. Utah Copper Company'nin birleşmesini yürütmek için 775.000 dolarlık tek seferlik ücret aldı. 26 Mayıs 1924 tarihli The New York Times'ta, Carnegie Hall toplantısında Sovyet Rusya'nın derhal tanınmasını istediği bildirildi. Untermyer'in prestiji ve gücü, *The New York Times'ın* bu manşet ölüm ilanının altı sütunu kaplamasından anlaşılabilir. Who's Who'daki girişi on üç yıl boyunca en uzun olanıydı.

FRANK VANDERLIP (1864-1937)

1897-1901 yılları arasında Hazine Müsteşar Yardımcısı; görev süresi boyunca "*National City Bank* Savaşı" olarak bilinen olayda 200.000.000 dolarlık tahvil ihracı gerçekleştirerek İspanyol-Amerikan Savaşı'nın finansmanını sağlamasıyla ün kazandı. 1909-1919 yılları arasında National City Bank Başkanı. Kasım 1910'da ***Federal Rezerv Yasası'nı kaleme alan*** ilk Jekyll Adası grubunun üyelerinden biri. 30 Haziran 1937 tarihli The New York Times'ta yayınlanan kapsamlı ölüm ilanında bu önemli gerçeğe hiç değinilmemiştir.

GEORGE SYLVESTER VIERECK (1884-1962)

Tarihin En Tuhaf Dostluğu, Woodrow Wilson ve Albay House (*The Strangest Friendship in History, Woodrow Wilson and Col. House*) adlı önemli eserin yazarı, Liveright, 1932. 1900'lerin başlarında önde gelen bir şair, *The New York Times Kitap İncelemesi'nin* ön sayfasında ele alınmış ve Amerika Birleşik

Devletleri'nin önde gelen Alman-Amerikan vatandaşı olarak tanınmıştır.

PAUL VOLCKER (1927-)

1979'dan beri ***Federal Rezerv Yönetim Kurulu Başkanıdır***; **Başkan Carter** tarafından atanmış, **Başkan Reagan** tarafından 6 Ağustos 1983'ten itibaren dört yıllık bir dönem için yeniden atanmıştır. Princeton, Harvard ve Londra Ekonomi Okulu'nda eğitim gördü; 1952-57 yılları arasında New York Federal Rezerv Bankası'nda, 1957-61 yılları arasında Chase Manhattan Bank'ta, 1961-74 yılları arasında Hazine Bakanlığı'nda çalıştı; 1975-79 yılları arasında New York Federal Rezerv Bankası Başkanı olarak görev yaptı.

PAUL WARBURG (1868-1932)

Bilgili otoriteler tarafından merkez bankası planımız olan ***Federal Rezerv Sisteminin*** asıl yazarı olarak kabul edilmektedir. 1904'te Almanya'dan Amerika Birleşik Devletleri'ne göç etti; New York'taki *Kuhn Loeb and Company bankacılarında ortak*; 1911'de vatandaşlığa kabul edildi. 1914-1918 yılları arasında ilk Federal Rezerv Yönetim Kurulu üyesi; 1918-1928 yılları arasında Federal Danışma Konseyi başkanı. I. Dünya Savaşı sırasında Alman Gizli Servisi'nin başkanı olan ve 1918-1919 yıllarında Barış Konferansı'nda Almanya'yı temsil eden Max Warburg'un kardeşi; Paul ise Federal Rezerv Sistemi'nin başkanıydı.

SIR WILLIAM WISEMAN (1885-1962)

Kuhn, Loeb and Company'nin ortağı; I. Dünya Savaşı sırasında İngiliz Gizli Servisi'nin başkanı. ABD ve İngiltere'yi domine eden **Albay House** ile yakın işbirliği içinde çalıştı.

KAYNAKÇA

Gazeteler:

- New York Times 1858-1983
- Washington Post 1933-1983

Süreli Yayınlar:

- Barron's Weekly 1921-1983
- Business Week 1929-1983
- Forbes Dergisi 1917-1983
- Fortune 1930-1983
- Harper's 1850-1983
- National Review 1955-1983
- Newsweek 1933-1983
- The Nation 1865-1983
- The New Republic 1914-1983
- Time 1923-1983

Kitaplar:

- Current Biography 1940-1983 H.W. Wilson Co., N.Y.
- Ulusal Biyografi Sözlüğü, Scribners, N.Y. 1934-1965
- Yöneticiler Rehberi, Londra 1896-1983
- New York Şehri Yönetim Kurulu Üyeleri Rehberi 1898-1918
- Ulusal Biyografi Özet Sözlüğü, 1903-1979, Oxford University Press
- Kongre Kayıtları 1910-1983
- Uluslararası Süreli Yayınlar Dizini 1920-1965, H.W. Wilson Co., N.Y.

- Poole'un Süreli Yayınlar Dizini 1802-1906, Wm. T Poole, Chicago Süreli Yayınlar Okuyucu Rehberi 1900-1983
- Rand McNally'nin Bankacılar Rehberi 1904-1928
- Moody's Bankacılık ve Finans 1928-1968
- Amerika'da Kim Kimdir 1890-1983, A.N. Marquis Co.
- Who's Who, Büyük Britanya 1921-1983
- Amerika'da Kim Kimdir 1607-1906, A.N. Marquis Co.
- Dünyada Kim Kimdir 1972-1983, A.N. Marquis Co.
- Finans ve Sanayide Kim Kimdir 1936-1969, A.N. Marquis Co.
- Standard and Poor's Yönetim Kurulu Üyeleri Kaydı 1928-1983
- Federal Rezerv Yasası Üzerine Senato Komitesi Duruşmaları, 1913
- Federal Rezerv Yasası Üzerine Temsilciler Meclisi Komitesi Duruşmaları, 1913
- Para Tröstü Hakkında Temsilciler Meclisi Komitesi Duruşmaları (Pujo Komitesi), 1913
- Federal Rezerv Sistemi Hakkında Temsilciler Meclisi Soruşturması, 1928
- Eugene Meyer'in Federal Rezerv Kurulu Başkanı Olmaya Uygunluğu Konusunda Senato Soruşturması, 1930
- Thomas B. McCabe'in Federal Rezerv Sistemi Başkanı Olmaya Uygunluğu Konusunda Senato Duruşmaları, 1948
- Kamu Borcunun Uzatılmasına İlişkin Temsilciler Meclisi Komitesi Duruşmaları, 1945
- Federal Rezerv Direktörleri: Kurumsal ve Bankacılık Etkisi Üzerine Bir Çalışma.
- Personel Raporu, Bankacılık, Para ve Konut Komitesi, Temsilciler Meclisi, 94. Kongre, 2. Oturum, Ağustos 1976.
- Federal Rezerv Sistemi, Amaçları ve İşlevleri, Yönetim Kurulu, 1963

- Para Suçlarının Tarihi, Alexander Del Mar, Del Mar Topluluğu, 1899
- Fransa'da Fiat Para Enflasyonu, Andrew Dickson White, Ekonomi Eğitimi Vakfı, N.Y. 1959
- Altına Karşı Savaş, Antony C. Sutton, 76 Press, Kaliforniya, 1977
- Wall Street ve Hitler'in Yükselişi, Antony C. Sutton, 76 Press, Kaliforniya, 1976
- Louis T. McFadden'ın Konuşma Toplamı, Kongre Kayıtları
- Rockefeller Hakkındaki Gerçek, E.M. Josephson, Chedney Press, N.Y. 1964
- Franklin D. Roosevelt'in Garip Ölümü, E.M. Josephson, Chedney Press, New York, 1948
- Tahtın Arkasında, Paul Emden, Hoddard Stoughton, Londra, 1934
- Avrupa'nın Para Gücü, Paul Emden, Hoddard Stoughton, Londra
- Soyguncu Baronlar, Mathew Josephson, Harcourt Brace, N.Y. 1934
- Rothschildlar, Frederic Morton, Curtis Publishing Co., 1961
- Muhteşem Rothschildlar, Cecil Roth, Robert Hale Co., 1939
- Oyundaki Piyonlar, William Guy Carr, (özel baskı), 1956
- Peçeleri Yırtmak, Francois Coty, Paris, 1940
- İngiliz Para Tarihi Üzerine Yazarlar, 1626-1730, Londra, 1896
- Elli Yıl Sonra Federal Rezerv Sistemi, Bankacılık ve Para Birimi Komitesi, Ocak, Şubat 1964
- Bankacıların Komplosu, Arthur Kitson, 1933

- 1789'dan 1891'e Kadar Para, Finans ve Bankacılıkla İlgili Amerika Birleşik Devletleri Kanunları, Charles F. Dunbar, Ginn & Co., Boston, 1893
- Kıtlık Yerine Bolluk Para Politikası, Bankacılık ve Para Birimi Komitesi, 1937-1938
- Tarihin En Tuhaf Dostluğu, Woodrow Wilson ve Albay House, George Sylvester Viereck, Liveright, N.Y. 1932
- Federal Rezerv Politika Oluşturma, G.L. Bach, Knapf, N.Y. 1950
- Amerika'nın Yöneticileri, Finans Sermayesi Üzerine Bir İnceleme, Anna Rockester, International Publishers, N.Y. 1936
- İç Savaş Öncesi Amerika Birleşik Devletleri'nde Bankacılık, Ulusal Para Komisyonu, 1911
- Ulusal Bankacılık Sistemi, Ulusal Para Komisyonu, 1911
- Federal Rezerv Sistemi, Paul Warburg, Macmillan, N.Y. 1930
- Roosevelt, Wilson ve Federal Rezerv Yasası, Albay Elisha Garrison, Christopher Publishing House, Boston, 1931
- Amerika'yı Yöneten Adamlar, Arthur D. Howden Smith, Bobbs Merrill, N.Y., 1935
- Amerika'nın Finans Devleri, George E Redmond, Stratford, Boston, 1922
- Büyük Sovyet Ansiklopedisi, Macmillan, Londra, 1973
- Britannica Ansiklopedisi, 1979
- Amerikan Ansiklopedisi, 1982
- Dope, Inc., Goldman, Steinberg ve diğerleri, New Benjamin Franklin House Publishing Company, N.Y. 1978
- Bankacılık, Para Birimi ve Para Tröstü, Charles A. Lindbergh, Sr. 1913
- İki Bayrak Altında Bay Hoover'ın Garip Kariyeri, John Hamill, William Faro, N.Y. 1931

- Federal Rezerv Sistemi, H. Parker Willis, Ronald Co., 1923
- Federal Rezerv Sisteminin ABC'si, E.W. Kemmerer, Princeton Üniversitesi, 1919
- Yapıcı Finansman Maceraları, Carter Glass, Doubleday, N.Y. 1927
- Amerika Birleşik Devletleri'nde Bankacılık Reformu, Paul Warburg, Columbia Üniversitesi, 1914
- ABD Parası ve Şirket Parası, Alfred Crozier, Cleveland, 1912
- Philip Dru - Yönetici, E.M. House, B.W. Huebsch, N.Y. 1912
- Albay House'un Özel Belgeleri, Charles Seymour tarafından düzenlenmiş, 4 cilt, 1926-1928, Houghton Mifflin Co.
- Morgan Hanedanının Büyük Komplosu, H.W. Loucks, 1916
- Başkent, McRae ve Cairncross, Eyre Methuen, Londra, 1963
- Saldırı, Otto Lehmann-Russbeldt, Hutchinson, Londra, 1934
- Yüksek Finans İmparatorluğu, Victor Perlo, International Pub., 1957
- Max Warburg'un Anıları, Berlin, 1936
- Sir Cecil Spring-Rice'ın Mektupları ve Dostlukları Trajedi ve Umut, Carroll Quigley, Macmillan, N.Y.
- Paranın Siyaseti, Brian Johnson, McGraw Hill, N.Y. 1970
- Para Hakkında Temel Bilgiler, Temsilciler Meclisi Bankacılık ve Para Komitesi, 1964
- Pierpont Morgan ve Dostları, Bir Efsanenin Anatomisi, George Wheeler, Prentice Hall, N.J., 1973
- Pierpont Morgan, Herbert Satterlee, Macmillan, New York, 1940

- Muhteşem Morgan, John K. Winkler, Vanguard, N.Y., 1930
- Wilson, Arthur Link (5 cilt) Princeton University Press, Princeton, N.J.
- Tarihsel Başlangıç... Federal Rezerv, Roger T Johnson, Boston Federal Rezerv Bankası, 1977 (7 baskı, 1977-1982, toplam 92.000 kopya.) [Bu 64 sayfalık kitapçıkta, 23 Aralık 1913'te Federal Rezerv Yasası'nın yürürlüğe girmesine yol açan Jekyll Adası, Paul Warburg'un yazarlığı veya tanıtım fonlarının kaynağı hakkında hiçbir atıfta bulunulmaması dikkat çekicidir.
- Federal Rezerv ve Manipüle Edilen Dolarımız, Martin A. Larson, Devin Adair Co., Old Greenwich, Conn., 1975
- Zincir Bankacılık, En Büyük 200 Üye Bankanın Hissedar ve Kredi Bağlantıları, Temsilciler Meclisi Bankacılık ve Para Komitesi, 3 Ocak 1963
- Uluslararası Bankacılık, Personel Raporu, Bankacılık, Para Birimi ve Konut Komitesi, Mayıs 1976
- Federal Rezerv Sisteminin Denetimi, Temsilciler Meclisi Bankacılık ve Para Komitesi Önündeki Duruşmalar, 1975.

SORULAR VE CEVAPLAR

Yazar, birçok ülkede konferanslar verirken ve radyo ve televizyon programlarına konuk olarak katılırken, Federal Rezerv Sistemi hakkında sık sık sorular almaktadır. En sık sorulan sorular ve cevapları şunlardır:

S: Federal Rezerv Sistemi nedir?

C: ***Federal Rezerv Sistemi*** federal değildir; rezervi yoktur; ve bir sistem değil, daha çok bir suç şebekesidir. Yazarın "***Dünya Düzeni***" olarak adlandırdığı (bkz. **Eustace Mullins'in** "**THE WORLD ORDER**" ve "**THE CURSE OF CANAAN**" adlı kitapları), hanedan ailelerden oluşan uluslararası bir konsorsiyumun suç şebekesi faaliyetlerinin ürünüdür.[133] Federal Rezerv Sistemi, Amerika Birleşik Devletleri'nde faaliyet gösteren bir merkez bankasıdır. Öğrenciler hiçbir üniversitenin ders kitaplarında merkez bankası için böyle bir tanım bulamayacak olsa da, yazar merkez bankasını şu şekilde tanımlamıştır:

- Merkez bankası, bulunduğu ülkenin egemen finansal gücüdür.
- Bir devlet kurumu gibi görünmeye çalışsa da, tamamen özel mülkiyete aittir.
- Monarşilerin geleneksel ayrıcalığı olan para basma ve ihraç etme hakkına sahiptir.
- Savaşlara finansman sağlamak amacıyla kurulmuştur.
- Halkın tüm parası ve kredisi üzerinde mutlak güce sahip bir para tekeli olarak işlev görür.

S: Kongre, 23 Aralık 1913'te Federal Rezerv Yasası'nı kabul ettiğinde, milletvekilleri bir merkez bankası kurduklarını biliyor muydular?

[133] Omnia Veritas Ltd tarafından yayınlanmıştır – www.omnia-veritas.com

C: 63 Kongre üyeleri, merkez bankası veya onun tekelci faaliyetleri hakkında hiçbir bilgiye sahip değildi. Yasa tasarısına oy verenlerin çoğu kandırılmıştı; diğerleri rüşvet almıştı; diğerleri ise sindirilmişti. Federal Rezerv Yasası'nın önsözünde şöyle yazmaktadır:

"Federal rezerv bankalarının kurulmasını, esnek bir para birimi sağlanmasını, ticari senetlerin yeniden iskonto edilmesini, Amerika Birleşik Devletleri'nde bankacılık üzerinde daha etkili bir denetim kurulmasını ve diğer amaçları sağlamak için bir yasa."

Belirtilmeyen "***diğer amaçlar***", uluslararası komploculara ABD halkının ***tüm parası ve kredisi üzerinde tekel hakkı*** vermek; bu yeni merkez bankası aracılığıyla I. Dünya Savaşı'nı finanse etmek, Amerikan işçilerini Federal Rezerv sisteminin tahsilat kurumu olan ***İç Gelir İdaresi'nin*** insafına bırakmak ve tekelcilerin rakiplerinin varlıklarına el koyup onları iflas ettirmelerine izin vermekti.

S: Federal Rezerv sistemi bir devlet kurumu mu?

C: Temsilciler Meclisi Bankacılık Komitesi'nin şu anki başkanı bile, *Federal Rezerv'in bir devlet kurumu olduğunu* ve özel mülkiyete ait olmadığını iddia ediyor. Gerçek şu ki, ***hükümet hiçbir zaman Federal Rezerv Bankası hisselerinin tek bir hissesine bile sahip olmamıştır.*** Bu aldatmaca, ABD Başkanı'nın Federal Rezerv Kurulu üyelerini ataması ve bunların daha sonra Senato tarafından onaylanmasından kaynaklanmaktadır. *Yasanın* gizli yazarı, Rothschild bankasının temsilcisi olan bankacı **Paul Warburg**, en sevdiği iki arzusu olan "*esnek para birimi*" (karşılıksız çek) ve kabul senetleri ile uluslararası ticaret kredileri ticaretini kolaylaştırmak için yazdığı yasa için "*Federal*" adını uydurmuştur. **Warburg**, *International Acceptance Corporation'ın* kurucusu ve başkanıydı ve bu ticari senetlerin alım satımıyla milyarlarca dolar kar elde etti. Federal Rezerv Yasası'nın 7. maddesi şunu öngörmektedir

"Federal rezerv bankaları, içindeki sermaye ve fazlalıklar ile bunlardan elde edilen gelirler, gayrimenkul vergileri hariç olmak üzere federal, eyalet ve yerel vergilerden muaf tutulacaktır."

Hükümet binaları emlak vergisi ödememektedir.

S: "Federal Rezerv banknotları" etiketini taşıyan dolar banknotlarımız devlet parası mıdır?

C: ***Federal Rezerv notları***, geleneksel olarak para olarak kabul ettiğimiz şeyden ziyade, aslında senetler, ***ödeme taahhütleridir***. Bunlar, faiz getiren devlet tahvillerine karşı çıkarılan faizli senetlerdir; kağıt destekten başka hiçbir şeye dayanmayan kağıtlardır ve bu senetleri garanti altına alan yalnızca ihraççının iradesi olduğu için fiat para olarak bilinirler. Federal Rezerv Yasası, bu senetlerin çıkarılmasını

"Federal rezerv bankalarına avans sağlamak amacıyla... Söz konusu senetler, Amerika Birleşik Devletleri'nin yükümlülükleridir. Bunlar, talep üzerine Columbia Bölgesi'ndeki Amerika Birleşik Devletleri Hazine Bakanlığı'nda altın olarak itfa edilecektir."

Washington, D.C.'deki Mall'da bulunan *Baskı ve Gravür Bürosu'nu* ziyaret eden turistler, ***Federal Rezerv Sistemi*** ile yapılan sözleşme kapsamında bu devlet kurumunda Federal Rezerv banknotlarının basımını izliyorlar. Banknotlar, her biri 0,00260 nominal değerinde, 1.000'lik birimlerde ve değerinden bağımsız olarak aynı fiyattan basılıyor. ***Özel bir banka için basılan*** bu banknotlar, daha sonra Amerika Birleşik Devletleri hükümetinin yükümlülükleri ve borçları haline gelir ve mevcut 4 trilyon dolarlık borcumuza eklenir. 1913 yılında Federal Rezerv Yasası kabul edildiğinde hükümetin hiçbir borcu yoktu.

S: Federal Rezerv Bankalarının hisseleri kime aittir?

C: Egemen *Dünya Düzeni'nin* hanedan aileleri, hiçbir ırka, dine veya ulusa bağlı olmayan enternasyonalistler. Bunlar Rothschildlar, **Warburglar**, **Schiffler**, Rockefellerlar, **Harrimanlar**, **Morganlar** ve *elit* veya "büyük zenginler" olarak bilinen diğer ailelerdir.

S: Bu hisseleri satın alabilir miyim?

C: **Hayır**. Federal Rezerv Yasası, Federal Rezerv Bankalarının hisselerinin hiçbir borsada alınıp satılamayacağını belirtir. Bu hisseler, "büyük zenginlerin" serveti olarak miras yoluyla devredilir. Federal Rezerv Bankası hisselerinin sahiplerinin neredeyse yarısı *Amerikalı değildir*.

S: İç Gelir İdaresi bir devlet kurumu mu?

C: *Hazine Bakanlığı'nın* bir parçası olarak gösterilse de, ***IRS*** aslında Federal Rezerv Sistemi'nin özel bir tahsilat kurumudur. Kökeni, *ortaçağ İtalya'sında, İtalyan mafya aileleri* adına zorla ve haraç yoluyla borç tahsilatı yapan "*Kara El*"e dayanmaktadır. ***IRS*** tarafından tahsil edilen tüm kişisel gelir vergilerinin, Federal Rezerv Kanunu'nun 15. maddesi uyarınca, en yakın ***Federal Rezerv Bankası***'na yatırılması yasal olarak zorunludur:

"Hazine'nin genel fonunda tutulan paralar... Federal Rezerv Bankaları'na yatırılabilir; bu bankalar, Hazine Bakanı'nın talebi üzerine, Amerika Birleşik Devletleri'nin mali temsilcisi olarak hareket ederler."

S: Federal Rezerv Kurulu, paranın günlük fiyatını ve miktarını kontrol ediyor mu?

C: ***Federal Rezerv Bankaları*** başkanlarıyla Federal Açık Piyasa Komitesi olarak kapalı oturumlarda toplanan ***Federal Rezerv Yönetim Kurulu***, açık piyasada devlet tahvili satın alma emirleri vererek, ***yoktan para yaratarak*** ve enflasyonist baskı yaratarak ya da tersine, açık piyasada devlet tahvillerini satarak ve borcu sönümleyerek, deflasyonist baskı yaratarak ve borsanın düşmesine neden olarak, Amerika Birleşik Devletleri genelindeki tüm ekonomik faaliyeti kontrol eder.

S: Kongre, Federal Rezerv Sistemini kaldırabilir mi?

C: 1913 tarihli Federal Rezerv Yasası'nın son maddesi olan 30. madde şöyle der:

"Bu Yasayı değiştirme, düzeltme veya yürürlükten kaldırma hakkı açıkça saklıdır."

Bu ifade, ***Kongre'nin*** herhangi bir zamanda Federal Rezerv Sistemini kaldırmaya, hisseleri geri satın alıp Hazine Bakanlığı'na dahil etmeye veya Sistemi uygun gördüğü şekilde değiştirmeye karar verebileceği anlamına gelir. Kongre bunu hiç yapmamıştır.

S: Sizin dışında Federal Rezerv'i eleştiren çok kişi var mı?

C: 1948'de araştırmalarıma başladığımda, ***Fed*** sadece otuz dört yaşındaydı. Basında hiç bahsedilmiyordu. Bugün ***Fed***, haberler ve ekonomi sayfalarında açıkça tartışılıyor. Kongrede, ***Fed'in*** Devlet Muhasebe Ofisi tarafından denetlenmesi için tasarılar var. *Benim ifşaatım* sayesinde, Fed artık kutsal bir kurum değil; ancak 1992'de başkanlık seçimlerinde yarışan üç büyük aday, **Bush**, **Clinton** ve **Perot**, tartışmalar sırasında Fed'e dokunmayacaklarına dair oybirliğiyle söz verdiler.

S: Fed'i ifşa ettiğiniz için kişisel olarak herhangi bir bedel ödediniz mi?

C: 1952'de bu ifşa yazısını yayınladıktan sonra *Kongre Kütüphanesi'ndeki* görevimden kovuldum; siyasi nedenlerle görevinden çıkarılan tek kişiydim. Dava açtığımda mahkeme davayı görmeyi reddetti. Bu kitabın Almanca baskısının tamamı 1955'te yakıldı; İkinci Dünya Savaşı'ndan bu yana Avrupa'da yakılan tek kitaptır. "A WRIT FOR MARTYRS" ve "MY LIFE IN CHRIST" adlı kitaplarımda ayrıntılı olarak anlattığım gibi, devlet kurumları tarafından sürekli tacize maruz kaldım. Ailem de tacize uğradı. Kısa bir süre önce Londra'daki Wembley Arena'da bir konuşma yaptığımda, basın beni "kötü niyetli bir deli" olarak nitelendirdi.

S: Basın her zaman Fed'i destekliyor mu?

C: Son aylarda bazı cesaret verici ayrılıklar yaşandı. 8 Şubat 1993 tarihli ***Wall Street Journal'ın*** manşetinde şöyle yazıyordu:

"Mevcut Fed yapısı, bir demokraside haklı gösterilmesi zor bir yapıdır. Garip bir şekilde ***demokratik olmayan bir kurumdur.*** Organizasyonu o kadar eskidir ki, Rocky Dağları'nın batısında sadece bir, Missouri'de ise iki Merkez Bankası bulunmaktadır... Demokratik bir toplumda para basımında tekel sahibi bir merkez bankasına sahip olmak, dengeleme açısından çok zor bir durumdur."

DIĞER BAŞLIKLAR

OMNIA VERITAS
OMNIA VERITAS LTD SUNAR:
Tüm büyük tarihi olaylar, kendilerini tam bir gizlilikle çevreleyen kişiler tarafından gizlice planlanır...
KOMPLONUN ÖTESI
GÖRÜNMEYEN DÜNYA HÜKÜMETİNİ ORTAYA ÇIKARMAK
Yazan: John Coleman
JOHN COLEMAN
KOMPLONUN ÖTESI
İyi organize olmuş gruplar, vatandaşlara karşı her zaman avantajlıdır

OMNIA VERITAS
OMNIA VERITAS LTD SUNAR:
21. yüzyılda, Masonluk artık bir "gizli dernek"ten çok bir "sırların topluluğu" haline gelmiştir.
MASONLUK
A'dan Z'ye
yazan: John Coleman
JOHN COLEMAN
MASONLUK A'DAN ZV'YE
Bu kitap, duvarcılığın ne olduğunu anlatıyor

OMNIA VERITAS
OMNIA VERITAS LTD SUNAR:
PETROL SAVAŞLARI
ABD'NIN PETROL SAVAŞLARININ TARIHI
YAZAN: JOHN COLEMAN
Petrol endüstrisinin öyküsü bizi "diplomasinin" iniş çıkışlarına götürüyor..
JOHN COLEMAN
PETROL SAVAŞLARI
Tüm ulusların imrendiği kaynağı tekelleştirme mücadelesi

OMNIA VERITAS
OMNIA VERITAS LTD SUNAR:
ROMA KULÜBÜ
YENİ DÜNYA DÜZENİ'NİN DÜŞÜNCE KURULUŞU
YAZAN: JOHN COLEMAN
20. yüzyıldaki pek çok trajik ve sarsıcı olay kendiliğinden gerçekleşmedi, aksine sağlam temellere dayanan bir şablona göre planlandı...
Bu büyük etkinliklerin planlayıcıları ve yaratıcıları kimlerdi?
JOHN COLEMAN
ROMA KULÜBÜ

OMNIA VERITAS
OMNIA VERITAS LTD SUNAR:
ROTHSCHILD HANEDANI
yazan: John Coleman
Tarihsel olaylar genellikle "gizli bir el" tarafından tetiklenir...
JOHN COLEMAN
ROTHSCHILD HANEDANI

OMNIA VERITAS
OMNIA VERITAS LTD SUNAR:
DÜNYA DÜZENİ'NİN
SOSYALIST
DIKTATÖRLÜĞÜ
YAZAN: JOHN COLEMAN
Bunca yıl boyunca, bizler Moskova'daki komünizmin kötülüklerine odaklanmışken, Washington'daki sosyalistler Amerika'yı soymakla meşguldü!
"Washington'daki düşman, Moskova'daki düşmandan daha çok korkulacak bir şeydir."
JOHN COLEMAN
SOSYALIST DÜNYA DÜZENİ'NİN DIKTATÖRLÜĞÜ

www.ingramcontent.com/pod-product-compliance
Lightning Source LLC
LaVergne TN
LVHW011305061026
849535LV00005B/1403